L'inventore di libri.
Aldo Manuzio, Venezia e il suo tempo

书籍是怎样炼成的

现代出版之父的传奇一生

Alessandro Marzo Magno

〔意大利〕亚历山德罗·马尔佐·马尼奥 著

王铭熠 译

上海三联书店

目 录

第一章

阿尔多在你我之间

试想一下你此时此刻正在做的事情：手里拿着一本书在读，可能正坐着或者躺着，当然此时你默不作声，也就是说，并没有像学校里老师要求的那样，当着其他同学的面大声朗读。你正在做的这件事，即阅读，会给你带来快乐，同时也能增强你的知识储备。事实上，如果阅读不能让你感到满足，你也很可能会忽视其带给你的好处，即知识量的增长。

吸引你注意力的物体是一个纸质的长方体，几百克重，轻便且手感极佳，纸上印有工整且清晰的字体，其中不时会出现几个斜体印刷的单词，例如书籍的名称或外来词。书上的词句通过使用一系列我们称之为标点符号的记号变得更容易理解。这些标点引导我们阅读、指示停顿及表明其层次结构，它们或简化阅读，或是指出哪里需要重读，总之有助于我们对文本的理解。

当然也很有可能，一旦你注意到书架上或者书店柜台上的这本书，就把它拿在手里，翻开封面，以便能够看一眼扉页，读读书名和副标题，顺便了解一下作者和出版商分别是谁。要是标题让你有了些许阅读的冲动，你就会往后翻几页，然后再翻回到目录，对照着之前浏览过的正文，希望能知晓这本书大概在讲什么。现在，你已经决定了是把这本书放回书架还是买下来。但既然你还没合上手中的书，就说明它符合你的标准，然后就去收银台结账了。

欢迎来到阿尔多[1]的世界，他是历史上第一位出版商。你刚刚读过的几行关于书籍的所有内容，包括阅读和购书的一系列的描写，都要归功于他。在此之前，图书出版商只是简单的排版师：他们根据自己预测的销售潜力选择要印刷的作品，但没有明确的出版计划。此外，他们也很少关注出版物的品质。例如古版书（incunabulo），又被称为"摇篮里的书"，即1499年底之前印制的书，其中的印刷错误数量时至今日仍向我们揭露了著作缺乏准确性、排版草率、没有认真检查校样。而这一切都因为马努齐奥的出现而改变。正如意大利威尼斯大学出版和书籍历史学家马里奥·英费利塞所观察到的那样，阿尔多确实"可以被誉为现代出版商这一职业的创始人，也就是说，他用自己所设想的一套严谨且连贯的文化方案和书籍打交道"。马努齐奥使书籍成为"过去五个世纪促进人类知识积累和传播的最有效的工具"。

卢多维科·圭契阿迪尼是一位佛罗伦萨贵族，居住在比利时安特卫普，是著名的弗朗切斯科·圭契阿迪尼[2]的后人。1567年，他出版了《尼德兰全貌介绍》（*Descritione di tutti i Paesi Bassi*）。尽管那时阿尔多已经逝世50多年，但卢多维科在文中仍谈到了他："在所有人看来……他真正地简化了印刷步骤，让印刷品变得完美，是因为经他之手的出版物是如此纯粹和整洁，尽管没人提过这一点，但当时大家都只想找

---

1 阿尔多·马努齐奥（1449—1515），意大利出版商、语法学家和人文主义者。他被认为是有史以来最伟大的出版商之一，也是欧洲现代意义上的首批出版商之一。——本书注释，除特别说明，均为译者注

2 弗朗切斯科·圭契阿迪尼（1483—1540），意大利文艺复兴时期的历史学家、政治家。其著作《意大利史》为意大利历史编纂学上的不朽名著之一。

阿尔多出版书籍。在阿尔多之前……人们认为印刷品都是巨大的、笨拙的、不正确的，不想多看一眼，也很难让人爱不释手。但他凭借着自己的聪明才智和判断力，改变了这些不好的印象，还进一步促进（正如我所说）了完美的格式和规范。"

阿尔多是一个非常有文化的人。他能流利地使用古希腊语与人交谈，能将希腊语视译成拉丁语，反之亦然。他还学习过希伯来语。他心中有一个非常具体的出版计划：用希腊语出版、印刷古希腊经典著作。后来，他把计划扩展到拉丁语经典和通俗意大利语作品。人们对阿尔多出版计划的最有力的概述是"无国界的人文主义"。多年后，伊拉斯谟[1]评价道："即使他的图书馆被房子的窄墙封闭，阿尔多也打算建立一个除了世界本身之外没有其他边界的图书馆。"

阿尔多给自己制订了一个计划，简单解释了自己的雄心壮志："出版所有值得阅读的东西。"然而他的功绩并不局限于此，马努齐奥也是一个极为敏锐的企业家。如果说他是为了赚钱才开始从事书籍印刷，那就太夸张了，但可以肯定的是，通过印刷出版物他赚到了钱，这笔钱足以保证他自己和继承人过上相当优渥的生活。现代出版商有两个特征，即文化知识和创业能力，而阿尔多就是将这两个方面结合起来的第一人。在他开始这项事业之前，学者和印刷商之间仅存在商业关系。

作为一位在学术界享有盛誉的学者，马努齐奥克服了文人与商人之间的偏见和误解，这使得席卷整个印刷出版界和文化界的革命成为可能。

---

1 伊拉斯谟（约 1466—1536，又译埃拉斯默斯），史学界俗称为鹿特丹的伊拉斯谟，是中世纪尼德兰（今荷兰和比利时）著名的人文主义思想家和神学家。

书的诞生

现在让我们回到过去，想象自己置身于 1493 年的一家书店，也就是马努齐奥开始印刷书籍的前一年。我们会看到一堆书，但是除了用油墨印刷之外，这些书几乎没有我们熟悉的特征，这些特征我们在本书开头就列举过了。然而，如果我们设想自己在 20 多年后走进同一家书店，比如 1515 年，即阿尔多·马努齐奥去世那年，我们会发现看到的是一件可识别的物品：一本十分容易拿到手上翻看和阅读的书，版式疏朗，印刷清晰，易于阅读。

除了纸张和印墨，今天我们所知道的书的一切特征都归功于阿尔多·马努齐奥。这位温文儒雅的绅士在 500 多年前就把一件我们至今仍在使用，并且基本上没有改变的物品交到了与他同时代的人手中。我们会在有关袖珍本的章节中读到，意大利语短语"放在手里"（mettere in mano）应按照字面含义理解。

随着马努齐奥的出现，一本完全不同的新式书本诞生了。在与他同时代的人看来，印刷出来的每一页都是如此完美，以至于他们不再对旧手稿感到惋惜。阿尔多·马努齐奥的"好书"宣告了自公元 4 世纪以来手抄本绝对地位的终结，而这距离捆绑在一起的长方形羊皮纸取代了先前纸莎草卷占据的位置也已经过去了 1000 多年。

我们稍后还会了解到阿尔多如何介绍阅读的必要性以及如何将阅读融入日常消遣当中，但需要申明一点，这一切也伴随着对文本阐释、自由意志、观点自由的想法。如今，当你读一本书时，可以判断它的优缺点，也可以表达对这本书的喜爱程度，进一步评价它是否通顺、有不有趣、能不能吸引读者的关注，等等。对我们来说，这些价值判断似乎已经司空见惯，然而在 15 世纪，情况却大不相同。在当时的一部著作中，人们会将从古至今全部的评注组合在一起出版，而印刷商总是尽可能提供至少三到四种评注，将这些评注交替排在对开格式大尺寸图书（对开纸即全开纸对折一次后得到的纸张，用此类型纸制作的书的尺寸至少为 40 厘米 ×26 厘米）的空白处。

因此，上述出版物属于当时一类特殊的文本，这些文本被迫伴随着追求结构上或者意图上统一的一系列论述。事实上，因为需要阐述的一切内容都早已由先贤论述过了，也没人敢反驳他们，所以诸如此类的文本丧失了重新评价的可能性。对此，阿尔多做出了一个在当时看来较为激进的选择，他让当初被一堆评论牢牢束缚住的文本得以解脱，使得这些本该成为篇幅核心内容的文本得以完整地出版，这样每个人都可以按照自己的喜好自由地理解所读到的内容。马努齐奥彻底结束了用评论和解释来框定文本的风气。

在马努齐奥同时代的人眼里，这种新奇感一定充满了爆炸性。举一个关于建筑方面的例子——大约 40 年之后，安德烈亚·帕拉弟奥[1]不再建造有着尖顶和拱门的红砖建筑，而开始建造使用白色石头、线条平滑而形状方正的建筑。阿尔多给予了文本无须遮掩的真实感，其目的就如同激起一种类似于帕拉弟奥唤起建筑其本质性的效果。其实到这里，我们可以感受到阿尔多带来的显而易见的革新。然而，他带给图书出版业的革命性改变还体现在其他方面。

---

1 安德烈亚·帕拉弟奥（1508—1580），文艺复兴时期北意大利最杰出的建筑大师，对欧洲的建筑风格造成了很深远的影响，对源自他的风格的模仿持续了三个世纪。其古典罗马式理论被称为帕拉弟奥主义。

市场营销

阿尔多·马努齐奥很有先见之明，对商业推广的力量有敏锐的洞察力，如果不怕把他本人描绘得太过夸张的话，也可以说他是一个推销自己和产品的天才。他利用自己掌握的妙计，特别是题词和序言。在我们眼里，书的题词可能显得多余，因为不考虑内容的话，如今书本身也只是一种普通的商品。我们走进一家书店，会看到几千册书；如果书店很大的话，就会有几万册；图书馆甚至可能收藏几百万册书，有的图书馆有上千万册书，比如美国华盛顿特区的国会图书馆，它是世界上最大的图书馆，有 2800 万册藏书。在许多家庭中，至少有一面全是书的墙，平均下来每本书的价格也不贵，这对绝大多数人来说都是能承受得起的。

然而，在 15 世纪末，情况并非如此。尽管大约 40 年前发明出了图书类印刷品，但它却被视为一种珍贵的、受人追捧的新产品，市面上流通的册数很少，而且非常昂贵。正因如此，书中的题词有助于阿尔多与权贵们建立关系，这对他来说简直是轻车熟路；再加上没有其他出版商有能力在如此高的社会阶层上编织关系网。例如哈布斯堡王朝的马克西米利安一世皇帝称出版商阿尔多为"我们的亲戚"；卢克雷齐娅·波吉亚[1] 被任命为阿尔多的遗嘱执行者，并在康布雷战争[2]期

1　卢克雷齐娅·波吉亚（1480—1519），意大利北部费拉拉、摩德纳和雷焦艾米利亚公爵夫人，罗马教皇亚历山大六世的私生女。出身贵族的她，长期赞助艺术家从事美术等相关事务，是欧洲文艺复兴时期的幕后支持者之一。
2　康布雷同盟战争（Guerra della Lega di Cambrai），又被称为神圣同盟战争（Guerra della Lega Santa），是意大利战争当中的第三次大战役。战争的主要目的是阻止威尼斯共和国在意大利半岛的扩张。为此，欧洲主要列强开始了谈判。谈判于 1508 年12 月 10 日在今法国东北部的康布雷结束，在那里达成了一项秘密协议。从 1508 年至 1516 年的意大利战争期间主要参与方有法国、教皇国、威尼斯共和国。西班牙、神圣罗马帝国、英格兰、苏格兰王国、米兰公国、佛罗伦萨、费拉拉公国和瑞士分别在不同的时期加入了这个同盟。

间在费拉拉为他接风洗尘；阿拉贡王朝的伊莎贝拉，即吉安·加莱亚佐·斯福尔扎[1]的妻子，收到一部带有阿尔多题词的希腊赞美诗集。而卡尔皮[2]领主阿尔贝托·皮奥[3]，保持着获得题词数量的最高纪录，因为马努齐奥一共为他写了12个版本（下文将会深入研究两人之间的长期关系）。

　　康布雷战争爆发前夕，欧洲一众列强组成同盟联合对抗威尼斯共和国。在两方剑拔弩张之时，马努齐奥为即将对峙的双方的重要人物制作了专属版本的题词。1509年3月，在被威尼斯人视为具有毁灭性质的阿尼亚代洛战役[4]的两个月前，他将普鲁塔克[5]的一部著作献给了雅各布·安蒂夸里，后者已经成为斯福尔扎家族的亲信；同时将贺拉斯[6]的一部作品献给了杰弗里·查尔斯，一位来自萨卢佐的法国贵族，也是米兰参议院主席（除了1503年的一次例外，这些是阿尔多为数不多的与米兰公国有关的献词）。一个月后，即1509年4月，战争已经开始，他将撒路斯提乌斯[7]的著作寄给了威尼斯共和国军队的副总司

1　吉安·加莱亚佐·斯福尔扎（1469—1494），第六任米兰公爵，斯福尔扎王朝第三任统治者。
2　卡尔皮，位于意大利中部艾米利亚 – 罗马涅大区的摩德纳省第二大城市。
3　阿尔贝托三世·皮奥（1475—1531），文艺复兴时期意大利北部艾米利亚地区卡尔皮领主，资助过阿尔多创办出版社。
4　阿尼亚代洛战役（1509年4月15日），是康布雷同盟战争中最重要的战役之一，也是意大利战争中一场重要的战役，法军取得了决定性胜利。马基雅弗利所著的《君主论》提到了这场战役，文中称威尼斯人在这一天里"丢掉了800年以来他们祖先的努力成果"。
5　普鲁塔克（约46—约120），生活于罗马时代的希腊作家，以《比较列传》（常称为《希腊罗马名人传》或《希腊罗马英豪列传》）一书留名后世。
6　昆图斯·贺拉斯·弗拉库斯（前65—前8），奥古斯都时期的著名诗人、批评家、翻译家，代表作有《诗艺》等。他是古罗马文学"黄金时代"的代表人物之一。
7　盖乌斯·撒路斯提乌斯·克里斯普斯（常简称为撒路斯提乌斯，或据英文 Sallust 译为萨卢斯特，约前86—前34），古罗马著名历史学家。主要作品有《喀提林阴谋》《朱古达战争》等。

令巴托洛梅奥·达尔维诺，这是阿尔多唯一一次给一名军人寄书。很明显，交战双方马努齐奥都不希望得罪。用现在的话来说，无须考虑那些情感过于深重的概念，可以直接称之为两头下注的题献。

序言的作用

序言是阿尔多留给我们的最重要的文本。有人写道，在这些序言中，他"时而用严肃且略带讽刺的语气，时而讲一些奇闻逸事和日常笑料，时而发出抨击或是赞美，时而反思自己和世界，他以这种方式吸引我们的注意"。这种类型的开场白成为与读者沟通的媒介，方便马努齐奥与读者们保持好关系。他会写："当你发现一些错误时，请手下留情"或者"既然我们现在没有金花瓶和银花瓶，那我们可以对他们所说的陶制花瓶感到满意"。这些序言构成了阿尔多的意识形态宣言，其中宣称自己的认识是一种公共利益：应该让那些把书藏在家里的人"上吊自杀"，"一个卑微的灵魂为提供给所有人的美好事物感到悲伤"。阿尔多也是一位先驱，因为文化应该面向所有人的概念直到法国大革命时期才会出现。

马努齐奥也会使用序言吊足广大读者的胃口，例如"我们还会出版所有数学家的著作"（1497年）、"无须多时，让我们期待新时代但丁的诞生"（1501年）。阿尔多创造了一种温暖却又直率的序言模式，体现出了人类友谊的价值。1504年，他在写给来自威尼斯附近特雷维索地区莫塔－迪利文扎的枢机主教和人文主义者吉罗拉莫·阿莱安德罗的信中说道："我对你的厚爱。"而在1502年，他对《日记集》（*Diarii*）的作者贵族马林·萨努多说："我希望能一直和你相伴，与你生活在一起。"《日记集》是一部关于威尼斯的以每日为单位记录的编年史，始于 1496 年，止于作者去世前第三年，也就是 1533 年。37 年间记录了 58 卷的内容，它是关于 15 世纪末至 16 世纪初的威尼斯最重要的历史资料。后文我们将会再次提及阿尔多的朋友萨努多，他也是当时最重要的城市图书馆之一的所有者。

当时威尼斯图书馆藏品的名气很大，吸引了不少有名望的访客。1490 年，吉亚诺·拉斯卡利斯[1] 来到威尼斯，代表洛伦佐·德·美第奇[2] 寻找希腊手抄本。拉斯卡利斯参观了埃尔莫劳·巴尔巴罗[3] 的图书馆，后者是彼特拉克发起的人文主义的继承人，也是伊拉斯谟这一代人的老师；他还参观了帕多瓦大学[4] 的教授亚历山德罗·贝内代蒂[5] 的图书馆，贝内代蒂在希腊待了 15 年，收集了许多珍贵的手稿。此外，拉斯卡利斯还参观了圣若望及保禄大殿的多明我会修道院院长吉奥奇诺·托里亚诺的图书馆（弗朗切斯科·科隆纳也住在这个修道院，他被认为是《寻爱绮梦》[6] 的作者，我们会在后文提到），他从 1490 年去世的匈牙利君主马蒂亚斯·科维努斯的图书馆中购买了手稿。贝萨里

1　吉亚诺·拉斯卡利斯（1445—1535），文艺复兴时期拜占庭王国著名的人文主义学者。
2　洛伦佐·德·美第奇（1449—1492），文艺复兴时期佛罗伦萨共和国的实际统治者，被同时代的佛罗伦萨人称为"豪华者"洛伦佐，他是外交家、政治家，也是学者、艺术家和诗人的赞助者。
3　埃尔莫劳·巴尔巴罗（1454—1493），文艺复兴时期威尼斯共和国的人文主义者和外交家，曾出版校订和评注希腊古典作家的著作。他最著名的著作是《普林尼著作校订》。
4　帕多瓦大学，位于意大利威尼托大区城市帕多瓦的大学。该校法学院于 1222 年成立，但是学校实际建立的时间则更早。它是世界上最早的大学之一，也是意大利历史第二悠久的大学。
5　亚历山德罗·贝内代蒂（约 1445—1525），意大利解剖学家、医生和人文主义者。
6　《寻爱绮梦》（Hypnerotomachia Poliphili），印刷于文艺复兴时期，被认为是历史上一本不寻常的书籍。此书由阿尔多·马努齐奥于 1499 年 12 月在威尼斯印刷出版。

翁[1]的手稿也从1494年起被暂时存放在圣若望及保禄大殿，当时威尼斯人称之为圣扎尼波洛（San Zanipòlo），托里亚诺在当时一定乐见他个人图书馆临时存放的手稿将会变成永久馆藏。而枢机主教贝萨里翁是一位博学的希腊人文主义者，他在1468年，也就是去世前的第四年，向威尼斯共和国捐赠了一系列的拜占庭手稿，这些手稿构成了今日威尼斯的圣马可国家图书馆[2]的核心。

书目出版清单

在我们看来，查阅出版社的书目并非一件难事，但我们也必须感谢马努齐奥为此所付出的努力。阿尔多在1498年公布了第一份书目出版清单，只列出了那时他真正感兴趣的希腊语著作。但也有一些零星的例外，其中包括《埃特纳火山之行》[3]，这可能是出于与其作者彼得罗·本博[4]的友情和感激之情而考虑印刷的；或者是阿尔多的另一位朋友安杰洛·波利齐亚诺[5]的拉丁文作品，是一本巨大的对开本，里面包含了这位佛罗伦萨人文主义者未出版的著作，一共有15篇文章，分

---

1 贝萨里翁（1403—1472），文艺复兴时东罗马人文主义学者，任天主教会君士坦丁堡宗主教（1459—1472）。
2 圣马可国家图书馆，意大利威尼斯的一座图书馆和历史建筑，文艺复兴时期建筑，它是该国现存最早的公共图书馆，拥有世界上最伟大的古典文本收藏之一。该图书馆以威尼斯的主保圣人圣马可命名。
3 拉丁语诗《埃特纳火山之行》（De Aetna）于1496年出版，由彼得罗·本博从墨西拿归来后创作。内容是关于作者在西西里岛探索希腊文化期间和他的父亲贝尔纳多之间的对话，并献给了友人、威尼斯贵族安吉洛·加布里埃尔。
4 彼得罗·本博（1470—1547），文艺复兴时期欧洲作家，他出生于威尼斯，从事诗歌创作和文论写作，曾经参与16世纪初期语言之争，他建议将薄伽丘和彼特拉克的托斯卡纳语作为16世纪意大利文学语言的典范。
5 安杰洛·安布罗吉尼（通称波利齐亚诺，1454—1494），意大利古典学者和佛罗伦萨文艺复兴时期诗人，他的学识对拉丁文艺复兴（或人文主义者）与中世纪规范以及语言学的发展有所贡献。

为 8 个主题章节，而篇幅占据内容最多的是语法部分，收录了 5 篇文章。第二份书目出版清单的公布日期是 1503 年 6 月，分成了希腊语书籍、拉丁语书籍以及"手册[1]式的便携式书籍"，即袖珍本（我们会在后面看到）。第三份也是最后一份书目出版清单在 1513 年 11 月公布，并非像之前的那样包含对未来出版书目的预告。前两份书目出版清单包含了出版物的最低售价，但我们不知道文具商（即书商）是否遵循这些售价，也不知道他们是否会以更高的价格售出。然而，我们从塞维利亚得到了一条线索，这要归功于航海家克里斯托弗·哥伦布之子费尔南多的图书馆。该图书馆由于收藏了 1.5 万册书，所以在 16 世纪上半叶成为最重要的图书馆之一。

费尔南多·哥伦布一定是个一丝不苟的人，因为他在大多数著作上都注明了购买的日期、地点和价格，费用总是换算成西班牙货币，而这样就方便了我们对此进行比对。哥伦布在不同地方购买的 26 部阿尔多的出版物中，有 14 条记录的费用与马努齐奥书目出版清单中的记录吻合，有 10 条我们只知道哥伦布支付的价格，最后剩下的 2 条我们没能找到任何信息。

我们可以通过查阅威尼斯的一位书商弗朗切斯科·德·马蒂斯的《报纸》（*Zornale*）来进一步了解，这里面记录了 1484 年 5 月至 1488 年 1 月一家拥有 2.5 万册书的威尼斯书店每日的销售情况，有每本书的书名和价格。这份手稿是一份特别有价值的文件，保存在圣马可图书馆。这份记录只记录到马努齐奥开始印刷的前六年，所涉及的卷册也大相径庭，但研究图书史的学者们为了获得一个统一的数值，计算

---

1 原文使用 enchiridio 一词，特指专门用于教义纲要或收集历史资料与证词的手册。

了每张印刷纸的成本。

由于当时的物价水平比较稳定，这就让我们可以对阿尔多印刷的版本和马蒂斯《报纸》提及的版本中所用的印刷纸的成本进行比较。后者的价格为 5 至 10 个古银币，如果使用更珍贵的纸张，则价格区间的最大值会比之前提到的更高。阿尔多出版和印刷的大开本书籍使用的每张印刷纸成本相近，但袖珍本的成本却高出很多：希腊语的书明显更贵，每张印刷纸的成本为 20 到 30 多古银币，而拉丁语和通俗意大利语书每张印刷纸的成本则是 11 到 13 多一点的古银币。这一事实彻底推翻了一个传言，即在过去各种研究中反复论证得出的一个结论——阿尔多的袖珍书很便宜；而先前的分析认为，即使是几十页的小尺寸书册，单位成本也比数百页的大尺寸书籍要低得多。总而言之，我们可以得出以下结论：马努齐奥非常了解如何定价，经他本人之手印刷发行的书保持了良好的估值，甚至在出版多年后也是如此，这是其他出版商印刷的作品很难做到的。

索 引

现在我们再来看看阿尔多留给我们的另一份遗产——索引，这是另一个如今看来是出版物与生俱来的元素，但在现代出版业诞生之初却并非如此。16 世纪之前的古版书是没有索引的，也没有带编号的页面（即页码），最多个别的几页有页码，但并不总是每页都有，以至于今天我们为了辨别古书的正反面不得不用 r（recto，书籍中纸张的正面）和 v（verso，背面或反面）来区分古版书的页码。其实大家或许都曾做过这样的事：在觉得有必要的时候，在自己感兴趣的书页上标上数字，并将它们编成索引。前文提到的波利齐亚诺，就是那些自己编写索引的人之一。

我们绝不能忽略一点，马努齐奥是一代巨匠，而对于那些从事教育事业的人来说，能够在大量的文本中找出一个精准的要点是很重要的。而印刷会带来一系列全新且未知的问题，其中一个就是打印错误。一名誊写员所犯的抄写错误会延续到之后的手稿中，并且往往没有查对的可能。而一个印刷错误会根据印刷量成倍增加，变成成百上千个错误。如果文艺复兴时期的印刷商在印刷阶段发现错误，由于当时纸张成本昂贵，他们并不会选择纠正错误，而是寄望于在重版时修改，这一做法造成了不同版本的书在很多细节上都不一样。在某些情况下，可以通过手工修改每本书来弥补遗漏的单词，例如在 1498 年左右出版的一些《圣经·诗篇》卷本大概率就是由阿尔多以这种方式修订的。更为普遍的做法是，以这样的方式满足这一新需求，提供一份带有相关更正信息的勘误表，并在书中的确切位置标注。当然，索引也会有帮助。

至此我们应该可以理解勘误表的重要性，阿尔多在他印制的第一卷希腊语语法书，即 1495 年出版的《问答》(*Erotemata*) 中，就已经在结尾处添加了勘误表。很明显，他的目的是开始和出版物革新有关的一系列尝试，他开始探索在印刷的书籍中加入索引，而这项新的实践将会在其接下来 20 年的职业生涯中得以持续。

马努齐奥的说明与之前的勘误表相比，有了一个新的特点，即涉及了需要进行更正的具体行数。因为先前的书没有页码，而参见符号这种体系在任何情况下都很复杂。于是在 1499 年，阿尔多第一次引入了一个具有革命性的页码系统。具体来说，这个方式按页面计算页数，而不是按纸张的数量，这样一来，一张纸的两面都有编号。这项创新涉及一部共计642页的大型对开本书籍，这是一本拉丁语的书目集《聚宝盆》（*Cornucopiae*，由文艺复兴早期人文主义者尼科洛·佩罗蒂撰写）。马努齐奥还给每一行标号，因此在索引中有两个数字：第一个是页码，第二个是行数。这套系统甚至比我们今天使用的更有效、更精确，尽管更加烦琐（和费力）。

阿尔多很清楚这一变化的重大意义，他还在扉页上自豪地称这是一个"非常全面的索引"。多亏了这套系统，人们可以轻而易举地找到想找的内容，而不必逐页或逐行寻找。另外，阿尔多还强调了一点："在索引里面，我们把希腊语和拉丁语放在了一起。但亲爱的读者，不要忘了你们可以在闲暇时轻松地把拉丁文和希腊文分开。"

然而，这种创新并没能被一直使用下去。例如，最初版本的袖珍本出版物并没有页码，所以流传下来的那几本图书上都是书籍持有人亲手添加的页码。另外，阿尔多对希腊语版本的编号比对拉丁文或通俗意大利语版本的编号更为复杂，他有时使用阿拉伯数字，有时又使用罗马数字；在某些情况下，他设计了很烦琐的索引，例如伊拉斯谟的《谚语集》（*Adagia*），作者认为有必要在后期于瑞士巴塞尔印刷的版本中重新制定并简化这些索引。而从1509年开始，人们才开始规律性地引入页码，甚至在袖珍本中也是如此，尽管有些版本仍然只按纸张的数量编号。虽然对于阿尔多本人来说，这仍停留在一个新的试验阶段，但对他的出版业继任者们来说这已成为必须忠实遵循的规则。这样一来，人们向现代图书的发展又迈出了决定性的一步。由德国印刷师艾哈德·拉多特在威尼斯首创的扉页，也成为阿尔多工作室印刷出版书籍的一个常见特征。

到目前为止，我们应该明白了马努齐奥带给书籍出版业的革命性创举的重要性，以及他在图书界留下的不可磨灭的印记。在某种程度上，尽管我们都没有察觉，但我们都是阿尔多的孩子。在接下来的章节中，我们将更详细地介绍这场出版革命，但首先我们必须意识到，在文艺复兴时期的欧洲，一场这么大规模的变革只可能发生在一个地方——威尼斯。

书的首都

阿尔多·马努齐奥搬到威尼斯，并在此开始从事印刷行业。我们无法深究促使其做出这两大选择的动机，但我们很清楚，这里是唯一一个可以让他成为史上第一出版商的地方。当时威尼斯[1]是一个共和国，这意味着威尼斯是欧洲同一时期唯一没有宫廷的首都，有其特有的局限性。此外，正如一个不曾爱过它的人文主义者酸溜溜地指出的那样，这是一个会将知识转化为商业产品的城市，所谓的商品和一袋胡椒完全不一样。

在 15 世纪末之前，在"多米南特"（la Dominante）——威尼斯共和国的首都——有 150 至 200 台印刷机，印刷出的书籍占整个欧洲的 15%（3 万本中有 4500 本是在威尼斯印刷的），每本发行量在 100 至 2000 册之间。这一占比一直上升至几乎所有欧洲出版物的一半。从 1465 年（活字印刷术引入意大利的那一年）到 1525 年这 60 年间，意大利的书有一半都是在威尼斯印刷的；从 1525 年到 1550 年，这一比例增长到四分之三；从 1550 年到 1575 年，这一比例变为三分之二。增长速度如此之快，以至于伊拉斯谟调侃道，成为一名印刷商比面包

1　原文使用威尼斯共和国的代称 la Serenissima。

师更容易。但也存在单纯的抱怨者，一名印刷商对"这种可悲的技艺之间稀松平常的竞争下所造成的愤恨"表达不满。

语文学家暨帕多瓦大学的意大利文学讲师维托雷·布兰卡（Vittore Branca）曾写道："印刷厂使威尼斯成为欧洲人文主义文化的'家乐福超市'，并开辟出了惊人的'书籍之路'（在 1469 年至 1501 年间，在威尼斯大约印刷了 200 万册，主要涉及人文科学），似乎是为了取代，至少也是部分取代当时已经被破坏的'香料之路'。"到 15 世纪末，在威尼斯可以看到 4000 种古版书，这是在巴黎所能找到的同类书籍的两倍。在 1495 年至 1497 年的两年时间里——也就是阿尔多已经开设了自己的印刷厂的时候——在全欧洲一共有 1821 部作品印刷出版，其中 447 部来自威尼斯，只有 181 部在巴黎出版，法国的首都在排名中只能屈居第二。

矛盾的是，1469 年将印刷术引入威尼斯的德国人乔瓦尼·达·斯皮拉（或者更准确地说，如果我们想向他的出生地致敬的话，应该用他的德语姓名约翰内斯·冯·施派尔）的逝世，成了出版生产得以爆发式发展的标志。在印刷第二本书《普林尼》一年后，准备出版第三本书《圣奥古斯丁》时，他去世了。随后剩余的工作交由他的弟弟文德利诺完成，但随着乔瓦尼的去世，赋予他的印刷业垄断特权不再有效。从那一刻起，任何想从事书籍出版印刷的人都可以进入这一行业。就这样，事情发生了转机。

在 16 世纪上半叶，被称为"多米南特"的威尼斯不仅是毫无争议的欧洲出版业之都，同时还成为主要的消费中心。15% 的名门、三分之二的神职人员、40% 的资产阶级、23% 的贵族和 5% 的平民拥有书籍。枢机主教多梅尼科·格里马尼拥有 1.5 万册图书，之前提到的马林·萨努多拥有 6500 册；而 1491 年接受阿奎莱亚教区后被驱逐出威尼斯，在 1493 年去世的埃尔莫劳·巴尔巴罗坐拥众多珍藏希腊文献的图书馆中最丰富的馆藏。还远不止这些，1537 年，雅各布·桑索维诺[1]开始建设公共图书馆，即第一个公立国家图书馆（从这个意义上说，它的构想不是作为一个保管藏书的地方，而是成为供公众使用的建筑物），目标是变成如今的圣马可图书馆。

出版业的爆炸性增长出于各式各样的原因，从充足的资金流动到大胆的商业选择，从出版自由到我们今天所说的"人力资源管理"。15 世纪下半叶，资本被释放出来，这段时期贵族们停止了对国际贸易的投资，转而向其他领域投资，主要是在新获得的威尼斯陆地区域购买农业用地。但他们不屑于资助包括出版业在内的生产性活动。

印刷书籍是一项资本密集型产业，究其原因是因为制造冲模（钢材料）和活字（铅、锡和锑等合金材料）所需的金属成本很高。书籍与其他货物一样，在威尼斯共和国早先建立的贸易路线中一起成为交易用的商品。这一系列的贸易活动竞争非常激烈，因为在威尼斯图书用多种语言印刷。

充分利用当时威尼斯共和国和教皇之间的冲突，以及几十年来罗马教廷宗教裁判所的缺席，在马努齐奥家族提供的书稿原本之后的几年里，威尼斯本地的印刷商冒着不受教会等级制度欢迎的风险，抓住时机印制了一些书籍，其中包括德国和波希米亚地区宗教改革者的文集。历史上第一本情色书籍，即彼得罗·阿雷蒂诺[2]1527 年创作的《艳

1　雅各布·桑索维诺（1486—1570），意大利雕塑家、建筑家，受米开朗琪罗和拉斐尔影响很大，早期作品有《圣雅各布肖像》《海中诞生的维纳斯》等。最知名的作品是威尼斯圣马可广场的大钟楼前廊和图书馆。
2　彼得罗·阿雷蒂诺（1492—1556），文艺复兴时期意大利作家。

情十四行诗集》(*Sonetti lussuriosi*),以及《塔木德》。《塔木德》的出现并非偶然,这本书是 1553 年 10 月圣马可广场第一次大焚书的主角。教皇使节洛多维科·贝卡德利即时通知教皇朱利奥三世:"今天早上在圣马可广场点了一把好火。"而这件事发生之后,在威尼斯,今天被称为"图书产业链"的印刷出版流水又恢复如初:雕版师、装订师、油墨师、印刷师,甚至来自帕多瓦大学的学生都可以对草稿进行修改,最重要的是,这里有大量的纸张供应。

为了生产纸张,你需要大量流动、干净的淡水(否则生产出的纸张就会变黄),这显然意味着不能在威尼斯这样由海岛构成的城市里生产,而是选址在沿河的内陆地区:沿着布伦塔河[1]和皮耶河[2],甚至是加尔达湖[3],而这些河流也被当作河运交通要道,运输其助力产生的纸张。

另一个对书籍需求量大的决定性因素是附近的帕多瓦大学。如果想获得大学文凭的话,威尼斯共和国的国民必须在那里学习。还有两所威尼斯公立学校,分别是圣马可学院和里亚尔托学院,前者从事人文和道德研究,后者则以哲学、自然科学和数学为主,在那里培养准备从事国家治理的年轻人,无论他们是贵族出身还是服务于国家官僚体系的中产阶层。

---

1 布伦塔河,意大利的河流,位于该国北部,发源自特伦托东南面,最终注入亚得里亚海。
2 皮耶河,意大利的河流,位于该国东北部,最终注入亚得里亚海。
3 加尔达湖,意大利境内第一大湖,位于现威尼托大区(大区首府威尼斯)、伦巴第大区和特伦蒂诺 – 上阿迪杰大区三者交界处。

外国人

15 世纪时，手抄本的交易中心一直是佛罗伦萨。这座托斯卡纳的城市也是文艺复兴时期意大利的金融中心，因此从理论上讲，阿诺河两岸所蕴藏的资本力量应该远胜于威尼斯大运河畔。可是，一方面，佛罗伦萨始终是一个佛罗伦萨人的城市，最多是托斯卡纳人的城市。而另一方面，威尼斯早已成为一个外国人的城市，除了属于本地人的贵族之外，威尼斯共和国内还接纳了大量的外来移民。16 世纪初的编年史家吉罗拉莫·普留利写道，在圣马可广场可以看到担任政府政要的贵族，而"其余的都是外国人，很少有威尼斯本地人"，这一切并不是什么巧合。即使是像贡多拉船夫这样的传统行业，在 15 世纪末的一份花名册中，威尼斯人也只占了一半，其他船夫来自陆地地区（许多来自加尔达湖的布雷西亚[1]一侧）或达尔马提亚[2]地区。

出版业自然也不例外，这一时期几乎所有的印刷商都是移民，有的来自意大利其他地区，阿尔多·马努齐奥就是其中之一；也有来自国外的，如德国人乔瓦尼·达·斯皮拉，或者是接替他的法国人尼古拉·让松。此外，为了证实出版印刷业的声望和富裕程度，乔瓦尼·达·斯皮拉与当时最成功和最著名的画家之一安托内罗·达·梅西那的女儿宝拉女士结婚。

威尼斯城内有结构化的社区，其中一些仍然保存至今，希腊人、亚美尼亚人、犹太人、德国人、达尔马提亚人等族群有自己的礼拜场所和互助会。这意味着在 15 至 16 世纪的威尼斯，人们可以找到受过

---

1 布雷西亚，现意大利北部伦巴第大区东部城市，与威尼托大区西部接壤。
2 达尔马提亚，一个位于克罗地亚南部、亚得里亚海东岸的地区，历史上是威尼斯共和国的领土。

良好教育、能够运用当时几乎所有最通行的民族语使用者来创作和修改其所掌握的语言的文本。这也说明了为何这里出版了第一本书，首先是希腊语版本（1486年出版），其次是亚美尼亚语版本（1512年出版）、波斯尼亚语西里尔文版本（1512年出版）；第二本书用9世纪的格拉哥利次字母出版，即古克罗地亚语字母（1491年出版）；第三本书用捷克语印刷（1506年出版）。威尼斯的印刷机里还诞生了第一本通俗意大利语版《圣经》（1471年出版）、第一本希伯来语《圣经》（1517年出版）、第一本阿拉伯语《古兰经》（1538年出版）以及第一本意大利文《古兰经》译本（1547年出版）。几个世纪以来，这座城市一直是希腊语、希伯来语、塞尔维亚语、卡拉曼利德语（一种用希腊字母书写的土耳其语，现已消失）和亚美尼亚语的世界印刷出版中心，而它对亚美尼亚语出版刊物的绝对统治地位甚至一直持续到苏联解体和1990年亚美尼亚共和国成立。

这是阿尔多·马努齐奥在开始他作为印刷商的奇遇之前威尼斯的真实写照。而他与这座城市的关系，用2018年去世的威尼斯出版商切萨雷·德·米歇尔斯的话来说："就像伟大的爱情小说里发生的那样：他们因对方而生，又恰好相遇，即使他们之间的故事并非田园诗那般纯洁而轻柔，而是令人兴奋和充满曲折的，高尚又令人绝望，深处持续不断的高压之下。"

现在让我们放下内心深处的拘束感，去探寻一下这个爱情故事。

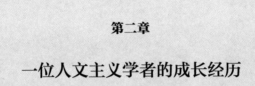

第二章

一位人文主义学者的成长经历

巴夏诺是意大利中部拉齐奥[1]地区的一个美丽的中世纪小镇，位于勒皮尼山区，在罗马以南约 80 公里。亚壁古道[2]经过该地区，如今巴夏诺属于拉蒂纳省，然而历史上，它是卡埃塔尼家族统治下的塞尔莫内塔公国（Ducato di Sermoneta）的一部分。罗弗雷多·卡埃塔尼作为该贵族家族分支的最后一个后裔，于 1961 年去世。而被但丁·阿利吉耶里在其著作《神曲》中投进地狱的教宗卜尼法斯八世来自卡埃塔尼家族。

公爵的城堡在塞尔莫内塔，但在夏季，即将成为公国接班人的卡埃塔尼家族人士常常去巴夏诺。其实原因很容易理解，这个小镇海拔 560 米，被山丘包围，晚上非常凉爽。最重要的是，这里远离危险的按蚊（疟疾病原体的媒介）。公爵的后嗣们并没有真正住在城堡里，而是住在一个巨大的宫殿里。不过，这个宫殿，即如今市政厅的所在地，给人留下了深刻的印象。就在巴夏诺最杰出的子民阿尔多·马努齐奥在威尼斯担任出版商的那几年——1499 年至 1504 年这 5 年间——这座小镇被波吉亚家族控制，但随后又回到了卡埃塔尼家族手中，他

1　拉齐奥，意大利的一个大区，其政府所在地为罗马。其名称来自"拉丁姆"（Latium），即"拉丁人之地"，是古罗马发源的地方。
2　亚壁古道（via Appia），始建于公元前 312 年，是古罗马时期一条把罗马及意大利东南部普利亚大区的港口城市布林迪西连接起来的古道。

们一直统治着巴夏诺，直到 19 世纪初。

塞尔莫内塔也是一个美丽的地方，城里的罗马式大教堂是留给建筑界的一个真正的珍宝，但它的海拔只有 230 米，比巴夏诺低，直接面朝庞蒂诺平原。今天，这里的视野一直延伸到海上，一直到安齐奥和内图诺，一些老一辈的人仍然记得 1944 年 1 月 22 日那个明亮且清净的日子，当时海面上漂浮着盟军登陆艇的尾流[1]。然而，几个世纪以来，那片平原都是沼泽地，在夏天，按蚊可以飞到塞尔莫内塔，而巴夏诺却不会受到影响。

卡埃塔尼宫的大门一度是进入巴夏诺的唯一通道，这个小镇完全被 14 世纪的城墙所包围，并且由 10 座塔楼守卫。近代以来被打穿的城墙，为三个城门腾出了空间。用斑岩铺成的街道呈螺旋状，很不幸的一点是，如今这些建筑物大部分处于被废弃的状态，但几乎都还保留了中世纪时的原貌。一些狭窄的小巷，其中最窄的一条被称为巴恰多娜（Baciadonne，字面意思是亲吻女性），纵向切开这个由众多空间层次连接在一起的城镇。在巴夏诺看不到平原的景色，而城镇的一侧则被森普雷维萨山所占据，该山是勒皮尼山区的最高峰，海拔1536 米。

在大约 1450 年，阿尔多·马努齐奥在巴夏诺出生。今天，一块石碑告诉世人这应该是他曾居住过的房子。遗憾的是，这房子其实是一张"塔罗牌"[2]，因为该建筑仅能追溯到 17 世纪和 18 世纪，因此未来的出版商不可能在这里出生。几乎可以肯定马努齐奥家族的房子仍旧保存至今，毕竟这个小镇完整地保存了下来，但我们不知道到底哪一

---

1 安齐奥与内图诺是第二次世界大战时盟军发动挂招牌军事行动的登陆地点。
2 在俚语中，"塔罗牌"（tarocco）一词其实指的是虚假的、没有价值的古物。

栋属于他们。

我们对阿尔多的家庭知之甚少，对他的童年几乎一无所知。1449年12月30日由公证人安东尼奥·图齐草拟的一份契约告诉我们，巴夏诺的某个保罗·迪·曼杜齐奥将一块土地卖给了犹太人亚伯拉罕·迪·摩西。现存最古老的一份阿尔多的手稿，是一份撰写于1480年至1486年间的文件，保存在威尼斯的奎利尼·斯坦帕里亚图书馆（biblioteca Querini Stampalia），上面有阿尔多的拉丁化姓名的签名阿尔杜斯·曼杜希斯（Aldus Manducius，所有格形式写作 Alti Manducii）。因此，毫无疑问曼杜希斯就是这位人文主义者最初的姓氏，而之后他的署名便开始写为曼努丘斯（Mannuccius），然后从1493年开始是曼努修斯（Manucius），最后从1497年开始是马努蒂斯（Manutius）。另外我们了解到的是，阿尔多的父亲叫安东尼奥，他还有几个姐妹，但其他的关于家庭背景的信息就无从得知了。

在罗马

根据我们上述知晓的信息，考虑到马努齐奥家拥有可以交易的土地，大致可以推断他的家境还算不错，但我们无法得知他们是否也还有能力供一个儿子去罗马上学，或者是不是卡埃塔尼家族在照顾年轻的马努齐奥。一个世纪后，他的孙子小阿尔多会回忆起他的祖父和故里的王公贵族之间恭敬的相处之道，毕竟某个地方的领主自己掏钱送他们那里天资最聪颖的几个小孩去上学读书是一件很平常的事。

有一点是可以肯定的，阿尔多在15世纪70年代初曾在罗马学习，因为他的老师，罗马大学¹的修辞学教授加斯帕雷·达·维罗纳于1474年迁往维泰博²。阿尔多在其中一篇序言中提到了他的另一位老师——人文主义者多米齐奥·卡尔代里尼，他是托里德尔贝纳科人，教宗西克斯图斯四世的秘书。令人好奇的是，阿尔多在罗马求学的两位导师都来自维罗纳地区。

卡尔代里尼与前文提到的枢机主教贝萨里翁属同道中人，还陪同他去法国旅行，与此同时，这位天主教教长正在编写一版将由阿诺德·潘纳茨和康拉德·斯温海姆追授出版的书籍。这是两个著名的人名，潘纳茨是一个讲德语的布拉格人，斯温海姆来自德国黑森州，两位德国神职人员在1465年将活字印刷术引入意大利，在罗马附近的城市苏比亚科的圣斯科拉斯蒂卡本笃会修道院（monastero benedettino di Santa Scolastica）建立了一个印刷厂。加斯帕雷·达·维罗纳也熟悉这两位印刷匠人的工作，因为他早在1467年就提及过两人，当时他们刚到苏比亚科两年。

意大利引进印刷术成为引发全国讨论的热点话题，而在罗马，这项令人惊叹的新事业很可能成为吸引关注度的对象。但我们并不清楚马努齐奥在那些年里是否已经接触了印刷术领域，他是否有机会仔细揣摩新的印刷版本，抑或是迟到的爱情。多年以来，阿尔多都是以教员的身份出现在世人面前，到了后来才成为一名印刷商。在他40岁

1　罗马大学，于1303年由教宗卜尼法斯八世创建，至今有700多年历史，是意大利罗马市的一所国立综合性大学，也是罗马历史最悠久的大学。约15世纪初开始有"智慧"（Sapienza）的别称，所以也译为罗马智慧大学。20世纪80至90年代，罗马大学分出一部分设立罗马第二大学和罗马第三大学，为了同这两个大学做区分，罗马大学亦称罗马第一大学。
2　维泰博，意大利中部拉齐奥大区维泰博省的一个市镇及其首府。

的时候，他把印刷商的活动设想为一种提升技能的手段，因为这能给自己提供最好的希腊语教学工具，即语法和阅读文本。我们无法肯定他是否在大约 20 年前就已经意识到书籍印刷的潜力。

甚至我们还不能确定的一点是，阿尔多在罗马掌握了拉丁语后，他是否立即开始古希腊语的学习。他的希腊语水平很高，他甚至能够读完原文就紧接着随口翻译出来（这一点语言技能我们已经在前文提到过了）。当然，在教皇统治的城市里，马努齐奥结识了来自佛罗伦萨附近城镇皮斯托亚、被称为卡尔泰罗马科（他名字用意大利语转写的希腊语别称）的人文主义者希皮奥内·福尔泰圭里，后者成为他的亲密合作者，阿尔多在 1501 年将出版的一部作品给了他。我们将在后文再次提到他，因为他是阿尔多学院的创始人之一。

马努齐奥在罗马的人生历程在我们看来仍旧让人捉摸不清，他的童年和青少年时期也同样如此。唯一可以肯定的是，他在几年后离开了罗马，可是我们也不知道他告别这里时确切的日期和原因，有人猜测他可能是因为 1478 年的瘟疫而离开，但没有证据证明这些推测。

在费拉拉

实际上，阿尔多从 1475 年起就已经来到费拉拉[1] 了，但我们无法确定他是否已经搬到这里，或者这里只是他在罗马求学期间的一个暂时的歇脚地。在埃尔科莱一世·德·埃斯特[2]——文艺复兴时期谦逊而慷慨的文学艺术事业资助者——的城市里，马努齐奥跟随瓜

---

1 费拉拉，位于意大利东北部艾米利亚 – 罗马涅波河畔的一座城市，临近威尼斯所在的威尼托大区。文艺复兴时代费拉拉成为独立公国。
2 埃尔科莱一世·德·埃斯特 (1431—1505)，费拉拉公爵，埃斯特家族成员。

里诺·韦罗内塞[1]（这里我们又提到了维罗纳这座城市）的儿子巴蒂斯塔·瓜里诺学习，或者说巩固提升他的古希腊语知识。巴蒂斯塔在1453 年奥斯曼帝国征服前曾在君士坦丁堡学习希腊语，并曾是埃斯特家族的家庭教师。阿尔多与巴蒂斯塔·瓜里诺的见面无疑是重要的，因为他在 1495 年把一版《忒奥克里托斯》（Teocrito）献给了自己 20 多年前的恩师。学者们对马努齐奥到达费拉拉前是否掌握希腊语至今仍存在争议，但可以肯定的是，当他离开费拉拉时，他已经能流利地阅读希腊语作品，用希腊语与人交流。

还有一点需要强调的是，在费拉拉，他遇到了一个将会改变他人生轨迹的同学，那就是乔瓦尼·皮科·德拉·米兰多拉。这位贵族出身的人文主义者，显然在其众所周知的超强记忆能力的助力下，熟练掌握了六种语言，包括这几门外语的古典和现代形态，而此刻他正致力于进修希腊语。他的妹妹卡特琳娜是卡尔皮领主的妻子，然而从1477 年起成了寡妇，而后 1484 年她再嫁给卢扎拉[2]领主、曼托瓦侯爵的儿子鲁道夫·贡扎加，贡扎加家族[3]的人在 1530 年才成为当地公爵。

我们现在说点题外话：在 15 世纪和 16 世纪之间，艾米利亚和伦巴第之间的这一带区域有许多并非大家族或者家族人数很少的名门贵族，彼此之间保持着密切的关系。例如曼托瓦的贡扎加

---

1 瓜里诺·韦罗内塞（1374—1460，即维罗纳的瓜里诺），意大利文艺复兴时期人文主义者，文艺复兴早期希腊古典文学研究的先驱。
2 卢扎拉，现意大利雷焦艾米利亚省的一个市镇。这里曾有贡扎加家族主系的一个分支。
3 贡扎加（或译贡萨加）家族，一个享誉欧洲的意大利贵族世家，于 1328 年到1707 年统治意大利曼托瓦公国。

家族、卡尔皮的皮奥家族、米兰多拉[1]的皮科家族和费拉拉的埃斯特家族之间的相互联姻，利用今天所谓的规模经济，把艺术家、音乐家和有学识的家庭教师从一个城市带到另一个城市。需要补充的一点是，卡尔皮和米兰多拉的两个领主背后的家族人数太少，他们不得不寻求依靠最强大和最有影响力的国家，所以我们不能忽视其受到邻国影响的可能性。

在我们目前所关注的年代，只有威尼斯共和国能在该地区投下霸权阴影，引起邻国恐惧和忧虑，并因此拥有击败他国能力的势力。被威尼斯共和国打败后，阿尔贝托三世·皮奥这位领主转向投靠神圣罗马帝国、法兰西帝国和教皇国，它们的势力都比皮奥大，皮奥最终在这场三角博弈中失去了统治地位。正如我们将看到的，阿尔多在这个政治架构内经营自己的事业，偶尔允许涉足米兰公国的事项。马努齐奥肯定对费拉拉这座城市投注了一些感情，毕竟他对威尼斯从来没有这种感觉，因为在他的第一份遗嘱中，向一年前刚和他结婚的年轻妻子建议，如果自己出远门旅行无法返回家中，就在埃斯特家族统治下的费拉拉重新找一个丈夫。这还告诉我们另外一个信息，那就是当时的人们普遍认为旅行十分危险，以至于大家不得不在出发前立下遗嘱。

还有一个因素可以帮助我们更好地理解文艺复兴时期意大利这一片地区之间的联系。我们举一个例子，阿尔贝托三世·皮奥先是娶了贡扎加家族的一位女性，然后又娶了一位来自奥西尼家族的女性。他的第二任妻子为他生了两个女儿，其中一个女儿和他的祖母一样叫卡

---

1 米兰多拉，现意大利艾米利亚－罗马涅大区摩德纳省的一个城市和市镇，位于省会东北方向。该地以文艺复兴时期哲学家乔瓦尼·皮科·德拉·米兰多拉而知名。

特琳娜，后来嫁给了卡埃塔尼家族的一位成员。这条线索让我们可以假设塞尔莫内塔公爵和卡尔皮的领主之间有一些交情，因此，我们可以得知，阿尔多也可能是通过卡埃塔尼家族搭线，与艾米利亚地区的这些小贵族家族取得了联系。虽然我们不能百分百确定，但这两个家族之间的关系是存在的，因此这样的可能性很大。

在卡尔皮

卡特琳娜·皮科是一个相当有文化涵养的女性，她与卡尔皮领主后裔莱昂内洛一世·皮奥结婚时的妆奁内除了装有常见的珠宝、银器和亚麻布外，还有古典作家的手稿和文本，例如维吉尔[1]以及西塞罗[2]的书信体诗文。这些西塞罗的作品在1469年由乔瓦尼·达·斯皮拉在威尼斯印刷出版了第一版（这一切都发生在文艺复兴末期）。

莱昂内洛一世死后，给他的遗孀留下了一笔数量可观的遗产，为的是建造一座图书馆。在卡特琳娜自己，也可能是她哥哥乔瓦尼·皮科·德拉·米兰多拉的建议下，请阿尔多来辅导她的两个儿子，5岁的阿尔贝托三世和3岁的莱昂内洛二世。一份保存在卡尔皮档案馆中的契约很值得注意，从中我们可以得知，1480年3月8日，阿尔多被任命为宫廷教师，并被授予当地公民身份，免除了纳税的义务。几个月后的8月5日，"来自巴夏诺的大师阿尔多·马努齐奥"（拉丁语原

1　普布利乌斯·维吉利乌斯·马罗（前70—前19），英语化为维吉尔（英语：Vergil 或 Virgil），是奥古斯都时代的古罗马诗人。有《牧歌集》《农事诗集》及史诗《埃涅阿斯纪》三部杰作，被奉为罗马的国民诗人，被广泛认为是古罗马最伟大的诗人之一。
2　马库斯·图利乌斯·西塞罗（前106—前43），罗马共和国晚期的哲学家、政治家、律师、作家、雄辩家。

文：magistro Aldo Manutio de Bassiano）被认定为"unum caxamentum"的所有者，从该建筑可以俯瞰如今的卡巴斯大道（Corso Cabassi）。虽然被视为街道上唯一留存的哥特式建筑，但我们无法确认现存建筑是否就是历史上提到的那栋。鉴于阿尔多作为领主后裔的老师长期居住在卡尔皮领主的宫殿里，所以这栋房子和他名下其他几套房子有可能被他租出去了，这样还能获得一些额外收入。马努齐奥还得到了一些可耕地，由他的儿子保罗继承，并由莱昂内洛二世·皮奥帮忙打理。

阿尔多和阿尔贝托三世·皮奥之间建立了比师徒更牢固的关系，正如我们在后文会看到的那样，这种关系一直持续到1515年这位伟大的出版商离世。1495年，在阿尔多献给卡尔皮领主的五卷亚里士多德著作的第一卷中，他为了勉励这位"博学的年轻人"，撰写了一些研学方面的劝告："其实你什么都不缺：不缺才华，因为你本就天资聪颖；不缺口才，因为你本就能言善辩；不缺书籍，无论是拉丁语、希腊语还是希伯来语文化，因为你在书海中不辞辛苦地搜寻知识；不缺最好的老师，因为你已经不计成本地聘请了这些学术大儒。因此，请你坚持如今的学习热情，致力于高尚的修行。为师我一定会尽我所能，不遗余力地传道解惑。"

这些句子将马努齐奥塑造为一个认真的、宽宏的、慈父般的形象。我们只有从这些细节中，才能尝试想象和重构这个非凡人物的秉性。事实上，在重新创作有关他的传记的时候，比较缺乏对他日常生活和所从事的事业的某些部分的记录，甚至就是关于他这个人本身的形象也是模糊的。我们会在后文读到，伊拉斯谟描述他的岳父安德烈亚·托雷萨尼（或托雷萨诺）身上所表现出来的悲怆和吝啬，但他却并没有告诉我们他岳父除了是一个语法狂人之外的其他任何事实。

许多致力于研究人类历史上第一位出版商的学者试图在已知要素的基础上提出一些假说。例如，我们知道阿尔多有许多朋友，并不局限于社会的某一阶层。另外假如抛开行业里的竞争对手，他其实没有什么敌人，所以我们可以假设阿尔多这个人很友善，是一个可以跟他人愉快相处的人。他有精力长时间工作，做事情时一丝不苟；他也很有可能有点吹毛求疵、过于小心谨慎，但凡事都能得心应手。他热爱团队合作，尝试以各种方式鼓励学者之间展开协作；他所要求的回报就是可以准备印刷的手稿。

　　毫无疑问，阿尔多很有经商头脑，他利用法庭和交情来维护自己的权利，即便在一个充满暴力和凌虐的时代，也从未以暴力和虐待他人的方式解决问题。他从来没有表现出和他同时代人那样所特有的攻击性；相反，他常常表现得很胆怯，有时还为自己的名声感到尴尬。然而，阿尔多会不时与合作者在金钱方面有一些争吵，他们会因为这离他而去。人们不禁要问，阿尔多是否继承了或者至少继承了他岳父的一部分极端吝啬的秉性？

　　然而，要想避开这些性格上的缺点似乎看起来很困难。那他和比他年轻许多的妻子的关系又如何呢？还有和他的孩子们呢？在阿尔多最后的遗嘱中，他给自己的两个女儿留下了选择结婚或者选择成为修女的权利，这在当时是非常开明的让步。但除此之外，我们对其余的事情一无所知。

　　在卡尔皮的那几年，阿尔多或许还没有考虑过关于印刷业的问题，而是全身心地投入家庭教师的工作中。我们推测他做得相当好，因为阿尔贝托三世和莱昂内洛二世·皮奥并不是为数不多与他保持亲善师生关系的学生。这肯定是一项任务非常繁重的活计，因为他常常抱怨道，在承担各种教学任务的情况下，每天只剩下四个小时来写一篇供学生们学习和参考的关于语法的论文。当然，他没有具体说明除了教学之外还有什么其他的工作。

有关阿尔多在卡尔皮期间的动向，有一点是肯定的，那就是他大部分时间都和领主的后裔们在一起。在威尼斯共和国向埃斯特家族宣战后，他先是在 1481 年陪同他们去了费拉拉，然后又在 1482 年的时候去米兰多拉找他们的叔叔皮科。我们知道的这次持续了几个月的停留要归功于前文提到过的马努齐奥的密友——著名希腊语言学者波利齐亚诺——的一封信。他们两人频繁地交换信件，但只在威尼斯见过一次面。正是在米兰多拉，阿尔多在希腊克里特岛人文主义者曼努埃尔·阿德拉米特诺的陪同下读了一封来自波利齐亚诺寄来的信，这个佛罗伦萨人高度精练的希腊语给他留下了深刻的印象。

在那些年里，乔瓦尼·皮科正试图将米兰多拉改造成一个首屈一指的文化中心，这个动机的出现或许是因为阿尔多有了建立学院的想法，这个学院可以成为研究希腊文化的学者们交流和讨论的场所。

可以推测，在乔瓦尼·皮科的别墅为众多希腊研究学者举行的聚会上，阿尔多提高了自己的古希腊语表达能力。但是，他本人这一时期信件内容的写作核心却是宣扬一个努力在周围知识界为自己扬名的年轻人。只有一封乔瓦尼·皮科写给阿尔多的信被保存下来，在信中，米兰多拉的领主劝告这位人文主义者继续他的哲学研究。显然，马努齐奥除了是一个受到提携的门徒，也是他在学习上的同伴。

然而，有一件不太确定的事情是，1487 年阿尔多可能与皮奥家族的两个年轻人一起去了威尼斯，这可能是这位未来的出版商与威尼斯共和国的第一次接触。3 年前，卡特琳娜与鲁道夫·贡扎加再婚，人们相信，随着时间的推移，阿尔多在当地名门望族中的角色已经变得比他单纯作为卡特琳娜与莱昂内洛一世·皮奥一婚时所生的孩子们的导师以及家庭教师更有影响力。之后，卡特琳娜与鲁道夫又生了六个孩子，而鲁道夫于 1495 年 7 月在福尔诺沃战役中阵亡，卡特琳娜则于 1501 年 12 月去世，被一个似乎爱上了她却没有得到回报的侍女毒死了。这就是文艺复兴时期贵族家族中的爱恨情仇。

马努齐奥于 1489 年秋冬之时告别了在卡尔皮的生活。一份 10 月的公证契约中证实了来自塞尔莫内塔的阿尔多是阿尔贝托亲王的监护人，这是记录他在卡尔皮停留的最后一份官方文件。

同时，阿尔多与皮奥家族的关系并没有就此结束。阿尔多随后成为该家族的一员，从 1503 年起，他开始使用皮奥这个姓氏，并从 1506 年起用该姓氏署名。我们前文已经提到了献给阿尔贝托三世的 12 份题献，可以推测阿尔多也经常收到来自卡尔皮的资金。官方契约和信件记录了这位载入史册的出版商和阿尔贝托三世之间的关系一直维持到 1509 年，也就是直到该亲王站在了威尼斯共和国的敌人一边，而阿尔多与莱昂内洛二世的关系一直持续到阿尔多去世。

从 1498 年起，在皮奥兄弟与马努齐奥之间传递的信件内容发生了很大的变动。阿尔贝托三世在给阿尔多的信中以亲和而略带点紧张的语气谈论起书籍、同样认识的文化领域熟人以及阿尔多在卡尔皮的事宜。莱昂内洛二世有时会署名为"filius"，负责处理两人关系中那些实际方面的问题，并对阿尔多提出的要求管理在艾米利亚地区所拥有的土地的权益做出回应，例如，在 1508 年 7 月，他通知阿尔多自己"负责处理了他土地上的收成，并把这些所得记在他的名下"。另一方面，莱昂内洛二世与一位威尼斯女贵族玛丽亚·马丁嫩戈结为夫妻，因此这对夫妇居住的诺维城堡（castello di Novi）与威尼斯之间仍然保持着紧密联系。1508 年 3 月的一份公证契约记录了莱昂内洛二世·皮奥对马努齐奥的委托，即寻求威尼斯共和国的军事援助，尽管之后并没有成功。

阿尔多在法律上是皮奥家族的正式成员，他名下有许多土地，这些土地至少有一部分在 1556 年仍由他的后人所拥有。1498 年 9 月，莱昂内洛二世写信给马努齐奥，表示他将履行他哥哥阿尔贝托三世的承诺，赠予他更多的土地和一座城堡，在那里他可以建立一个印刷厂和书院。阿尔多会利用这座"美丽的城堡"来"建立一所书院，一旦终结了无知与非文明，就能更好地大力培育优秀的文学和美术创作"，由此就能得知阿尔多的这一段记叙并非空穴来风。

然而，这一捐赠从未实现。在 1506 年和 1510 年，即阿尔多人生中的两个困难时期，他请求可以获得这座城堡的使用权，以便他可以带着自己的家人和他的印刷厂搬进去。需要注意的是，这两年马努齐奥都不在威尼斯，我们将在后面讲到具体原因。

这座城堡之前已被确定为诺维的城堡，正如前文所述，莱昂内洛二世和他的妻子住在那里，并且实际在那里设立了一个印刷厂，以印刷单行本。根据一份无法证实的 18 世纪的资料显示，阿尔贝托三世曾邀请马努齐奥建立一个印刷厂，但那时阿尔多已经搬到了威尼斯，并拒绝了这位领主的请求。然而，我们可以肯定的是，卡尔皮人贝内代托·多尔奇贝利（或多尔奇贝洛）——绰号"小公牛"（Manzo），这个绰号事实上来自他的屠夫家庭背景——在卡尔皮设立了一家印刷厂，1506 年的时候先是在城里，然后 1508 年设在诺维的城堡，他在那里印刷了上述的单行本，之后又搬到了费拉拉。

多尔奇贝利曾与同样来自卡尔皮的乔瓦尼·比索洛及来自布里西格拉的加布里埃尔·布拉乔一起，在阿尔多位于威尼斯的工作坊工作。多尔奇贝利在那里学会了手艺。但他发现自己卷入了一场涉及伪造阿尔多希腊文字体的肮脏丑闻，我们将在后文关于伪造的章节中看到关于此事的更多细节。之后，他和他的两个工友离开了威尼斯，继续从事印刷行当，第一站先到了米兰，后来又转战其他地方。关于这一事件的文件很少保留至今，对此我们只知道一部分信息。我们甚至无法知道在 1506 年，当阿尔多去米兰和曼托瓦的时候，他和他以前雇佣的伙计之间是否还有联系，毕竟当时他还是皮奥家族所在城市的印刷商。但至少由此事证明了一个事实，即阿尔多利用了与来自卡尔皮的能工巧匠合作的契机，在威尼斯开设了印刷厂。

阿尔多的身影永远留在了皮奥宫小教堂里的一幅湿壁画上。这幅湿壁画是画家贝尔纳迪诺·洛斯基的作品，位于教堂右侧墙壁，保存完好，描绘的是皮奥家族：画面近景画的是 30 岁时的阿尔贝托三世，他有一头飘逸的金发，戴着一顶黑帽；他身后是其父亲莱昂内洛一世，画这幅壁画时他已经去世 20 年了（16 世纪早期）；而在远景区域的是他的弟弟莱昂内洛二世。在领主阿尔贝托三世跟前有两个身着黑色长衫、戴着同色帽子的人。两人中的更靠后的那位，被确认为阿尔多·马努齐奥，画面中可以看出他是一个大约 50 岁的人，洛斯基创作这幅作品的时间正好与阿尔多的年龄吻合。

画中阿尔多前面的年轻人可能是曼托瓦的哲学家彼得罗·庞波纳齐，也可能是希腊克里特岛的人文主义者马可·穆苏罗，马努齐奥在卡尔皮的时候见过这两个人。他们俩都比阿尔多年轻，庞波纳齐比他年轻 10 岁左右，而穆苏罗比他年轻大约 20 岁。穆苏罗是一位博学的语文学家，我们会在后文再次提到他，因为之后他将成为阿尔多最亲密的合作者之一。在皮奥家族丧失对卡尔皮的统治权、掌权者变成埃斯特家族之后，这幅湿壁画仍旧得以完好保存下来，仅仅是因为它被帘子遮住了，而免于被损毁，毕竟新任统治者往往会清除前朝留下的痕迹。

现在，我们告别了艾米利亚地区的卡尔皮，并最终跟随阿尔多来到这个将会改变人类书籍史的城市——威尼斯。

第三章

如何成为一名出版商

阿尔多·马努齐奥在 1489 年至 1490 年间移居威尼斯。他来到这座城市的意图大概率是为了能够继续教书，前文中我们对他早期在威尼斯的了解并不能证明他已经在计划投入到印刷业。同样地，对于这个城市在当时无可争议地被称为"出版之都"这一事实，是否或者说在多大程度上影响了他的迁居决定，我们对这一猜测的可能性不得而知。也许威尼斯真正吸引阿尔多的地方是这里云集了知识渊博的人文主义者，特别是希腊人。"威尼斯，这个城市可以被定义为我们这个时代的新雅典，因为有大量具有特殊文化的人。"阿尔多多年后写道。

　　然而，他永远不会完全爱上这座接纳他的城市，他永远不会感到自己是威尼斯人，他永远不会对这个地方有任何特别的感情。他来到这里也许是因为他离不开这个地方，因为只有在这里他才能把自己的出版计划付诸实践，而这才是他留在这里的原因。他早期在威尼斯期间，无论是从他所做的事情还是从他选择的合作者来看，都鲜明地体现了他与卡尔皮这座城市剪不断的联系，我们已经在前文中提过，而且我们还会在后文中再次读到，一些来自卡尔皮的人在新开的印刷厂工作。

　　在来到威尼斯共和国后不久，阿尔多出版了他的第一部作品《缪斯之歌》（*Panegirico delle muse* 或 *Musarum Panegyris*）。这是一部拉丁语作品，构成了他教学方法的宣言。为此，他求助于印刷商——来自尼卡斯特罗的卡拉布里亚人巴蒂斯塔·托尔蒂，他在 1489 年帮忙印刷出了文本。与其说这是一本书，倒不如说是小册子。其中包括两篇献给阿尔贝托三世·皮奥的押韵文章，文章的中心部分由阿尔多写给阿尔贝托三世母亲卡特琳娜的信组成。《缪斯之歌》现在只有七个副本留存于世，其中两个可以在意大利找到，分别在博洛尼亚和那不勒斯。

阿尔多指出，拉丁语和希腊语的教学应该同时进行，而不要按照当时的习惯，先教拉丁语，再教希腊语，刻意把两者区别开来。他还特别强调阅读经典的原版的教育价值，因为在此之前，人们只能通过拉丁文译本来了解古希腊的情况。当然，阅读翻译作品能够让他们更好地接触到一个本来注定不为人知的世界，但与此同时，翻译也通过拉丁文的镜头扭曲了古希腊，或多或少改变了她的原貌。因此，阿尔多认为有必要回归本源，直接用希腊语阅读希腊语作品。可以看出，这与现代的观念不谋而合。

马努齐奥把《缪斯之歌》的手稿带到了威尼斯，他很有可能需要借助这部作品来宣传自己，从而获得对自己作为教师的认可。如果他当时仍是卡尔皮领主家的家庭教师，那么大概率能够担任威尼斯一些贵族子女的家庭教师。事实上，皮耶尔弗朗切斯科·巴巴里戈雇用他辅导其私生子桑托。这样的际遇对于阿尔多来说再好不过了，因为当时的威尼斯共和国总督阿戈斯蒂诺·巴巴里戈是皮耶尔弗朗切斯科的叔叔，前总督马可是他的父亲；更重要的是，当马努齐奥决定开办印刷厂时，这位贵族带领阿尔多进入当地名门望族的社交圈。

我们不能错误地认为阿尔多先是一名教师，然后才是一名出版商。人们或许会认为阿尔多致力于向普罗大众提供受教育的机会，设想他的书会被充满学习欲望的年轻人紧紧攥在手中，然而事实完全不是大家所想的那样。阿尔多的教学对象都是那些非富即贵家族的子女，也就是说，他最多只面向占当地总人口 5% 的人群传授知识。另外，他的教学思想也很特殊，通过教授古希腊语这样一门"死语言"来教育未来的统治阶层。这是一门大多数人没有能力自学的语言，而原因很简单，现如今已经没有人说古希腊语了，所以只有在学校里才有机会学到它，但这与古典文学的内在价值也没有什么关系，却与一个社会规律有关，即从小学习相同书籍的孩子在成年后会更好地理解对方。如今，人们可能会说这是一张社会关系网，有点像"校友联络网"，例如在英国这样的人际关系网络仍旧能够将伊顿公学和其他一些在公立学校上学的精英阶层团结起来。

语　法

　　马努齐奥很可能在搬到威尼斯之前就已经开始研究拉丁语语法了。相关的手稿现保存在威尼斯的奎利尼·斯坦帕里亚图书馆中。之所以提到这份手稿，是因为其中有马努齐奥拉丁化姓氏"Manducius"的签名。该文件终结了由瓜里诺·韦罗内塞的文本开启的杂集手抄本形式。阿尔多的文本看起来更像是将来的语法大纲，因为它只占据了 4 张纸（8 面），在并不算大的页面上（21 厘米 ×13 厘米）用两种墨水书写，较浅的墨水已经有较为明显的褪色情况，并且在空白处有一些补充和更正。清晰和工整的字体一眼就能看出来是属于阿尔多本人的。

　　《语法惯例》（*Institutiones grammaticae*）一书于 1493 年 3 月 8 日由安德烈亚·托雷萨尼在威尼斯印刷，他来自曼托瓦地区的小镇阿索拉，大约 12 年后成了阿尔多的岳父。从本质上讲，马努齐奥为自己写了一本简明高效的语法书，对自己教学方式的优化也起到了帮助作用。它不同于常用的语法参考书，在他看来，那些语法书籍过于冗长和散乱。在 1501 年出版的新一版［使用了另一个标题——《语法入门》（*Rudimenta grammatices*）］中，他批判了传统的拉丁语的学习方式，并强调需要简短易懂的规则，避免学童因为知识难度过大而产生厌学的心理甚至是辍学的举动。早在前一年，他就明确提出了一些精确的教学准则——"除了最好的作者，不要让年轻人死记硬背学习……强迫他们背诵我们的散文或诗歌作品……是一个错误"，其后果是让孩子们"感到绝望，讨厌那些他们难以热爱的研究，并且想要逃离学校和文学"。

阿尔多有关语法的著作是献给阿尔贝托三世·皮奥的，同时也向来自皮亚琴察的人文主义者和希腊学研究者乔尔乔·瓦拉表示敬意。阿尔多承认是瓦拉的功劳让他自己更接近普劳图斯[1]。这一注解绝非偶然，因为瓦拉被认为是前一章节提到的埃尔莫劳·巴尔巴罗的精神继承人。因此，当 1500 年 1 月瓦拉在威尼斯去世后，他的图书馆被阿尔贝托三世·皮奥买下，瓦拉创造的这个文人圈就算是宣告结束了。与此同时，拉丁文语法书被阿尔多修订并重印了 3 次。

然而，如果你们以为阿尔多的拉丁文语法书会被广泛使用，那就大错特错了。实际上，它仍然是小众的教材，主要流传在精英圈子里。截至 1568 年，它的重印次数约为 15 次，而当时最广为流传的语法书有 279 个版本，其中 32 个版本在意大利出版发行。例如《幼儿教义》

---

1 普劳图斯（约前 254—前 184），古罗马喜剧作家，他的喜剧是现在仍保存完好的拉丁语文学最早的作品。同时他也是最早的音乐剧先驱之一。

（*Doctrinale puerorum*），一部由法国修道士亚历山大·维勒迪厄在 13 世纪初写成的作品：它作为手抄本的时候已经享有了非同寻常的发行量，到 15 世纪末，它成为印刷版本的畅销书。可用一个实例来印证其畅销程度：1499 年，皮斯托亚市政府要求公立学校教师使用《幼儿教义》作为其课程的基础课本。

可以说，阿尔多给特奥菲洛·福伦戈[1]提供了创作《马凯隆内埃》（*Maccheronee*）[2]的灵感，借由文中主角烹制香肠的情节，表达了作者对语法教条的蔑视："Fecit [...] scartozzos ac sub prunis salcizza cosivit"。[3]它批评的对象实际上是臭名昭著的《幼儿教义》，尽管出版这本书本来是一桩很好的生意，销售量也有保障，阿尔多却对此不屑一顾，从未想过印刷这本当时流行的拉丁语教材。

无论是作为作者还是作为出版商，阿尔多初期的职业特点是提供有用的教学辅助工具。他常常鞭策广大教师："法学家、哲学家、城市管理者、王子、雇佣兵队长、国王，以及修道士、教士、主教、枢机主教、教宗，所有这些人，甚至是只知道拉丁字母的人，抑或是你曾

1　特奥菲洛·福伦戈(1491—1544)，意大利诗人，马凯隆式诗歌的主要代表人物之一。
2　《马凯隆内埃》这部作品的字面含义是用马凯隆式拉丁文写作的著作，影射了以拉丁词与意大利语词（或有拉丁词尾的非拉丁词）组成的，被喻为"通心粉拉丁语"的混合语言。这种语言形式最初是模仿拉丁语的一种主要具有讽刺意味的方式，使用拉丁语典型的结尾和谐音应用于意大利语的词根和词条或其方言，具有这些相同特征的意大利文学体裁也得到了发展。
3　选自特奥菲洛·福伦戈于 16 世纪以梅林·科凯的笔名写的一首马凯隆式拉丁语诗《巴尔杜斯》（*Baldus*），收录在其代表作《马凯隆内埃》。作品是对传统骑士诗歌的戏仿，颠覆和扭曲了经典骑士精神的价值观。通过对矛盾和超现实事件的叙述，也通过使用怪诞和滑稽的拉丁语，大量的语法错误，并夹杂着许多方言和俗语，在描绘民间文化中的平民英雄巴尔杜斯的事迹中，揭露出一个仅由饥饿、暴力和压迫主宰的世界。这句话是作者福伦戈借主人公的视角回顾了自己少年求学期间阅读古典名著的痛苦感。

经指导的孩子，他们受过你的教育，你的善与恶都会帮助或破坏他们的品行。"作为家庭教师应该认识到自己"不仅是青少年的导师和领路人，更如同孩子们的双亲"。

令人好奇的一点是，在他编辑的第三个也是最后一个版本，即1514年的版本中，阿尔多表现出了他所有的宗教热情。他用黑色和红色墨水在前8页中印刷赞美诗和祈祷词，这是关于宗教礼拜仪式的书籍所用的惯例。当然，这不是一个个例，因为马努齐奥在希腊语语法书籍中也使用祈祷词作为阅读材料，并曾计划在从未出版过的希伯来语语法书中也这样做。

其实还有很多关于阿尔多的事情是我们不知道的，其中包括我们在前文提过的他搬到威尼斯的原因。另一个问题我们了解得更少，即为何阿尔多成了一名出版商。针对后一个疑问，我们应该指出的是，在流传下来的他写给卡特琳娜·皮奥的信中，马努齐奥从未提到过出版印刷业。这也是人们提出问题的一个思考角度，但至今人们仍未能找到合理的解答。

在阿尔多长居威尼斯之初，他在这里所从事的工作与在卡尔皮已从事多时的教师职业并没有什么不同，而且是在一个贵族家庭工作。在这样的情形下，我们也只能指出一条推测阿尔多移居威尼斯原因的线索：威尼斯地区拥有一个重要的希腊族裔社区和几座极其重要的希腊图书馆。在此需要立即澄清一个多年来重复多次的误解：这些手稿收藏中最重要的，也就是我们看到的枢机主教贝萨里翁捐赠给威尼斯共和国的手稿，都是阿尔多居住在威尼斯的整个时期无法接触到的。大约在30年前，贝萨里翁于1472年去世时，这些手稿被安排转移至威尼斯，但在这些年里，这份手稿一直放在存放手稿的57个箱子中，未被取出。此外，乔尔乔·瓦拉在 1500 年去世后，把这些珍贵的著作委托给马坎托尼奥·萨贝利科[1]。

阿尔多是瓦拉的朋友，两人的友谊可以从阿尔多赞扬瓦拉为威尼斯人文主义之王的拉丁文语法书中得到证实。这句话出现在 1493 年的版本中，但在后来出版的版本中被删除。然而，阿尔多与萨贝利科之间基本没有任何的联系，甚至两人会相互回避对方。据我们所知，尽管他们不可能忽视对方同时生活在威尼斯这座城市，但他们从未见过面。马努齐奥拒绝认识萨贝利科，同样也回避了两人之间任何的论战，但考虑到当时是一个因百家争鸣而促使思想繁荣的时代，这种态度并非理所当然。换句话说，当乔瓦尼·巴蒂斯塔·埃格纳齐奥[2]想非难萨贝利科时，他必须使用不同于他的朋友阿尔多拥有的印刷机。最后，如前文所述，贝萨里翁的捐赠实际转让给了威尼斯圣扎尼波洛的多明我会修士们。

当时威尼斯的希腊人社区包括两个主要群体：来自君士坦丁堡的难民（君士坦丁堡在 1453 年落入奥斯曼帝国之手）和克里特人，他们也是威尼斯共和国的臣民。在阿尔多的叙述中，我们才发现当时在威尼斯的克里特人的声誉并不好："直到今天，许多人还在辱骂他们（克里特人），无缘无故地称他们是骗子，以至于他们把'玩弄克里特人'（fare il cretese）这个动词理解为'撒谎'和'欺骗'的同义词，甚至诞生了'和克里特人玩弄克里特人'（fare il cretese con i cretesi）这样的谚语。"而几十年后，威尼斯的希腊圣乔治堂开始建造，该教堂一直保存至今。

1　马坎托尼奥·萨贝利科（1436—1506），意大利历史学家。
2　乔瓦尼·巴蒂斯塔·埃格纳齐奥（1478—1553），意大利语文学家。

有不少威尼斯人文学者研究古希腊语，有些人甚至可能会说一些古希腊语，这也是利用了城市里希腊族裔数量众多的优势。我们在前文提到的埃尔莫劳·巴尔巴罗，他用自己的人脉和自己图书馆的馆藏实力聚集起了一个高雅的知识分子圈子。巴尔巴罗是皮埃蒙特人文主义者乔治·梅鲁拉的学生，是一位有学识涵养的语文学家，他向威尼斯展示了洛伦佐·瓦拉[1]创立的新语文学体系（顺便一提学术大论战：梅鲁拉因抄袭的问题对波利齐亚诺发动了一场非常猛烈的攻击）。并且他还提出了一个理论，认为要了解一个作家，就必须了解他的全部作品。而阿尔多正式通过印刷出版亚里士多德的所有著作，贯彻了这一原则。此外，正是巴尔巴罗本人说服马林·萨努多将阿尔多·马努齐奥定义为"人文主义者"。

我们在前文中提到了乔尔乔·瓦拉（他也许是洛伦佐·瓦拉的亲戚，但我们并不确定），他在以理工科为教学方向的里亚托学院任教，而来自克里特岛的学者马可·穆苏罗则在与之竞争激烈的圣马可学院任教。瓦拉的图书馆有大量来自希腊的数学著作，其中一些是独一无二的版本。另一个值得注意的是人称"波蒂科"的加莱亚佐·法西诺，他的藏书量也不少，大约有 300 部作品。阿尔多在给贵族丹尼尔·雷尼尔的信中写道："考虑到你对拉丁文、希腊文和希伯来文非常熟悉，欢迎你常来我们家看看这三种语言的出版物。你把自己的希腊文和拉丁文手抄本借给我，还鼓励我首先出版那些你认为对广大学者更有用的文集，你对我的帮助之情我难以言表。"然而，雷尼尔不是唯一一位给阿尔多提供帮助的人，在这群学者中，如阿尔多所说，有许多人

---

1 洛伦佐·瓦拉（1407—1457），意大利的人文学者、雄辩家和教育家，神职人员，曾任职教宗秘书。他以证实《君士坦丁赠礼》为伪造而知名。

"出于关爱，通过他们的建议、书籍和身体力行，尽最大努力帮助我们"。然而，当我们提到希伯来语时就略显奇怪，马努齐奥曾经考虑过使用这种语言出版一些书籍，但他并没有这样做，我们会在后文进一步解释这件事。

1491 年，乔瓦尼·皮科·德拉·米兰多拉和安杰洛·波利齐亚诺来到威尼斯。我们不知道皮科是否见到了阿尔多，但考虑到两人之间的友谊，碰面的概率还是存在的。相反我们知道的情况是，他生病了，一直待在费拉拉公爵的宫殿里，也就是今天的土耳其货栈（fondaco dei Turchi），当时威尼斯共和国用这栋建筑接待显赫的外国来宾。另一方面，波利齐亚诺经常去书店拜访朋友，包括巴尔巴罗和贝尔纳多·本博，并最终结识了阿尔多本人。

这应该是两位人文主义者之间唯一可以断定的会面，考虑到两人或多或少都算是同龄人，彼此之间保持着很长一段时间的书信往来，但很可能从未见过面。6 月，波利齐亚诺在与他保持联系的朋友中记录下了"阿尔多·曼努奇奥"（Aldo Mannuccio）这个名字。有一点需要强调的是，阿尔多是波利齐亚诺认识的统治阶级以外的唯一一个得以保存的名字，也是波利齐亚诺在威尼斯见到的仅有的三个非贵族人物之一。所有这些可能反映了贵族阶级对人文主义以及以印刷术为代表的新事物产生了极大的关注。另外，由于在图书馆和古董市场上发现了大量的古版书，上面都带有威尼斯名门望族的家族纹章，因而这种兴趣直至今日仍然可以得到验证。

又过了一年，即 1492 年，博洛尼亚人乌尔塞奥·科德罗的一封信证明了马努齐奥在威尼斯的出现，他是为数不多的能够流利掌握古希腊语的意大利人文学者之一。后来在 1499 年，阿尔多献给他一版希腊语语法书。由此，我们可以理解为什么 15 世纪末的威尼斯被认为是"第二个拜占庭"。然而，那时的威尼斯还没有成为有关希腊语书籍的印刷中心，但因为马努齐奥的存在，这里即将成为中心。

在当时，米兰和佛罗伦萨保持着希腊语出版物的印刷纪录，我们也很想知道威尼斯如何创造了如前文所述的第一本希腊语印刷本的纪录，即 1486 年出版的《蛙鼠之战》（*Batracomiomachia*）。这是一部伪荷马史诗，标题的意思是"青蛙和老鼠的战争"，为《伊利亚德》的戏仿作。该书是由一位名叫劳尼科斯的教士与另一位克里特教士亚历山德罗斯合作出版的，劳尼科斯来自克里特岛上的查尼亚，威尼斯人称之为坎迪亚。

同年 11 月，教士亚历山德罗斯出版了第一本希腊文的宗教书籍。这两部作品采用相同的字体，因此可以推断出自同一个印刷商。另外值得注意的是，两本书仿照古代的礼仪手稿。而这两个克里特人在印完这些书后，就神秘地消失了，如同被历史的迷雾所吞没。与此相似，希腊语书籍的印刷事业在威尼斯也像消失了一样，等待着阿尔多把它带回来（我们将在专门讨论这块内容的章节中提到）。我们对亚历山德罗斯的了解是后来他成为克里特岛阿卡迪亚教区的主教。

然而，在 1490 这一年间，与阿尔多合作的希腊学者都还在佛罗伦萨，他们似乎并不打算离开，加上没有人能够预料到两年后佛罗伦萨的统治者洛伦佐·德·美第奇逝世，而 1494 年美第奇家族因萨伏那洛拉[1]起义失去了统治地位。因此我们很难弄清 1490 年阿尔多没有

1　吉罗拉莫·萨伏那洛拉（1452—1498），意大利多明我会修士，1494 年至 1498 年担任佛罗伦萨的精神和世俗领袖。他以在虚荣之火事件中反对文艺复兴艺术和哲学，焚烧艺术品和非宗教类书籍，毁灭被他认为不道德的奢侈品，以及严厉的讲道著称。他的讲道往往充满批评，并直接针对当时的教宗亚历山大六世以及美第奇家族。

去往佛罗伦萨而是选择去威尼斯的原因。这一年，托斯卡纳城中围绕波利齐亚诺和费奇诺[1]两大人文巨匠的学术圈子达到了事业和声望的顶峰。此外，拜占庭人康斯坦丁·拉斯卡利斯（与吉亚诺·拉斯卡利斯无亲无故）早已开始用希腊语印刷作品，他先是在米兰从事出版工作，然后才到佛罗伦萨，尤其是 1494 年 8 月他在佛罗伦萨选择只用大写字母出版了一本希腊文选。然而在同一年，法国国王查理八世远征意大利，局势不可避免地恶化，佛罗伦萨印刷厂于 1496 年关闭，从而为那些致力于希腊语著作印刷的人留下了发展空间。

综上所述，古希腊化当然是吸引马努齐奥长居威尼斯的一个重要因素，但肯定不是唯一的因素，因为他在给波利齐亚诺的信中写道，威尼斯"更像是一个完整的世界，而不只是一座城市"。

出版商的生涯

15 世纪 90 年代，我们追踪到了阿尔多在威尼斯的踪迹，尽管正如我们之前所说的，没人知道究竟是什么原因促使阿尔多迁居到这座城市，以及他开始从事出版这项事业的动机。

阿尔多·马努齐奥住在离圣方济会荣耀圣母教堂[2]不远处的圣阿古斯丁（Sant'Agostin），几乎可以肯定（这里用"几乎"一词只是为了谨慎分析）他并没有住过那栋如今挂有牌匾显示为阿尔多故居的

1　马尔西利奥·费奇诺（1433—1499），文艺复兴时期欧洲学者。他主要在他人的资助下从事讲学和写作，是文艺复兴时期佛罗伦萨的新柏拉图主义的捍卫者。他对柏拉图和其他希腊作家著作的拉丁语翻译为文艺复兴人文主义学术确立了卓越的标准。
2　圣方济会荣耀圣母教堂，威尼斯最大的教堂之一，具有次级宗座圣殿的地位，又被简称为弗拉里（Frari）。

房子，我们会在最后一章更详细地谈论这个问题。据了解，阿尔多的印刷厂有 6 至 8 台印刷机；而关于工人方面的情况，据推测大约有 30 人，有详细记录的只有两个名字：1506 年阿尔多遗嘱中提到的伊拉里奥·达·帕尔马，以及费代里科·达·塞雷萨拉。我们没有找到关于前者的其他信息，但我们会在之后的内容中再次提到后者，因为他将陷入一大国际事件的旋涡中，导致阿尔多在"密不通风且臭气熏天的人群"中度过了一个星期。

根据解散契约，该店铺似乎在福斯卡里宫租了一个仓库。福斯卡里宫是威尼斯大运河上一座宏伟的哥特式宫殿，威尼斯共和国总督弗朗切斯科的强大家族曾经就住在那里，如今则是威尼斯大学的所在地。大量的书籍从那里被送到各个销售点，其中有相当数量的书送到了托雷萨尼的店铺，这些店铺的招牌上标有塔楼图案。

文件中有几个书商的名字，但未告知我们更多的信息。只有一个叫乔丹·冯·丁斯拉肯的德国人购买了大量书籍，每个版本差不多 100 册。因此，他很可能就是阿尔多在 1502 年指控的那个德国商人，这个人在德国以低于威尼斯的市场价格出售了这些书。也许给丁斯拉肯带来麻烦的并不是阿尔多的控告，因为就在同一年，他成为第一个因在威尼斯销售基督教路德宗作品而遭到谴责的书商，他的部分库存被没收。

马努齐奥声称每个月要花 200 枚威尼斯杜卡特金币 [1] 来维持印刷厂的运转，这是一笔不小的开支。有人曾尝试计算了一下他手头的资

---

1 杜卡特（ducato），意为"与公爵（或公国）有关"，最初的意思是"公爵的硬币"或"公国的硬币"，是欧洲从中世纪后期至 20 世纪期间作为流通货币使用的金币或银币。这一时期，各种杜卡特的金属含量和购买力都大不相同。威尼斯的杜卡特金币获得了广泛的国际认可。

产，这个数额似乎很真实。据阿尔多所述，1503 年的时候每月出版 1000 本，这意味着一个月的工作就能创造出 234 枚杜卡特金币的价值。1537 年，圣马可的地方财政长官、阿尔多的邻居尼科洛·贝尔纳多报告说，自己在威尼斯的房产和梅斯特雷附近的小庄园的年收入为 237 枚杜卡特金币。因此，维持印刷厂一个月的运转所需的费用相当于一个有权势的贵族一年的收入，说明印刷行业确实是一个不可小觑的行业。而且更重要的是，对于一个只控制 10% 资本的合伙人来说，其利润不可能很高。

在圣阿古斯丁附近，只需步行几分钟就能找到阿尔多最重要的威尼斯朋友之一马林·萨努多的住所，这栋房子至今还在，位于小米过道（fondamenta del Megio）。在威尼斯方言中，"megio" 是小米的意思，因为该片区有一个粮仓。马林·萨努多来自一个贵族家庭，虽然并非主要贵族之一，但正如前文所说的那样，他拥有威尼斯最大的图书馆。1516 年的时候有 2800 册藏书，而 20 年后达到了 6500 册的巅峰，这一藏书量使他的图书馆成为威尼斯的一大奇迹，并且声名远扬。阿尔多曾称赞萨努多："我参观了您的图书馆，那里有非常丰富的各种书籍，我得以阅读到您用自己的才智和学问写作的关于威尼斯行政官的书，关于总督们的生活，包含从威尼斯建城至今日这么多的内容，还有关于高卢战争的书。"

然而，萨努多始终过着清贫的生活。在他生命的最后几年，他被迫卖掉大部分珍藏的古典学、哲学和神学文集以维持生计。这位贵族日记作者一直渴望被提名为威尼斯共和国的官方历史学家，但他两次与这一要职失之交臂，而且两次都是被提名为阿尔多社交圈子里的人文主义者。先是安德烈亚·纳瓦格罗[1]获得这一职位，后来是彼得罗·本博，我们推测他们也可以算是萨努多的朋友。然而，阿尔多与这位日记作者的深厚友谊并没有阻碍马努齐奥拒绝出版萨努多的著作《查理八世的远征》（ *La spedizione di Carlo VIII* ），而且在 1496 年开始编辑《日记集》之前，这部作品都还未能出版。相反，阿尔多将波利齐亚诺的《作品全集》（ *Opera omnia* ）献给了萨努多，他是在 1498 年印刷这套书的。

在圣波尔多运河上，恰好在阿尔多的印刷厂到萨努多家的路上，有当时威尼斯另一个非常重要的图书馆，即贝尔纳多·本博的图书馆。贝尔纳多是彼得罗·本博的父亲，与萨努多不同，他是一个有权有势的上流贵族。贝尔纳多多次被选为使节，即十人议会[2]的成员。1483 年，他在当时威尼斯共和国统治下的拉文纳担任负责人时，委托彼得罗·隆巴多雕刻浅浮雕，该浮雕至今还装饰着但丁·阿利吉耶里的坟墓。圣波尔多的本博宫已经消失了，但位于里亚托桥卡本河畔的哥特式本博宫经常被误认为是彼得罗·本博的住所。本博的图书馆有丰富的印刷品和拉丁文及希腊文的原稿，还包括一些小尺寸的手抄本，这些手稿给阿尔多的口袋书提供了灵感，我们将在后文中看到更多关于这方面的内容。15 世纪 90 年代初，当贝尔纳多还没有因为政治原因离开威尼斯时，他与儿子彼得罗和卡洛一起，经常与马努齐奥朋友圈里的人来往。

威尼斯的许多印刷厂都位于连接里亚托桥和圣马可广场的道路中

---

1 安德烈亚·纳瓦格罗（1483—1529），意大利诗人、演说家和植物学家。
2 十人议会（Consiglio dei Dieci），又译十人团，是一个秘密组织，1310 年设立，是威尼斯共和国政府的主要组成部分之一。其成员主要由贵族构成，由威尼斯大议会选出。

心线上，而阿尔多则选择了一个偏离核心区域的位置。他可能是考虑到与萨努多和本博的两座极为重要的图书馆物理距离很近，这至少部分程度上成为他选择住在圣阿古斯丁的理由。

出版商阿尔多的工作坊和住宅成为当时居住在威尼斯或者路过此地的众多学者和文人的聚会点，阿尔多热情好客，让客人们能在威尼斯进行短暂休整。阿尔多的儿子保罗·马努齐奥写道，他的父亲"自掏腰包在家招待了许多有学问的人，这些人后来都成名了，而且还获得了巨大的荣誉"。英国的希腊研究学者威廉·拉蒂默关于床的逸事也许应该放在阿尔多的待客之道中来看。1498 年，拉蒂默从帕多瓦写信给马努齐奥，他说房东要求把借给他的简陋的床铺归还，而拉蒂默在圣阿古斯丁做客时随身携带了这个床铺。显而易见，拉蒂默把床铺留在了阿尔多的住所。同样，当时的习俗是离开别人家的时候要把床带走。

马努齐奥很清楚自己此时此刻所面临的财务困难，即印刷出版行业的资本主义性质突出表现为对资金的持续需求。筹集资金一点也不容易，以至于他在第一版出版物的序言中写道，富人的手在应当给予资助的时候总会受到关节炎的折磨，而在能拿到好处的时候却显得非常健康，在这种状态良好的情况下，没有什么比富人的手活动得更快的了。普劳图斯的说法非常符合对这群人的描述：他们就像章鱼一样，无论碰到什么，都会下意识地想握住它。但最终富人的贪婪之手还是被弄开了，阿尔多从此获得了实现其梦想的资金。

阿尔多的印刷厂在 1494 年至 1495 年间开始运营。马努齐奥与他未来的岳父托雷萨尼以及皮耶尔弗朗切斯科·巴巴里戈建立了伙伴关系。皮耶尔弗朗切斯科是当时威尼斯的一个重要人物，正如我们前文中看到的，阿尔多已经认识他了。他是造纸厂的老板，因此对印刷业感兴趣，同时他也是 1486 年至 1501 年间执掌威尼斯共和国的总督阿戈斯蒂诺·巴巴里戈的侄儿。

阿尔多·马努齐奥本是一名希腊语教师，所以起初他对印刷业一无所知，他无法将自己从购买成卷的纸张、雇佣工人、监督印刷厂的工作中解脱出来，他需要一名专业从事印刷行业的技师指导他。托雷萨尼是当时威尼斯印刷界最耀眼的明星之一。一方面，阿尔多给托雷萨尼带来了所缺乏的知识分子社交圈的关系网；另一方面，安德烈亚·托雷萨尼把威尼斯印刷界的技术知识传授给了阿尔多，毕竟他在这个领域已经活跃了超过 15 年。然而，这一切并非一直顺利，马努齐奥在 1503 年的时候宣称，他不得不记录下过去几年中工人和雇员的四次罢工；令他感到遗憾的是，工人们"在我自己的家里，在万恶之源——贪婪——的煽动下，密谋反对我。但在上帝的帮助下，我摧毁了这些恶念，他们现在对自己的背叛深感悔恨"。然而，我们对阿尔多印刷厂的劳资纠纷一无所知。

安德烈亚·托雷萨尼出生于曼托瓦的小镇阿索拉，自 1440 年以来一直是威尼斯共和国的公民，1470 年移居威尼斯。他曾与尼古拉·让松合作，这位法国印刷人在德国人乔瓦尼·达·斯皮拉去世后表现出众，在某些方面，他比阿尔多的观念更加超前。1480 年让松去世后，托雷萨尼既买下了他的印版字，也买下了与阿戈斯蒂尼银行家的关系，后者曾为让松提供资助。

托雷萨尼是一位重要的印刷商。1487 年，马坎托尼奥·萨贝利科将《历史》（*Historie*）的印刷工作委托给他，而他在前一年获得了史上第一个版权。安德烈亚很有魄力，1493 年，他出版了一本用达尔马提亚地区斯拉夫人的文字——格拉哥利次字母——写作的小册子，这种字母是西里尔字母的原型。然而他也很精明，事实上，他继续保持谨慎的一面，印刷法律作品和宗教文本，这能为他提供良好的现金收入。他很可能从阿尔多印刷希腊文著作的想法中嗅到了发财的味道，因此投入到这项风险投资当中；但他也很有可能无法欣赏其在文化层面的价值。

皮耶尔弗朗切斯科·巴巴里戈持有印刷厂50%的股份，安德烈亚·托雷萨尼持有40%的股份，而阿尔多·马努齐奥持有10%的股份。但特别的一点是，安德烈亚与阿尔多两人之间的合作是单独进行的，并不涉及塔楼印刷铺（stamperia alla Torre）的其他活动。马努齐奥被委托负责遴选需要出版的作品，因为托雷萨尼可能无法做出博学者可以做到的选择，并且保留了对技术和经济方面的核对权利。而另一方面，据我们所知，马努齐奥并没有权利对售价做出决定，因为1499年的时候他将一本书作为赔礼送给了佛罗伦萨统治者的亲信阿德里亚诺·马尔切利，为不能对已购买的剩余图书提供折扣而道歉。

一个看起来似乎自相矛盾的事实是，当马努齐奥开始从事印刷事业时，因为他而建构起来的知识分子圈子居然开始崩塌。埃尔莫劳·巴尔巴罗在1493年6月离开人世，安杰洛·波利齐亚诺也在1494年9月撒手尘寰，而两个月后，就在法国人进入佛罗伦萨时，阿尔多的第一个保护者皮科·德拉·米兰多拉也与世长辞。另一方面，马尔西利奥·费奇诺在世的时间并不短，他本人甚至读到过阿尔多将他的作品翻译后出版的著作，但费奇诺也在1499年10月去世。

阿尔多的印刷界首秀发生在1495年2月，他首次推出了希腊语语法：康斯坦丁·拉斯卡利斯的《问答》，这位拜占庭人文主义者曾是彼得罗·本博的老师。我们并没有了解到任何关于出版准备工作的细节，但可以想象到一系列的准备肯定是漫长且艰辛的。据推测，至少需要六个月的时间完成这部著作的印刷准备。而在该书的序言中，我们发现了一些可以被称为阿尔多编辑路线的内容："我们决定将自己的毕生精力奉献给人性的光荣。上帝为我做证，我最渴望的事情就是为了造福人类。"马努齐奥还表达了战争和知识耗散的恐怖，"在这个充满苦难的泪谷里"。

这位生于巴夏诺的出版商，他的整个职业生涯处在一个非常动荡的时期。他的职业生涯始于 1494 年，即查理八世远征亚平宁和意大利战争开始的那一年，因其去世而结束。他在 1516 年 8 月《努瓦永和约》（pace di Noyon）签订，或者说是康布雷战争结束前一年逝世，这场战争几乎将威尼斯共和国从地图上抹去。阿尔多写道："就在意大利被战争蹂躏的那一年，我开始从事书籍印刷这一非常困难的事业，为了让自己对学术领域的人士有帮助。"他还宣称，在一个因"巨大的战争……破坏了整个意大利，不久之后，它们似乎将把整个世界从地基上淹没"而受尽折磨的时代，急需捍卫文化的价值。这段时期内还发生了许多对图书界有直接影响的事件："在我们这个时代，在意大利，我们看到藏有大量佳作的大型图书馆在短短几年内被毁于一旦，这难道不是事实吗？我们难道对图书馆因无人问津而被迫关闭的惨状视而不见，任由其被蛀虫毁坏吗？"

在罕见的阿尔多用通俗意大利语写作的序言中，即他给受人尊敬的卡特琳娜的那篇序言中，他抨击道："（我）对抗着世界上正在发生的残暴的罪行和可怕的邪恶。"另外他还断言，"对病人来说，情况很糟糕，就连医生也生病了……这或许是一个叛逆的世界，或是被诅咒的时代，人类的面庞不再只是脸面，而是充满着迷恋诱惑的面容。"

然而，马努齐奥并没有放弃"对美好时代的希望，这要归功于许多计划印刷的好书，我们希望永远扫除所有的暴行"。他表达了自己的愿望："嫉妒、无知和野蛮的人……让他们悲伤吧，让他们侮辱吧，让他们尽情地阻挠吧！好日子会来的，一定会来的。"然后他这样说道："总有一些动荡且令人悲伤的时代，这是一个使用武器比使用书籍更普遍的时代。但在我做到出版足够丰富的好书之前，我永远不会休息。"到了最后阿尔多提出展望："如果阅读书籍比操作武器的比例更大，就不会看到这么多的屠杀和恶行，这么多的丑陋、平淡无奇的欲望。"

此外，面对外国军队的到来，当时的人文主义披上了民族主义的外衣，为其新发现的罗马帝国遗风，并与阿尔卑斯山外的蛮族对抗而欢欣鼓舞。人们仍然意识到，或者说希冀，自由传播的思想和知识可以构成对武器的一道防线。

在阿尔多从事图书印刷的早期，他致力于希腊文书籍的出版，这使得他熟知涉及希腊半岛的政治事件和战争。阿尔多认为意大利的危机是欧洲的普遍危机，他对威尼斯的暂时安全一点也不放心，因为知道这种安全很快就会消失。由此可见，对希腊文学的了解是成年人尤其是年轻人的一种"必需品"。

这位出版商献身于"永远为人类造福"的事业中，尽管他本可以追求一段宁静祥和的生活，但他却选择了一种"勤奋且充满辛劳的生活"。他觉得人类生来就不是为了追求那些正直且有文化的人所能享受到的不配得的欢愉，而是为了通过辛勤劳动来创造价值。事实上，阿尔多常常在高强度的状态下工作，一度声称自己甚至没有时间吃饭或者去厕所方便，而他周围的人却在催促他："我前面的印刷工人在等待我准备的东西，而且以一种粗鲁和不耐烦的方式催促我，我甚至没工夫擤鼻涕。"更有甚者："我为了你们日夜操劳，远远超过了我所能承受的体能极限。"他强调自己其实可以不这样做："即便我可以一直过着舒适且安宁的日子，我也会浪费我全身的精力。"但我们没必要担心他的身体状况："虽然我被繁重的工作压倒了，但我在工作时感到异常快乐……（我）不害怕任何将发生的变故，无论之后会产生多大的费用，也不会害怕。"

自然主义引文中一再出现关于疲劳的主题，旨在强调自我伤害的能力，例如"'画眉鸟向自己吐出邪恶的东西'，普劳图斯略微文雅地说：'鸟儿造成了自身的死亡'。造成这种认知的原因是因为人们觉得粘鸟胶只产自鸟的腹部，特别是鸽子和画眉鸟的腹部"。事实上，当时人们认为鸟的死因大多是因为从肠子里排出了粘鸟胶。无论如何，那个时代的人们沉湎于空想的迷信，出版商阿尔多指出："我用自己的双手创造了一个灾祸，我给自己带来了无尽的麻烦，无尽的辛劳。"

结合前文内容，我们大概可以在脑海中构建起马努齐奥作为一个全能的出版商的人物形象，他不仅是一位高雅的知识分子，也是一位精明的企业家。他从第一本出版物开始就强调了企业经济方面的重要性。他将受众群体转向"学习经典文学名作的高尚年轻人"，邀请他们"毫不犹豫地购买我们的劳动成果"。这样一来，年轻人就能学到"希腊文学的价值核心"，但同时"你们将会激励我（指阿尔多）全身心地投入到出版更多作品的工作中，它们比第一本出版物更重要也更值得阅读"。在出版下一部作品——于同年（即 1495 年）出版的穆塞欧·格拉玛蒂科[1]的《赫洛与勒安得耳》[2]——的时候，阿尔多回归到了这样的经营思维概念："拿着这本小册子，不过这可不是免费的，书籍的售价是给我公正的报酬，只要这样我就可以向你们供应希腊人所著的全部佳作。"他还补充道："如果你给我钱，我就能给你想要的书。因为如果我没有足够的资金支持，我就无法开工印刷。"而在 1497 年出版的克拉斯通（Crastone）希腊语—拉丁语词典中，阿尔多呼吁广大学者："这是你们的责任！如果想让你们的阿尔多利用印刷资源更容易地帮助你们以及这个衰落的文化，请亲自掏钱购买我们的书籍，而且不要以省钱为目的吝啬自己的钱。如果你们愿意通过购买图书来支持我们的劳作，我们将能在短时间内向你们提供所有这些书。"

穆塞欧的版本还附有另一本只有 10 张纸（即 20 页）的四开本小册子：《加雷奥米欧玛琪亚》（Galeomyomachia）。这是一部用诗歌体创作的猫鼠之战，由克里特岛的东方教会教士阿里斯托布洛·阿波斯托利奥负责编辑。他的父亲米凯莱曾是贝萨里昂的门徒和朋友。但在 1498 年，阿里斯托布洛与阿尔多的合作就因金钱纠纷而中断。阿波斯托利奥以阿塞尼奥作为教名，成为莫内姆瓦西亚的大主教。莫内姆瓦西亚是伯罗奔尼撒半岛的一个小镇，威尼斯人称之为马尔瓦西亚，同名的葡萄酒也因此而得名，当时从那里大量进口该葡萄酒。

---

1 穆塞欧，在他的手稿中被称为格拉玛蒂科，是 5 世纪中叶的古希腊作家和诗人。
2 《赫洛与勒安得耳》，一个希腊神话，在分隔欧亚两洲的赫勒斯滂海峡的亚洲一岸有一座叫阿卑多斯的城市，城里面住着一位俊美的青年，他名叫勒安得耳（也作利安德），隔峡相望的塞斯托斯有一位少女名叫赫洛（也作希罗），是阿芙洛狄忒的女祭司。赫洛与勒安得耳相恋，每天晚上勒安得耳都泅过海峡与赫洛相会，赫洛总是燃起火把来为勒安得耳指引方向，后来在一个暴风雨之夜火把被吹灭，勒安得耳遂溺水而死，第二天早上赫洛在岸边见到勒安得耳的尸体后跳水自杀。

在阿尔多从事书籍印刷事业的前 5 年，他几乎只印刷与希腊相关的作品，只有少数例外。与此同时，如同先前所叙述的那样，佛罗伦萨已经丧失了在希腊文图书印刷领域的龙头地位。举一个例子，1488 年雅典人德米特里奥·卡尔孔迪拉[1] 出版了荷马的著作以及其他的古典作品，但 3 年后他离开了这座托斯卡纳重镇前往米兰，在那里他继续从事印刷业，甚至在那里出版了自己所著的语法书。吉罗拉莫·萨伏那洛拉在 1494 年宣布领导佛罗伦萨共和国引发了一场动荡，给佛罗伦萨的希腊文书籍印刷出版事业带来了致命的打击。

我们将在下一章详细论述阿尔多有关希腊文书籍的故事。这里先让我们关注一下其他问题。我们在前文中已经看到，1498 年的图书目录只包含两部拉丁文作品，即彼得罗·本博和安杰洛·波利齐亚诺的作品。家境阔绰的本博家族有可能支付了印刷出版的费用，正如未列入拉丁文作品目录的三位职业都是医师的作者一样。我们可以猜测到，这些作品是委托阿尔多出版的，正是因为这个原因，才没有把这些列入目录。但也许还有其他的个人动机，说服马努齐奥印刷了这些作品。

亚历山德罗·贝内代蒂在帕多瓦教授医学，1494 年作为威尼斯军队的首席医生参加了福尔诺沃战役。他写下了《加洛林战争日记》（ *Diaria de bello Carolino* ），这是一部介于重塑历史事实和报道新闻事件之间的作品。两年后，阿尔多印刷出版了这部著作。贝内代蒂也拥有一座藏书丰富的科学图书馆，康斯坦丁·拉斯卡利斯曾拜访过他的图书馆，因此变得相当有名，而且这对于马努齐奥寻找新的出版刊物很有

1　德米特里奥·卡尔孔迪拉（1423—1511），雅典人文主义者，1449 年离开故乡来到意大利教授希腊语，波利齐亚诺是他的学生之一。他的贡献之一是把希腊语语法教学反思编撰为语法书《问答》。

帮助。此外，贝内代蒂还曾帮助阿尔多更好地理解亚里士多德著作中涉及医学的部分。因此，出版商阿尔多的"同意出版"可能有更广泛的考虑，而不仅仅是为了筹钱。

马努齐奥在 1497 年印刷的洛伦佐·马约洛的专题论文《医学学位》（*De gradibus medicinarum*）的故事显得有些不同。他在序言中赞扬了该书的内容，但并未过多涉足对体裁的评价。在他看来，这些医师的文本较为粗糙，与人文主义学者高雅的风格相去甚远。可以想象，这与医学的教学传统有很大关系。与贝内代蒂一样，马约洛和来自维琴察地区被称为莱奥尼切诺的尼科洛·达·洛尼戈都帮助过阿尔多，为其解释亚里士多德著作中关于医学的文段。尼科洛·达·洛尼戈在 1497 年出版了《关于通称为"法国病"的流行病小手册》（*Libellus de epidemia quam vulgo morbum gallicum vocant*），作者在这本小册子里用无尽的赞美之词来讨好阿尔多。维罗纳的贝内代蒂和维琴察的莱奥尼切诺都描述了一种在法国的侵略军入侵之后首次在意大利出现的新疾病——梅毒，这就是它被称为"法国病"（mal francese）或"高卢病"（morbo gallico）的原因。第二年，马努齐奥出版了尼科洛·达·洛尼戈的另一篇论文《蒂罗蝰蛇》（*De Tiro seu Vipera*），该论文主要论述有关蛇毒的内容。

从最初的几次出版物开始，马努齐奥就引入了一项相当重要的革新，通过还原古代手抄本的编排样式，每页分两栏排版印刷，在此之前书籍是以单栏形式分页。阿尔多十分注重读者的阅读感受，他要确保所有文字都能清楚地阅读出来。这就是为何恺撒的版本中包含了一份古代高卢地区的地名列表，旁边还附有相应的现代法语名称。关于农业的拉丁文著作在结尾处附有一张表格，解释了如何计算一年中每个月罗马小时的准确时间。而贺拉斯的手稿则是在对度量衡充分了解的基础上进行修正的。

1498 年，马努齐奥发表了神圣罗马帝国驻教廷大使约翰内斯·鲁赫林的演说。在德国，陪同这位本国的外交官到罗马是一个非常棘手的问题。当时莱茵河畔的选帝侯，即有权选举神圣罗马帝国皇帝的诸侯，和现属法国的阿尔萨斯的维森堡本笃会修道院发生了争执，导致选帝侯被逐出教会。神圣罗马帝国的代表承诺为他辩护，按照惯例，演说稿会被印刷出来，但只有在这样的大环境下的印刷品才会被要求在罗马出版，而意大利这样的第三国对这样的事件并没有表现出多大兴趣。尽管这是一个级别很高的纠纷，演说稿交由一流的出版商负责印刷出版，但人们大多推测难以顺利出版。如果马努齐奥同意出版这篇讲稿，他肯定不是为了收益；相反，有可能是这位出版商已经在努力争取神圣罗马帝国的青睐，以便能够将他的学园转移到德国。这件事我们将在后面看到，无论如何都很难善始善终。

第二年，法国国王的大使阿尔塞·梅尼耶来到威尼斯，目的是强化盟国关系，使威尼斯和巴黎在 1499 年得以瓜分米兰公国。之后梅尼耶和阿尔多成了朋友，而诗人暨人文主义者阿马塞奥为了向梅尼耶表示敬意，写了一首关于法国和威尼斯联军即将取得的军事成就的作品。马努齐奥出版了这部著作，而且还在巴黎保存了一份装帧精美的复印本。这一副本采用羊皮纸印刷，并装饰有法兰西的百合花图案、圣马可的狮子和圣彼得的钥匙。

与此同时，1498 年 5 月 10 日，威尼斯元老院承认瘟疫正在城市中蔓延。这不是一场非常严重的流行病，没有留下太多痕迹就过去了。但阿尔多最后还是被感染了，而且病倒了。很明显，他被疫情蔓延的恐怖所控制，因为他发誓如果自己治好了病，就接受修会的命令。阿尔多很快从恶疾中被解救出来，当然也后悔之前夸下的海口。同年12月6日，他被免于承担自己的宗教责任。为了确保这一点，他还找了一个似是而非的借口：他很穷，唯一的谋生手段是做印刷商。

实际上，这两种说法都很可笑，因为马努齐奥根本不可能穷困到那种程度，他完全可以像过去那样继续以教书来谋生。1499年8月11日，尽管阿尔多收到了宗教特免书，但教宗亚历山大六世写信给主教托马索·多纳，让他留意阿尔多出版的书籍。显然，有传言说阿尔多与可疑的东正教圈子关系密切。那这位出版商又是如何回应这些传言的呢？他出版了一本被认为粗俗且淫秽的书——《寻爱绮梦》，他在书中放置了出版史上第一张关于男性生殖器官勃起的图片。这并不是讨好教会等级制度和感恩其给予宗教特免的最佳方式。为了弥补这一点，第二年他印制了锡耶纳的圣加大利纳的使徒书。这两部作品非常重要，值得我们一一论述，我们会在后文再深入探讨。

到此为止，一切都按部就班地进行着，但此时阿尔多的出版活动正在放缓。休整的原因很可能是1499年皮耶尔弗朗切斯科·巴巴里戈的离世，以及他的接班人不再愿意投入希腊文书籍的出版事业。他们仍旧出售这些希腊文读物，但销量并不乐观，以1513年的书籍出版目录为证，它显示这个时期的书籍已经减少了三分之一。1499年，马努齐奥出版了一部明显以赚钱为目的的作品：尼科洛·佩罗蒂的著作《聚宝盆》，一本关于拉丁语的语文学索引，之前出版过多个版本和若干重印本。阿尔多利用这本书的收入资助两部希腊文著作，其中一本是《迪奥斯科里德》(*Dioscoride*)，这部作品奠定了所有现代药典的基础。

巴巴里戈的接班人，也许还有托雷萨尼（我们不得而知），强加了一条新的编辑思路。阿尔多因而不得不服从。但他再次证明了自己的聪明才智，把本应是权宜之计的东西变成了内容极其丰富的各类文化方案。

此外，这些年威尼斯因为与奥斯曼人在军事冲突中的接连战败，失去了科罗内和莫多内两地。这两个极为关键的要塞，被威尼斯人称为"伯罗奔尼撒半岛的眼睛"。当时，这一事件和瘟疫一样被认为是神的惩罚，因此整座城市充斥着人们的忏悔。作为一个非常虔诚的人，阿尔多或许并不会对这如潮水般的悔罪感到怪异。这也可能是在1500年他决定出版有关圣加大利纳作品的原因。同年，马努齐奥只出版了除前者之外的另一部作品，即卢克莱修[1]的一部诗集。无论如何，阿尔多正在为1501年印刷事业的巨大飞跃做足准备。他将会用斜体字出版小开本书籍，而这项革新仍延续至今。我们将在单独的章节中讨论这个话题。另外，在1501年至1503年间，希腊文文本的出版被按下了暂停键，这正是发生深刻变化的标志。

以八开本形式出版的经典著作接踵而至，但也给其他的一些著作留有回旋的余地。例如在1502年10月，阿尔多出版了一本奇特的小篇幅书籍，是一本只有8页的八开本，书名为《切尔克斯人民风习俗》（*La vita et sito de Zychi chiamati Ciarcassi*），作者是热那亚旅行家暨商人乔尔乔·因特里亚诺。该书内容囊括了对以仿古化称为"Zichi"的切尔克斯人，一支高加索地区族群的生动描述。这是继《寻爱绮梦》，以及有关圣加大利纳、彼特拉克和但丁之后，阿尔多的印刷工坊出版的第

1　卢克莱修（约前99—约前55，全名是提图斯·卢克莱修·卡鲁斯），罗马共和国末期的诗人和哲学家，以哲理长诗《物性论》（*De Rerum Natura*）著称于世。

五部用通俗意大利语写作的作品。实话说，这是一部可能由任何人印刷出版的文本，但阿尔多在序言中解释说，因特里亚诺是波利齐亚诺的朋友，而波利齐亚诺又是马可·穆苏罗和丹尼尔·克拉里奥的好友，当然，我们会在后文中再次提到克拉里奥。

同样在 1502 年，当夏季接近尾声的时候，那不勒斯人文主义的杰出代表乔瓦尼·蓬塔诺将他的作品寄给马努齐奥请求帮忙印刷。阿尔多很热情地接下了这份差事，为他安排了一个印刷版，并准备出版蓬塔诺的其他任何作品。当时 73 岁的蓬塔诺打算出版一部自己创作的诗集，但诗集却在运送途中丢失了。随后他又准备了一份手稿，不料送件的信使于 1503 年夏天在帕多瓦病逝，致使这份手稿消失了整整一年。而随后蓬塔诺也于 1503 年 9 月离开人世。两年后，马努齐奥印刷了蓬塔诺寄给他的余下的作品，好在这些作品最终得以复原。然而，在那不勒斯，彼得罗·萨蒙特也出版了诗集的另一个版本。这件事处理起来缓慢且复杂，两人分别在威尼斯和那不勒斯之间以信件的方式来来回回地争吵。

这里，我们强调的是马努齐奥在这件事当中的不当行为：他将蓬塔诺的这部著作的出版计划向后推迟了一个月，只是为了获得"王储发行版"（*editio princeps*）的荣誉，即之前手抄本著作的第一个印刷版本。这种做法当然不会给他带来任何荣誉，但令旁人诧异的是，这样做并没有破坏两位出版商之间的关系，实际上他们一直都保持着友好关系。该书让蓬塔诺的作品受到广泛传播，这无疑也算是一种成功，因此 1513 年又新印制了一个扩编版。

婚　姻

1505 年年初，阿尔多步入了婚姻的殿堂。他的妻子玛丽亚·托雷萨尼，是他的合伙人安德烈亚的女儿，年仅 20 岁。这对夫妇的年龄差距很大，足足有 30 岁，甚至还更大一些。但两人的婚姻似乎很幸福，玛丽亚生了五个孩子，其中包括三个男孩，小马努齐奥（或马可）、安东尼奥和保罗；还有两个女孩，阿尔达和莱蒂齐亚。我们知道，保罗最后继承了他父亲的遗产。

与此同时，巨大的变化正在酝酿之中。1505 年的上半年，阿尔多印制了初版《阿索洛人》(*Asolani*)，该书是彼得罗·本博的作品，以庆祝卡特琳娜·科纳这位前塞浦路斯女王成为小城阿索洛的女主人。随后，大约从事了 10 年印刷工作的出版商阿尔多关闭了圣阿古斯丁的印刷厂，搬到了他岳父在圣帕特尼安的房子里，接下来又在那里从事了 10 年的印刷工作。

阿尔多在受教育的人中建立了遍布半个欧洲的完善的熟人圈子，他从世界各地收到的拉丁文信件就是最有力的证明，这些信件现保存在米兰的盎博罗削图书馆。然而，马努齐奥的第二间印刷厂并没有留下任何痕迹，因为包括圣帕特尼安教堂和 10 世纪建成的世界上独一无二的五角形钟楼在内的整个区域在 1869 年被拆除，以便为修建威尼斯储蓄银行的总部和设立意大利政治家丹尼尔·马宁的纪念碑腾出空间，现有的广场就是以马宁的名字命名的。

在米兰

阿尔多·马努齐奥采取了一种类似"安息年"的休假方式，在整个 1506 年，他没有出版任何东西；相反，他辞退了合伙人，去威尼斯以外的地方寻找"手写的作品"。他先是去了米兰，然后和妻子玛丽亚一起去了伦巴第的两个城市克雷莫纳和阿索拉，显然是顺便去找他岳父的亲戚。在准备动身的时候，阿尔多起草了保存至今的三份遗嘱中的第一份。这份遗嘱立于1506年3月27日，被保存在圣方济会荣耀圣母教堂的档案中（第三份也保存在这里，而第二份保存在费拉拉），由公证人弗朗切斯科·达尔·波佐起草，"这份遗嘱由我亲手书写"，这是用通俗意大利语书写，背面有三个印章，分别为一只锚和一只海豚，第三个已经脱落。威尼斯大学人文系学者蒂齐亚娜·普莱巴尼，也是威尼斯圣马可国家图书馆的管理员，长期研究阿尔多·马努齐奥的文本，观察到这份文件有一页半都是阿尔多写的，他用自己漂亮的"工整而略微倾斜的笔迹，让人们想起他著名的斜体印刷体字"。显然，外出旅行在当时被认为是非常危险的活动，所以立遗嘱是合乎常理的。马努齐奥离开威尼斯时决定把"我所有希腊文手写本"给阿尔贝托三世·皮奥，"其余的书"给侄子。

第二天，阿尔多和老丈人安德烈亚签署了一份法律契约，将两人的资产和财产合并。马努齐奥现在持有20%的股份，其余80%的股份归他的岳父所有。两人之间的"手足关系"将会结束和接续数次，而两人最后一次商议发生在1514年。

在米兰，阿尔多见到了这座城市最杰出的人文主义者雅各布·安蒂夸里，他是米兰公爵卢多维科·斯福尔扎的前秘书和宗座公证员；而在1499年法国征服意大利后，安蒂夸里辞去了所有公职，但仍与新政府保持着友好关系，因为1509年他为庆祝在阿尼亚代洛战胜威尼斯人的法国国王路易十二发表了演讲。阿尔多还见到了法国国王的财务官、藏书家和阿尔多出版物的收藏家让·格罗伊尔，以及前文提到的米兰元老院主席杰弗里·查尔斯。在伦巴第城，马努齐奥受到了著名中短篇小说家马泰奥·班戴洛[1]的接待。班戴洛在自己的著作第十五篇中短篇小说中提到了阿尔多：

> 正如我所看到的，您是第一个用两种语言印制书籍的人，近乎完美地服务广大学者，而且现在仍然在尽最大可能完善出版事业，不仅是对书籍中谬误的订正以及让印刷字体更加工整且清晰，而且总能够出版所有可以寻找到的好作者的著作。在这一点上，您总是不遗余力，确实向世人展现了您的伟大和德行。

在曼托瓦遭逮捕

1506 年 7 月，阿尔多在从伦巴第地区返回威尼斯共和国的途中经过了曼托瓦侯爵的封地，一次令人十分不悦的人员交换使他成了受害者。在那几天，"（我）无辜地身处污秽不堪的地方，羞愧难耐"。此即上文提到的"密不通风且臭气熏天的人群"，在曼多瓦的小镇奥廖河畔坎内托附近的卡萨尔罗马诺停留了数日。有关该事件的大量通信集被保存在曼托瓦档案馆。

为了理解这段插曲，我们需要把时间倒回到三年前。1503 年 9 月，阿尔多给曼托瓦侯爵夫人，来自贡扎加家族的伊莎贝拉·德·埃斯特写了一封信，请求她赦免费代里科·达·塞雷萨拉，就是我们曾在前文中提到在圣阿古斯丁的印刷厂里和阿尔多共事的工匠。"两年

---

1 马泰奥·班戴洛，16 世纪意大利作家，后期成为天主教主教。他被一些学者认为是文艺复兴时期最重要的短篇小说家。

前"，费代里科·达·塞雷萨拉在一次关于"分配财产"的争执中杀死了他的兄弟，这导致他的母亲焦万纳失去了能在晚年陪伴自己的孩子。阿尔多请求侯爵夫人"赦免这一罪行，好让费代里科·达·塞雷萨拉能给自己的母亲养老送终"。实际上，他是在圣诞节时获得了赦免，之后在次年的 1 月 3 日，马努齐奥写信感谢伊莎贝拉·德·埃斯特。到此一切都进展顺利，但在 1504 年夏天，费代里科·达·塞雷萨拉又被关进了监狱，因为赦免令被宣布无效，理由是侯爵夫人是在她丈夫贡扎加家族的弗朗切斯科二世不知情的情况下给予的赦免。阿尔多再次写信给伊莎贝拉，恳求她解决这个问题，而这个问题应该是以某种方式解决了。1506 年夏天，这位来自巴夏诺的出版商在被他称为"长工"的费代里科·达·塞雷萨拉本人的陪同下，骑马穿过了曼托瓦地区。

马努齐奥从卡萨尔罗马诺监狱写给弗朗切斯科侯爵的第一封信的日期是 7 月 17 日。算下来一共写了三封信，一些与内容无关的细节也值得我们探讨一番。首先，它们是阿尔多第一次用"皮奥"（Pio）签署自己的姓名，在此之前，他从未使用过几年前授予他的卡尔皮王储的名字，而只署名"阿尔多·罗马诺"（Aldo Romano）。此外，能看出这封信是在极为仓促的情况下写成的。一方面，之前他写给侯爵夫人的信，书写的字迹细致且工整。另一方面，包括阿尔多在获得自由后从阿索拉写的第四封在内的所有信件，呈现出一种更为浮夸、杂乱的风格，即使在 500 多年后，也能清楚地看出写信人的反常和不安。

马努齐奥在信中向贡扎加解释说，他在经过卡萨尔罗马诺的时候被侯爵的卫兵拦下。费代里科知道自己被放逐，因为害怕被人认出来，提起衣领尽可能地遮住脸，在紧要关头逃跑了。"他扔掉我的衣服和其他物品逃跑了。"到达曼托瓦和属于威尼斯共和国的城市阿索拉的界河后，他抛弃了自己的马，穿过河水游到对岸，确保自己已经在威尼斯境内。阿尔多在信的最后要求对方释放自己，并将被扣押的财产归还给他。

侯爵和他的边防军之间的通信中出现了更多的细节。事实上，这件事源于一个不幸的巧合。7月15日，弗朗切斯科二世曾警告说，有两个疑似庞培奥和巴斯蒂亚诺的人即将经过该地区，并下令逮捕两人。第二天，负责边境的乔瓦尼·彼得罗·莫拉罗看到有两个人经过，认为他们是被通缉的人，于是将他们拦下并对他们进行审讯。

"他们说他们想去威尼斯，"莫拉罗报告说，"他们自称是威尼斯人，我们回答说他的口音不像是威尼斯人。"事实上马努齐奥的口音一定属于拉齐奥地区，而不是威尼托地区。这位边境长官发现这个人甚至没有曼托瓦的口音，因此认为阿尔多没有说实话。阿尔多在7月18日的第二封信中明确指出，费代里科"从马背上一跃而起就连忙逃走了"。因此，莫拉罗还写道："我们立即跳上马背，把他带到阿索拉的边界。我们扣留的另一个人说他叫阿尔多·罗马诺，并且侯爵认识自己。"

然而，问题并没有像马努齐奥希望的那样迅速得到解决。7月20日，此时阿尔多已经在监狱里待了4天，他再次写信给弗朗切斯科二世，表示他"完全是无辜的"，他是费代里科·达·塞雷萨拉"忠实的用人"。阿尔多还有一个额外请求，即不要把他安置到曼托瓦，因为那里"被怀疑有瘟疫"，否则他必须等待"40天"才能进入威尼斯，这将会是"极大的不便"。

说一个题外话，关于40天的公共卫生隔离的说法非常有趣。当时，"quarantena"（意思是 40 天或者是隔离）一词还没有如今其在公共卫生领域的含义，直到 16 世纪末它才开始被广泛使用。而在当时的威尼斯共和国，人们会用 "contumacia" 一词表达隔离的意思。因此，阿尔多的这封信使我们能够将 "quarantena" 一词从宗教礼仪的含义引申到公共卫生概念的时间追溯到 16 世纪初。我们回过头来看阿尔多的遭遇，他要求把自己送到坎内托，因为那里没有瘟疫。同时，阿索拉的威尼斯负责代表尼科洛·普留利向侯爵求情，信中写道，阿尔多·罗马诺是一个"品德高尚"的人，请求侯爵"归还他先前的个人物品和钱财"。

然而，最终解决这一问题的是杰弗里·查尔斯。碰巧的是，刚好那几天米兰公国元老院院长作为法国国王的大使正在前往曼托瓦的路上，他的护卫队有 "30 只马匹和脚夫"，正是他把阿尔多接来的。与此同时，阿尔多已被转到坎内托最高行政官那儿。7 月 22 日，弗朗切斯科二世命令坎内托的最高行政官将阿尔多"连同他的衣服、钱、书籍和马匹"交给"米兰议长主席"。在献给查尔斯的 1509 年版本的贺拉斯所著的《诗艺》（*Odi*）的献词中，阿尔多叙述了这个事件的过程。

这段遭遇到这就算结束了。三天后，即 7 月 25 日，马努齐奥写信给曼托瓦的领主，向他表示感谢："我不知道谁在途中发现了一些非法的东西，哪些是不应该做的。"很显然出版商与侯爵有书信联系。同一天，弗朗切斯科二世向阿尔多表达歉意："我们很抱歉，万万没有想到一个具有良好素质和优秀品德的人竟然会成为第一个被监禁的人。"这一切都在餐桌上画上了句号，而阿尔多略带嘲讽地揭示了一个奇幻的反转部分，在拘留的第一个晚上"在一百名武装人员的包围下"传唤他的地方官员，现在却要一直站着待奉客人，并在晚餐期间担任司仪的角色，最后为如此不人道地对待阿尔多而向他道歉。

返回威尼斯

1507 年，马努齐奥回到了威尼斯，在他岳父的印刷作坊里重新开始了他的出版事业。10 月 28 日，伊拉斯谟给阿尔多写信，告诉他自己会来威尼斯，并请求阿尔多帮忙印刷欧里庇得斯[1]的拉丁文译本，因为只有阿尔多精妙的字体才能保证作品的不朽。无论如何，伊拉斯谟与阿尔多牢不可破的关系值得我们单独探讨。

1508 年 8 月 11 日，马努齐奥参加了标志着 16 世纪初威尼斯文化生活的活动之一，即里亚托学院新学年开学第一讲，由圣巴托洛梅奥教堂的神父卢卡·帕乔利[2]主持。帕乔利是方济各会修士，来自阿雷佐地区的博尔戈圣塞波尔克罗，是意大利文艺复兴时期最重要的数学家之一。他的《数学大全》(*Summa de arithmetica*) 于 1494 年在威尼斯出版，这部作品为传播复式簿记法的知识做出了贡献，正是因为这本书的印刷地，这一算法也被称为"威尼斯方法"。

五百人参加了这一课，其中，除了整个威尼斯城内有名有势的人，还有一些最重要的外国人。帕乔利本人在 1509 年出版的欧几里得的《几何原本》(*Elementa*) 中列出了 95 位参会者的名字，他们显然是其中最有名的。阿尔多·马努齐奥的名字也赫然在列。但有一点值得注意的是，在这个无可争议的欧洲出版之都，印刷界的从业人士几

1　欧里庇得斯（约前 480—约前 406），古希腊三大悲剧家之一。

2　卢卡·帕乔利，近代会计之父。他所著的《数学大全》，有一部分篇章是介绍复式簿记，正是这一部分篇章，成为最早出版的论述 15 世纪复式簿记发展的总结性文献，集中反映了到 15 世纪末期为止威尼斯的先进簿记方法，从而有力地推动了西式簿记的传播和发展。

乎完全缺席。除了马努齐奥，只有第一位音乐类图书出版商奥塔维亚诺·佩特鲁奇的记录。找不到阿尔多的岳父安德烈亚·托雷萨尼的名字，其他出版商的名字也都没有。当然，不排除有些人可能属于没有留名的405人。然而，马努齐奥的朋友们当时也在场，比如贝尔纳多·本博，不是他的儿子彼得罗，因为他当时不在威尼斯；还有乔瓦尼·巴蒂斯塔·埃格纳齐奥，阿尔多的合伙人，在阿尔多死后，埃格纳齐奥成为他儿子保罗的老师；以及来自诺拉的安布罗焦·莱昂内，阿尔多1507年回到威尼斯后开始与他合作；而伊拉斯谟（虽然他没有被提及，因为我们不知道是由于缺席还是由于在当时他还不被众人所知，以至于帕乔利可能忽略了他的存在）在自己所著的拉丁语格言和《谚语集》（*Adagia*）中称赞阿尔多为"杰出的哲学家"。观众席上还坐着公证人达尔·波佐，就是我们看到的两年前为马努齐奥草拟遗嘱的人。

回到费拉拉

　　黑云在威尼斯上空聚集，预示着狂风暴雨不断靠近。1508年12月10日，在法国的康布雷，欧洲第一个大国联盟成立，以对抗另一个大国联盟。加入两大阵营的国家之多，以至于很容易就能看出只有英国没有置身争端当中。康布雷盟军的意图是将威尼斯共和国从地图上抹去，其实他们几乎达成目标了，但这场战役并非本书的关注重点。1509年，威尼斯人遭受了两次灾难性的失利，一次是5月14日在阿尼亚代洛的陆上地区，一次是12月22日在波莱塞拉的水域。5月的溃败之后，阿尔多与家人一起前往费拉拉，寻求埃斯特家族的阿方索一世公爵，尤其是他的妻子卢克雷齐娅·波吉亚的保护。安德烈亚·托雷萨尼仍然守在圣帕特尼安的印刷厂里，他认为如果威尼斯人获胜，就能维护自己的财产权；但如果联军获胜，阿尔多就能向阿尔贝托三世·皮奥寻求支持，后者以路易十二顾问的身份出现在康布雷。

当然，所有这些都难以从威尼斯城内得到处理。甚至在 1505 年至 1512 年期间，阿尔多给阿尔贝托三世·皮奥的题献中存在的破口也可能是为了让安德烈亚成为印刷厂的唯一所有者。考虑到当时在威尼斯流传的关于卡尔皮领主的评价，这并不是一种无益的慎重。马林·萨努多在 1510 年 5 月写道，阿尔贝托三世·皮奥是一个有文化但高傲的人，"坏事没少做"，他在书信中"从不说出事实"。一个月前，皮奥作为路易十二的大使来到罗马，威尼斯人在此之前曾警告教皇说："不要听从卡尔皮领主阿尔贝托先生的命令。"

然而，人们的看法发生了变化，联盟也发生了变动。1511 年，阿尔贝托三世作为神圣罗马帝国皇帝的代表来到威尼斯，现在他成了法兰西的敌对方。另一位编年史学家吉罗拉莫·普留利将皮奥描述为"智慧且伟大的人"。阿尔贝托三世花钱在圣若望和保禄大殿的多明我会修道院里住下，他不得不在威尼斯停留，等待皇帝的答复。我们不要忘了此时马努齐奥并不在威尼斯城里，因此阿尔贝托三世为了消磨时间拜访了许多地方，他甚至还去了马林·萨努多的家。陪他一同前去的是前文提到过的马可·穆苏罗，1499 年至 1503 年间他曾在卡尔皮的皮奥家族宫廷里担任希腊语教师和图书管理员。阿尔贝托三世留给安德烈亚·托雷萨尼一些珍贵的挂毯，这些挂毯来自他的宫殿，而后被法国人剥夺了所有权，现在已经难寻踪迹。

现在让我们回到开战时期。1509 年 12 月 22 日，威尼斯舰队在波河上遭到埃斯特炮兵灾难般的炮击时，阿尔多在费拉拉。5 天后，即

27 日，阿方索公爵站在凯旋队伍的前面，将 60 面威尼斯共和国的旗帜扔在他妻子卢克雷齐娅的脚下，即便马努齐奥后来在几年后的献词中称她为"神圣的"。带有圣马可狮子图案的旗帜沾染着沿途的尘土被拖到费拉拉大教堂，它们会在那里被展出几个世纪。而人们不禁要问，阿尔多此时此刻在想什么，毕竟几个月前他还在威尼斯，这座城市给他带来了名誉和财富，而现在他看到它被打败了、被羞辱了。总之，无论他的感受如何，史料中并没有关于这方面的任何记录。

1510 年 3 月 12 日，这时的阿尔多还在费拉拉。莱昂内洛二世·皮奥邀请他搬到诺维城堡，当时因战争不得不离开乔瓦尼·皮科·德拉·米兰多拉已经住在了那里。然而，尽管阿尔多的岳父同意在远离威尼斯的地方恢复印刷出版活动，他还是拒绝了这个邀请。

1511 年，阿尔多去了博洛尼亚和锡耶纳，在那里他遇到了伊拉斯谟。一年后，他回到了威尼斯。

又见威尼斯

马努齐奥于 1512 年回到威尼斯共和国，当时政治和军事形势仍不明朗。第二年，即 1513 年，威尼斯的敌人再次向这个共和国宣战，他们又出现在了"有着泥泉的陡峭海岸"，即在威尼斯的边缘。这一次，神圣罗马帝国的西班牙士兵还试图通过在威尼斯的海岸边安装大炮来轰炸这座城市，但对威尼斯来说，幸运的是 16 世纪的火炮并没有足够的射程。最高水准的希腊文文本和拉丁文传统八开本系列的延续为印刷业的复兴奠定了基础。此外，因为战火，许多作家离开了被神圣罗马帝国占领的帕多瓦，跑到威尼斯寻求庇护，例如前文常常提到的马可·穆苏罗，他校订了柏拉图和一些希腊演说家的著作。

在这一点上，值得一提的是宗教问题。阿尔多似乎在宗教信仰上变得更加坚定，十分注意教会的戒律，就像那个时代真正的上帝子民。距离即将发生的新教宗教改革也就只有几年的时间，尽管马努齐奥并不知道在 1517 年的时候，即他死后的第二年，马丁·路德将自己的论文贴在维滕贝格大教堂的门上。

然而，考虑到他们的深厚友谊，伊拉斯谟和阿尔多之间似乎不太可能从未讨论过宗教问题。尽管伊拉斯谟并不赞成宗教改革，但他对天主教会的批评让他在新教徒中有了很大的名气，并导致他的作品，特别是《愚人颂》(*Elogio della follia*)，从 1559 年第一版起就被列入了教会的《禁书目录》(*Indice dei libri proibiti*)。

阿尔多属于推动教会复兴和改革的流派，威尼斯人文主义者团体当然也在力推他。首先是卡马尔多利会[1]的托马索·朱斯蒂尼亚尼（教名为保罗）和温琴佐·奎里尼（教名为彼得罗），以及所谓的"穆拉诺岛圈子"(*circolo di Murano*)的年轻贵族们，他们在祈祷和冥想中寻求可以远离充满戏剧性色彩的当代政治事件的避难所，渴望个人的救赎。这两位教徒是《献给教宗利奥十世的书》(*Libellus ad Leonem X*)的作者，他们在书中阐述了一些可以解决教会弊病的建议，当他们搬到位于卡马尔多利的隐居地时，带去了一个有许多阿尔多作品的图书馆。

过去，一些学者曾试图探讨马努齐奥坚持异端宗教立场的问题，特别是语言问题、"优质通俗语"的传播，以及与传统相悖的精神信仰模式的推广这三者之间的联系。毫无疑问，语言和宗教复兴之间存

---

1 卡马尔多利会，包括男女两个修会，由意大利修士圣罗慕铎（Romuald，约950—1027）于 1012 年左右创建。修士们住在单独的房间里，但每天共同生活。修会于 1072 年得到教宗亚历山大二世的批准。会名源自意大利中部托斯卡纳大区波皮山上的卡马尔多利，那里的隐修院是修会的发祥地和总部。

在着联系，以至于天主教会禁止阅读通俗语版本的《圣经》，以便将宗教圣典的解释权牢牢握在教会手中，并让那些懂得教会通用语——拉丁文——的人拥有更大的权威。但阿尔多是否自觉或不自觉地推动了使用通俗意大利语来传播与罗马正教观念相悖的宗教解释，仍是一个有待探讨的问题。

但可以肯定的是，在20年的出版生涯中，老阿尔多·马努齐奥出版了132部著作，其中有73部经典作品（包括34部拉丁文著作和39部希腊文著作）、8部通俗意大利语著作、20部当代拉丁文作品、18部学校教材（其中12本是希腊文的）；其余都是一些小册子和小开本图书。在所有出版商出版的49部希腊文古典著作的首刊本中，阿尔多就印刷了其中的30部；在所有发行的初版中，有33部为八开本。即使是1506年至1512年的战争时期，尽管他只出版了11本书，他本人仍旧在整个出版生涯设法维持每年平均11本书的出版量，几乎做到了每月一本。需要考虑到当时的排版工作就像几十年前一样，是用镊子从箱子里捞出字符，阿尔多的印刷速度可见一斑。据推测，阿尔多总共印刷了约12万册书，以希腊文作为出版语言印刷的书本张数达到了4212张，是用拉丁文出版印刷的1807张的两倍多；而其中仅亚里士多德的五卷就有1792张，而目前在意大利全境的图书馆内已找到了1339册阿尔多印刷的书。许多拉丁文版本被认为是对希腊语出版计划的补充和完善，例如，1499年出版的大多数天文学作者的作品都是希腊原著的拉丁文译本。仅在出版希腊文版本著作时，阿尔多会向威尼斯元老院申请特权。

现在让我们一起去深入了解阿尔多印刷的著名的希腊文出版物。

第四章

亚里士多德和希腊古典文学

至少在出版事业刚起步时，阿尔多·马努齐奥希望他的事业发展脉络能像自己作为希腊语教师时普及希腊语那样，也有一个明确的计划：他要为学生提供学习所需的参考书籍，若他们的语言知识不足，那就为他们提供必要的语言学习书籍，也就是语法书。

事实上，在 15 世纪末，人们开始对古典希腊语产生兴趣。马努齐奥在一篇序言中指出："在我们这个摒弃了野蛮之后的时代，几乎每个人都在学习希腊语，其热情不亚于对于拉丁语的学习。"在另一篇序言中，他补充道："尽管当时战乱频发，但即使在兵戎之间，那些被埋没了这么多世纪的字母还是重新出现在人们面前……不仅仅学生和年轻人这样，就连老年人也对希腊字母表现出了极高的热情。"

因此，阿尔多乘势而上，正如我们所预料到也看到的那样，他作为出版商出版的第一本书是一本希腊语语法书：康斯坦丁·拉斯卡利斯的《问答》。他在序言中写道："正是因为有大量的人渴望学习希腊文，语法书的印刷才得以成为我们为印刷各种希腊古典书籍所做的巨大努力的前奏……我们主动提出在希腊语部分前加入对应的拉丁语翻译，相信这对那些开始学习希腊语的人来说是非常适合也是非常有用的……很快……我们将为那些博学多闻的人出版一系列最优质的希腊语作品。"在作品的最后，他总结道："不要像牲口一样庸碌一生，把贪婪、懒惰和其他恶习都丢掉吧！"

只出版一本实在是太少了，《问答》是 2 月出版的，仅 10 个月后的 12 月，阿尔多出版了第二部希腊语语法书，即塞萨洛尼基人西奥多·加萨[1]的语法书。然而，令人颇为惊讶的是，阿尔多竟然没有出版一本属于自己的希腊语语法书。虽然我们看到他在作为出版商的职业生涯之初就撰写并出版了拉丁文语法，但希腊文语法是在 1515 年他去世后才出版；该书是由志同道合的友人马可·穆苏罗编辑的：阿尔多在临去世时将这最后一个"作品"托付给了他，这一手抄本一直被保存在米兰的盎博罗削图书馆。

在距离帕尔马约 30 公里的索拉尼亚领主的图书馆里有一本西奥多·加萨的语法书，其中的笔记很可能是阿尔多自己写的。我们之所以很有把握认定这些笔记是他的，因为一方面我们知道，考虑到后续可能再版，他有在已经印刷好的文本的空白处写上更正的习惯；另一方面，这些笔迹看起来与他在盎博罗削图书馆的手抄本上的字迹非常相似，这无疑是阿尔多的笔迹。

1498 年，又有一本希腊语语法出版了，它的作者是贝卢诺方济会修士乌尔巴诺·达勒·福斯[2]，后来被称人们为博尔扎尼奥。不同于之前出版的从希腊文翻译过来的语法书，这是第一个直接用拉丁文写成的，也是第一个不是由希腊人而是由意大利人文主义者编纂的语法书。这本书的出版取得了巨大的成功，以至于在 16 世纪竟出版了21 个版本（意大利有 12 个版本，国外有 9 个），出版量仅次于加萨版。

1　西奥多·加萨，东罗马帝国人文主义学者，希腊语、拉丁语翻译家，翻译了大量亚里士多德等希腊学者的著作。
2　乌尔巴诺·达勒·福斯（1442—1524），人文主义学者，希腊语教师。

15世纪70年代，乌尔巴诺修士展开了一次非常漫长的西奈之旅。途经雅典时，他被帕提侬神庙所震撼，但令人感到迷惑的是，他将其描述为一个非常震撼的"罗马人"的神庙。他记录了一些古希腊和古罗马的书信以及古埃及的象形文字，但他承认自己无法破译这些文字。在回来的路上，他在墨西拿短暂停留了一下，去听了康斯坦丁·拉斯卡利斯的希腊语讲座。他于1490年抵达威尼斯，与马努齐奥合作修订文本。"我在书中添加了许多内容，也修改了许多内容，"阿尔多写道，"有时甚至我会求教于优秀的方济各会修士乌尔巴诺。"

这位修士后来成了一位名人，甚至人们在他死后为纪念他而设下了墓碑，虽很少有人仔细阅读上面的碑铭，但由于它位于圣方济会荣耀圣母圣殿一个侧门的左侧，起码很多人都能看到它。在它右边是献给他侄子彼得罗·瓦莱里亚诺的墓碑，也就是他给他起了博尔扎尼奥这个名字。彼得罗·瓦莱里亚诺的墓碑保存得好得多，而他叔叔的那块已经破损，几乎无法辨认。

阿尔多说："我们不仅应该告诫年轻人，而且应该让他们自己抄写他们正在学习的书。"因此，不仅应该读那些教人如何阅读的书，还应该读那些值得读的书。我们已经看到，马努齐奥不是第一个出版希腊文书籍的人，但他是第一个为了非希腊人而出版希腊经典的非希腊人。但并非他所有的出版物都以意大利为主要市场，有些出版物是明确为生活在希腊的希腊人准备的。

1496年2月，马努齐奥印刷了一本作家作品集，其中首次包括了忒奥克里托斯的作品。这本书是献给他的希腊语老师巴蒂斯塔·瓜里诺的。通过这种方式，我们了解了很多关于他的信息，而且献词和序言对于还原阿尔多的生活和那个时期活跃的文化生活中的关系网络是不可或缺的。在序言中出现了这本书的阅读指导说明："如果你发现了一些不完整的段落（我不能否认，事实上是有的）……不要怪我，要怪就怪手抄本；事实上，我不打算修改文本……（……手抄本字迹不清，甚至有些破损，我想即使是它们的作者死而复生了，对这种情况也是无能为力的），我只是想尽力让它们比那些手抄本本身更清晰些。"他还说道："我请你们……不要责怪我，如果你们实在要怪罪下来，就请怪罪这些手抄本吧……事实上，这些错误都应归咎于手抄本的失败，而不应归到我头上：没有什么比记载语法的手抄本更不清晰的了，因为它上面所有的知识都是零碎的，没有什么连续性，也没有什么完整性。"然后他又说："我真的很努力了，我既要寻找最优质的手抄本，甚至要找出同一本书的几个版本，又要在这些版本之间来回比较和修改，然后再交给出版商进行分解。"因此，他继续写道："对于这种艰巨而费时的活动，我们要秉持最严谨的态度才能完成它。"

竞　争

阿尔多开辟的新事业显然取得了巨大的成功，以至于在1499年，他的竞争者们也开始行动起来：经过六年的努力，两个克里特人——扎卡利亚·卡里埃吉（威尼斯人称他卡里吉）以及尼科洛·布拉斯托（或称瓦拉斯托）——创立了一家希腊文著作印刷厂。7月8日，该印刷厂第一版《大辞典》（*Etymologicum magnum*）问世，这是12世纪中期左右在君士坦丁堡编撰的一本词典。它是一个224页的巨大的对开本，在排版上比马努齐奥出版的任何希腊语书籍都要出色。安娜·诺塔拉给这项工作提供资金支持，她是1453年君士坦丁堡被攻陷时被苏丹杀害的拜占庭大公的女儿。在威尼斯地区生活的希腊人中，安娜很受尊敬，也因此在其中具有很强的影响力，她不遗余力地捍卫正在备受奥斯曼帝国武力扫荡的古希腊遗产。这本书的主要负责人也是位克里特人，就是之前提到过的那个马可·穆苏罗，并且我们也知道了，他将与阿尔多共事一生。

在这次行动中，有些细节我们没有注意到：卡里埃吉和布拉斯托肯定是阿尔多印刷厂的竞争对手，但是阿尔多在此之前已经宣布了计划出版《大辞典》这本书。抄袭？还是有某种签好的协议？谁知道呢！然后，两位克里特岛干地亚地区的出版商又出版了马努齐奥对外宣称准备出版的其他作品：辛普利西奥和阿莫尼乌斯的亚里士多德评论以及一部加莱诺的作品。这似乎不是一种商业行为，而更像是一种无礼的回击。但这还没完，因为他们又去找到了阿尔多曾经使用的手抄本作为他们的出版作品的原本，也就是那本从当时正在费拉拉的人文主义医生尼科洛·达·洛尼戈那里获取的手抄本。

所有这一切看起来已经足以构成上法庭对峙的理由；何况，当自己的利益需要在司法机构面前捍卫时，阿尔多也从不屈从。然而，并没有证据表明他们之间有发生任何冲突；事实上，穆苏罗悄悄地从一个印刷铺进入了另一个，阿尔多甚至还接手了他的竞争对手手中滞留的一些未售出的书。我们不知道他们之间是否存在某些协议、友谊，又或是某些明里暗里的约定，但据我们所知，他们之间连一份起码的合同都没有。

卡里埃吉和布拉斯托出版的为数不多的几本书都做得非常精致漂亮，但没过多久，卡里埃吉的名字就消失了。对于加莱诺作品的出版也在1500年10月就完全停止了。印刷厂很可能是受到了1499年5月利波马诺银行破产的影响，毕竟它最主要的债权人之一就是尼科洛·布拉斯托本人。很明显，尼古拉设法混过了一段时间，但他最后还是没撑住，就宣告破产了。

而另一边，阿尔多的资金在马菲奥·阿戈斯蒂尼的银行中还是很安全的，这家银行是 1499 年至 1500 年银行倒闭潮中仅剩的两家幸存银行之一。但即便如此，那仍旧是非常艰难的几年，威尼斯的印刷厂已经从几十年前的 150 至 200 家缩减到 1499 年的 36 家，到 1500 年又下降到 27 家。1509 年，卡里埃吉再次尝试独自创业，但结局仍然悲惨，而这一年也发生了阿尼亚代洛战役，所以他不得不再次停下这项事业，这一停就是永久性的。

被重新发现的手抄本

阿尔多和他的合伙人一直在寻找高质量的手抄本原稿。吉亚诺·拉斯卡利斯是与他们合作的一个很优质的供应商，曾被洛伦佐·德·美第奇派往希腊。这位佛罗伦萨的领主给他配备了一个小手提包，让他去寻找有意思的手抄本，而吉亚诺没有让他失望，他找到了阿索斯山修道院中剩下的几本稀有的手抄本。来自维也纳，别名为库斯皮尼亚诺的修辞学及医学教授约翰内斯·斯皮斯海默向马努齐奥介绍了一个十分罕见的包含瓦莱里乌斯·马克西姆斯[1]作品的手抄本。这位巴夏诺出版商在序言中感谢他道："库斯皮尼亚诺，你的这份恩惠对我来说，比你送我大量黄金和宝石要更珍贵，因为那些物质最终会被挥霍、消失殆尽，而这本用于印刷的手抄本，这种神圣的礼物，在

1　瓦莱里乌斯·马克西姆斯，古罗马时期史学家，著有《善言懿行录》。它是一部关于罗马人和外邦人（主要是希腊人）的历史逸闻汇编，凡八卷，目的是为演说家参考之用。

出版商和读者看来都是永恒的。"

如果可以的话，马努齐奥会尽可能多地收集同一作品的几个不同的手抄本，这样他就可以通过相互比较，出版一个在语言学上尽可能完美的版本。他甚至放弃出版色诺芬[1]的作品，因为他解释说："他作品的手抄本我连三本都还没有找到，因此不得不推迟这个项目，什么时候手抄本收集够了再开启。"而在他那里也可能发生一些严重的事故，比如那次发生在贝加莫的"最博学的哲学家和医生"弗朗切斯科·韦托里家中的事故，他的房子"被一场突如其来的大火烧毁，我们之前提到过的所有那些注释本和他收藏的这两种语言的最优质的所有书籍，都不幸被烧毁了"。

幸好有时事情进展得还比较顺利，能够成功找到一些高质量的手抄本。比如，1499 年，阿尔多以胜利的口吻写道，在罗马尼亚发现了一部"从盖塔人的土地上完整地被运回意大利的手抄本……这比以前流传的手抄本完整很多，内容几乎增加了一倍"；另一方面，如果没找到高质量的手抄本的话，"尽管有些破损，但也总比没有好"。

无论什么情况，马努齐奥都呼吁读者能与他通力合作：一本出版物"随着出版时间的推移，一定会有越来越多的人来纠错"，也就是说，出版物的流通有利于纠错。我们要知道，当时的读者大多是很有文化的人，因此也完全能够胜任语言学纠错的任务。无论如何，他对知识"开放的"、分享式的看法绝对是极具现代精神的。然而，他又总结道："对于优秀文学家们来说，能正确无误地印刷拉丁文书籍已经是一项艰巨的任务了，更别说要把希腊文书籍印好了，在这种困难的

---

1 色诺芬（约前 430—约前 355 或前 354），雅典人，古希腊历史学家、作家。他以记录当时的希腊历史、苏格拉底语录而著称。

时代，要想不出错地印好这两种书籍都相当费劲。"我们应当注意到，当时的政治局势的确十分复杂。

马努齐奥是第一个系统印刷出版希腊文作品的人，也是第一个有明确的希腊文出版计划的人。他计划将希腊文所有经典作品的手抄本都印刷出版。在五年内，他印制了至少 16 本希腊文著作，比在他之前整个意大利的印刷厂印刷出版的希腊文著作数量还要多。他本可以通过为奥斯曼帝国黎凡特地区的基督教教会出版希腊文的宗教书籍来轻松赚钱——因为从经济角度来看，这的确是一笔不错的生意，但他不屑一顾，根本没有涉足这个领域的印刷工作。

亚里士多德

马努齐奥决定立即投身于一项雄心勃勃的伟大工程——印刷亚里士多德的所有作品。他认为人们只有阅读了他的原著，才能深入地了解这位哲学家。因此，他许诺要为所有读者提供这种了解他的途径：亚里士多德作品的第一卷于 1495 年 11 月出版，是一本 234 页的对开本。这是第一次将一部作品分成几卷出版，这一变化预示着书架革命的到来，届时书籍将被竖直存放，而不是像当时的存放习惯那样横向躺着，那样很难查阅到下面书籍的内容。同样也是在那几年，帕多瓦大学在举行讲座的时候，使用的都是希腊文原著而不是拉丁文译本，这也要归功于 1497 年莱昂尼科·托梅奥当选校长。事实上，阿尔多也十分感谢那些帕多瓦大学和费拉拉大学相关学者的帮助。马努齐奥收到过一封来自卢多维科·阿里奥斯托[1]的信，信中表示费拉拉大学的

1　卢多维科·阿里奥斯托（1474—1533），意大利文艺复兴时期诗人，代表作《疯狂的罗兰》。

学生们对他印刷出版的文章非常感兴趣。

亚里士多德作品的第一卷初版共发行了1025册，几年内便销售一空。1498年6月，阿尔多还处理了接下来的四卷中总共3800页的希腊文，这无论从哪个方面来看，都是一项巨大的出版工作，完成它需要同时使用好几台印刷机。到这项工程结束时，阿尔多所印刷的希腊文页数超过了自印刷术发明以来所印刷过的希腊语文本总页数。阿尔多将整整五卷亚里士多德的作品献给了阿尔贝托三世·皮奥，这无疑说明是卡尔皮领主赞助的这项工程。阿尔多写道："尊敬的殿下，在你手中的是迄今为止可以称得上希腊作家中桂冠的亚里士多德的作品集。"他还用羊皮纸印刷了这套作品的第一卷，在威尼斯重新装订过后，将它作为一份珍贵的礼物送给了阿尔贝托三世。这卷作品最终由阿尔贝托三世的侄子——枢机主教鲁道夫·皮奥——卖给了西班牙驻罗马教廷大使迭戈·乌尔塔多·德·门多萨，现在被保存在马德里的埃斯科里亚尔。

1484年，埃尔莫劳·巴尔巴罗就已经表达过想要出版亚里士多德作品的想法，不删减原文，不翻译，因为翻译往往意味着错误百出，会导致读者的误解。阿尔多实现了这一想法，当然，除了《诗学》（*Poetica*）和《修辞学》（*Retorica*），因为他没找到这两部作品的手抄本。

在第二卷中，阿尔多特别强调了他为获得高质量的手抄本所做的努力，并回顾了与英国医生和人文学者托马斯·利纳克尔以及上文已经提到过的布里西格拉的加布里埃尔·布拉乔的合作。阿尔多将利纳克尔描述为"一个在拉丁语和希腊语方面非常博学的英国人"，并在亚里士多德作品第二卷的序言中对他表示感谢；后来，为了更好地表示感谢，他将五卷亚里士多德全集压印在羊皮纸上作为礼物送给了他，这可是难得的佳品，现在被存放于牛津大学新学院。亚里士多德全集在当时的售卖价格是 11 个金币，这可是非常高的价格了，许多权威评论家都观察到了这点，包括指责印刷错误的博洛尼亚的希腊学者乌尔塞奥·科德罗，还有伊拉斯谟。当他为在巴塞尔出版的一本亚里士多德著作（1531 年）写序言时，他说，阿尔多的书卷非常昂贵，而且在意大利之外的地方很难买到。

1498 年 6 月，马努齐奥完成了所有关于亚里士多德作品的出版工作。但很快，到 7 月中旬的时候，阿里斯托芬[1]作品的第一版就已经问世了，这一卷是由前文提到过的马可·穆苏罗编辑的。马可称，这部作品可以作为雅典方言的一本完美指南。这本书是献给帕尔马的丹尼尔·克拉里奥的，他从 1498 年到 1510 年在达尔马提亚的拉古萨任教，是阿尔多印刷厂在希腊（当时属于奥斯曼帝国）的代理人。他与阿尔多的关系一直都很好，直到 1510 年，阿尔多指控他的这个经销商朋友把他存放在仓库的一些书偷偷卖掉了，他们的关系才因此破裂。在马努齐奥的出版商生涯中，还有其他类似的案件，印证了上述为钱而争吵的现象。

然而，在献词中，阿尔多写道："我认为那些……学习希腊语的人……是非常幸运的……他们在希腊语的帮助下，轻而易举地就能成为哲学专家。要知道，这门学科可是所有最崇高学科的祖先。"这也算是对此前使用的拉丁文翻译的一种挖苦。

值得注意的是，在哲学家亚里士多德作品的第二卷中，也包含了他的学生提奥弗拉斯特的作品。这绝非偶然为之，就像阿尔多很晚

1　阿里斯托芬（约前 448—前 380），古希腊喜剧作家，雅典公民。他被视为古希腊喜剧尤其是旧喜剧最重要的代表。

（即 1513 年）才出版柏拉图的作品一样，背后都是有原因的。在不去深入研究哲学思想史的情况下，要理解这些选择，必须参考当时流行的希腊哲学思想。

拉斐尔在 1509 年至 1511 年间绘制的《雅典学院》（*La scuola di Atene*）这幅非常著名的壁画或许可以帮助我们理解这件事。柏拉图手持《蒂迈欧篇》（*Timeo*），用一根手指指向天空，亚里士多德手持《尼各马可伦理学》（*Etica Nicomachea*），用他张开的手比画出当时认知的地球的形状。在中世纪，人们只知道柏拉图的《蒂迈欧篇》；他的其他作品在人文主义时期才被翻译成拉丁文。他被认为是出类拔萃的哲学家、是形而上学的哲学家（超越物理状态的形态），这就是为什么拉斐尔让他指着天空。我们暂且不讨论这种解读是否在很大程度上归结于源自罗马和拜占庭的新柏拉图主义；这些都是题外话了。

另一方面，在中世纪，亚里士多德是"家喻户晓的大师"，正如但丁所写，是理性与信仰的并存体。人们之所以知道他是《形而上学》（*Metafisica*）、《物理学》（*Fisica*）和其他逻辑学作品的作者，是因为这些作品的拉丁语译本，它们一般最初是被翻译成叙利亚语，后来被翻译成阿拉伯语，到 12 至 13 世纪才被翻译成了拉丁语。这些姗姗来迟又错误百出的拉丁文译本将他引向超凡，使他的思想与柏拉图一脉相承，并以某种方式将这对哲学家变成基督教的某种先驱。

正如前文所述，人文主义重新让人们看到了作为正义之士的柏拉图和亚里士多德，以及后者所著的《诗学》和《修辞学》（然而，如前所述，马努齐奥没有将它们收录在亚里士多德的五卷出版物中，因为他当时还没找到对应的手抄本——直到 1508 年它们才得以出版）。然而，此时最吸引阿尔多的是亚里士多德的科学著作，即关于自然史的论文。正如他在亚里士多德和阿里斯托芬那一卷的介绍中所写的那样，他确信，希腊文资料不仅在文学方面有其价值，在哲学、科学和数学方面也同样有出版的必要。马努齐奥在为阿里斯托芬的《喜剧》（*Commedie*）写的序信中写道："这些科学作品有破损的、有缺页的，不伦不类，而且它们的拉丁文翻译更是如此粗糙又不加修饰。"他后来又接着说："总会发生类似这样的情况，比如在发现谷物之后，我们就再也不吃橡子了。"意思是一旦发现优质的原稿，那些由于翻译错误而扭曲了的文本就一定会被淘汰。

人们认为，通过阅读亚里士多德的作品，可以了解古人的科学理论和知识。阿尔多不仅以原著所使用的语言重新完善了原文，而且还将古希腊人的解读与现代人、阿拉伯人和基督徒的解读做了对比。他在亚里士多德研究中对这位希腊大师的自然哲学著作进行的重新定位，加上法国人文主义者对于怀疑论和塞克斯特·恩皮里库斯作品的重新发现，均为现代科学思想的诞生奠定了基础。此前威尼斯和帕多瓦的各家印刷商出版的拉丁文版的亚里士多德著作是没有达到这种效果的。在此基础上，人们便能更好地理解为什么一个多世纪后的社会能够如此包容伽利略的思想了。

如果说之前柏拉图的思想是占上风的，那么马努齐奥则颠覆了这个前后秩序，他并没有想方设法去调和两位古代哲学家的思想观点，相反，他故意让他们互相对立，并在亚里士多德的著作出版之后，又出版了他的解读本。支持内在性的亚里士多德反对支持超越性的柏拉图，这还映射着另一点，如果说开启阿尔多的印刷出版事业的基本可以归纳为比画地球形状的亚里士多德的作品，那么柏拉图的思想著作也许会成为他事业的终点。

排版和字体

阿尔多的希腊文书籍通常都配有相应的拉丁文翻译作为对照。我们永远要记得，马努齐奥出版希腊文书籍是为了达到教育的效果，因此他将希腊文与拉丁文翻译版本并列放在一起，是为了可以帮助到那些还没有完全掌握希腊语的人。"我们主动增加了拉丁语翻译，初衷就是让那些刚开始学习希腊语的人也能看懂这些文章，为其所用。"阿尔多写道，"这有利于初学者和那些完全不熟悉希腊字母的人。"

出于这个原因，他对版面设计非常谨慎：每行文本都严格遵循相互对应的原则，每页放置的都是对应内容的文本。阿尔多说："我们要确保翻开的每一页拉丁文内容总是对应着一页希腊文内容"，"这有利于降低希腊文初学者们的阅读障碍，因为在希腊文的对页有拉丁文翻译是很有用的，这样他们就可以一页一页对应着读，一行一行对应着读"。阿尔多这一排版方式显然有助于学生学习希腊文，而且也意味着不用再浪费时间去密密麻麻的句子里寻找对应的单词了。因此，页面布局被用作一种教学工具，这一特点在我们看来也是出人意料的现代化。一些同时用拉丁文和希腊文出版的书籍之所以要这样排版，是为了让读者既能买到用拉丁文印制的版本，又能买到希腊文装订的版本，或是至少能读到其中之一。

当然，印刷需要字体，而阿尔多在 1494 年就使用了当时威尼斯最好的字体，这主要得益于与博洛尼亚金匠弗朗切斯科·格里弗的合作（在第六章中我们再详细讨论他）。根据最近的研究，他的希腊文字体忠实地再现了曾在威尼斯和维琴察工作的抄写员埃马努埃莱·鲁索塔斯的希腊斜体字母。1502 年制作的最后一个系列排版采用了马努齐奥简单明了的字体，却并没有得到后人多高的评价。当时印刷字体以模仿手写体为美，这也就是为什么阿尔多在 1502 年向威尼斯元老院申请垄断古希腊文字的印刷权时，宣称他的"希腊文作品"是"像用笔写出来的一样"，优美而清晰，仿佛出自一位人文主义者的笔下。但随着印刷史上的进步，这一审美表现也逐渐消失了。

弗朗切斯科·格里弗制作了四个系列的希腊文字，这是一项极其精细和复杂的工作：光是不同的印刷符号（包括重音符号和气音号）和连接词，每个系列就大约制作了 330 种；例如，希腊文中的 24 个字母有 75 种不同的出现形式。当然，显而易见的是，这意味着这种文本的阅读难度很高。连阿尔多自己也意识到了这一点，因为他在《问答》中公布了两页的指南，用来解释极其复杂的那些连接词、缩写和组合词的例子。

对于现代读者来说，阿尔多版的字体很难认清，事实上，也的确有人对其进行了严厉的批评："他的印刷作品意义不大，使用的字体也很差劲。"1985 年去世的美国图书管理员、古籍专家科特·F. 比勒如是说。而米兰大学的希腊语学者兼讲师劳拉·佩佩指出："马努齐奥的希腊语乍一看确实很混乱，杂乱无章，难以读下去，不过必须承认，经过简单的训练，他的字体还是相当好认的。况且，也确实不需要学习与古代碑文和书信相关的专业知识。"

然而，可读性的概念并不是绝对的，它是时间和流行审美的产物：在 16 世纪 30 年代，当法国驻威尼斯的大使纪尧姆·佩里西耶将在威尼斯购买的 200 本希腊文献送到皇家图书馆时，拉斯卡利斯的那本美丽的《希腊文集》（*Antologia greca*）就是因为它那在我们看来可读性很高的印刷字体，反而与其他书籍分开了，被放在了"旧书"那一组中，因为那种字体在当时看来是旧式字体，不利于阅读。显然，以

15 和 16 世纪读者的标准来衡量，当时的希腊斜体字母的可读性与当代读者的理解是相反的。清晰与否取决于不同时代读者的习惯。阿尔多试图让他的排版风格适应他当时的读者，并获得了成功；拉斯卡利斯试图反其道而行之，结果失败了。

学　院

　　希腊文作品的印刷史和希腊语的使用与"新学院"（Neaccademia）或"阿尔多学院"的历史交织在一起。而在这里，在我们面前摆着一个谜团。我们知道，从在卡尔皮的那些日子开始，阿尔多的脑海里就一直想着建立一个这样的机构，但谁也不清楚他有多重视这个想法，我们就先假设阿尔多是在认真考虑这件事情，而不仅仅像是在一个欢乐的夜晚朋友之间开的玩笑那么简单。

　　在 1502 年的索福克勒斯[1]的悲剧作品中，首次出现了"出自阿尔多·罗马诺学院"或"出自阿尔多之家"的字样。直到 1504 年，一些书籍中还通过"出自阿尔多学院"或"我们的前新学院"的字样，指示印刷地点。然而，学者们一致认为，这更像是一种具有理想色彩和宣传价值的声明，而不是一个真正存在的有组织的团体。如果它真的存在，阿尔多学院将是意大利继科西莫·德·美第奇在佛罗伦萨的新柏拉图学院、罗马的两个学院和那不勒斯的一个学院之后的第五个此类机构。学者之间应该用希腊语交谈，就像枢机主教贝萨里翁在罗马会议中那样。

　　这个事情是偶然间被发现的，当年在修复梵蒂冈图书馆的一卷书

1　索福克勒斯（约前 496—前 406），古希腊三大悲剧作家之一，代表作有《安提戈涅》《俄狄浦斯王》。

时，人们发现了阿尔多学院的一份学院章程。1803 年，圣马可国家图书馆管理员各布·莫雷利将其打印了出来。该章程的开头处写道："我们三人——阿尔多·罗马诺、乔瓦尼·达·克雷塔（又称乔瓦尼·格雷戈罗普洛）和作为第三人的我，西皮奥内·卡尔泰罗马科（又称希皮奥内·福尔泰圭里）——一致决定制定一项学院章程，即学院内部人员之间只能用希腊语进行交流。"这段文字给人一种非常俏皮的感觉，谁也不清楚它是否曾真的在实践中被应用过。

如果学院的成员用希腊语以外的语言交谈了，就必须向一个共同基金支付罚款。"违章者必须立即支付应付的罚款，不能拖到第二天或之后；若不及时支付，罚款数额将加倍。"然后，当金额达到了"足够支付一场宴会的费用，作为学院所有者的阿尔多将用这笔钱举办一场盛大的宴会：这场宴会并不是像他习惯为印刷工人随意举办的那样，而是专门为现在这些渴望进入新学院的人量身定制的"。

只有会说希腊语的人才能参加宴会。后来的学者们关于这个学院提出过许多种假设，但事实是，我们并不知道它是否真的存在，除了明确提到的名字外，我们甚至不知道它的成员都有谁，也不知道伊拉斯谟到底是不是里面的成员。1502 年，阿尔多给我们描绘了一幅当年在他家开会的亲密画面："在这个寒冷的冬季，我和我们新学院的成员们在火堆旁围坐成半圆形。"但朋友之间这样的欢聚时刻也不一定与学术活动有关。

创始人之一是乔瓦尼·格雷戈罗普洛，他是克里特岛的抄写员，他曾在扎卡利亚·卡里埃吉手下干过，但现在是阿尔多手下的一名手抄本校对员。他有一段非常特殊的个人经历，他的兄弟马努埃莱因为一起谋杀案而被放逐出干地亚，并逃到了喀帕苏斯岛避难，该岛当时是威尼斯人科纳家族的领地。为了解除流放，他必须筹集足够的钱，以确保他的亲属能够原谅他。所以乔瓦尼决定在1494年搬到威尼斯，去筹集必要的钱。他说："我宁可在外面死掉或流亡一辈子，也不愿意空手回去。"十年来，为了筹集资金，他什么都不做，就只抄写文件。

能够有一口正确的希腊语发音是成为新学院成员的必要条件之一。我们并不了解马努齐奥他自己的希腊语发音如何，但他的语音很有可能受了雅典口音的影响。因此，这可能就导致了多年后，作为新学员中的活跃分子之一的伊拉斯谟推广了一种新式发音——我们称之为伊拉斯谟式发音，也正是这种新式发音导致了人们逐渐放弃使用当时在君士坦丁堡正流行的发音，而开启了我们今天仍在使用的希腊语的发音方式。

然而，至少有那么一次，语言竟然成了一本书传播的障碍：阿尔多出版了品达[1]的袖珍本作品。以他一贯的作风，他这次也没有附上评注者写的注释，但因为这个作品是用一种区别于当时读者习惯的雅典或爱奥尼亚方言写成的，因此它变得非常晦涩难懂。1515年，在教皇利奥十世的支持下，扎卡利亚·卡里耶吉在罗马恢复了印刷权，他在出版品达作品的时候，在空白处加入了雕版印刷的脚注，使贺拉斯的《诗艺》更具有可读性。马努齐奥过于依赖知识分子的希腊语知识，但后者在没有注释说明帮助的情况下往往无法处理希腊古典文本。

在那些流传下来的阿尔多的信件中，从1502年开始，反复提到

1　品达（约前518—前442或前438），古希腊抒情诗人，出身贵族，以写合唱颂歌著称。他被后世的学者认为是九大抒情诗人之首。传世作品有40多首，内容大多赞美希腊诸神和奥林匹亚竞技的获胜者，宗教气息浓厚。欧洲文学中的品达体颂歌即因他而得名。

自己建立学院这一最终目标，甚至在给那一年当选为教区长的莱昂纳多·洛尔丹的信中也提到了这一点。当然，马努齐奥一直想的是让哈布斯堡的皇帝马克西米利安一世资助该机构，从而将他的印刷厂搬到德国地区。他制订了一些具体的计划，而因斯布鲁克、维也纳、维也纳新城和奥古斯塔等城市也逐渐进入他的考虑范围。马克西米利安本人也是一位具有百科全书式文化知识积累的作家，他正考虑将存放着他所著的 130 本书（历史、家谱、自传和技术作品）的他的整个图书馆委托给他优秀的德国出版商们。虽然马克西米利安受到罗马帝国历史的启发，但他也深受骑士文化的熏陶，所以他偏爱人文主义，他身边也总围绕着一些人文主义者。

因此，马努齐奥似乎一度快要能搬到德国了，但后来一切都停滞了，再无进展。1503 年，他已经开始打算通过之前提到过的库斯皮尼亚诺和皇帝的秘书约翰·科勒劳尔来接近马克西米利安皇帝。后者从迪林根回复他，表示这件事行不通，但马努齐奥也并没有就此罢休。一年后，在一封献词中，阿尔多对他表示了感谢：“为了帮助我创办这所学院，你在马克西米利安皇帝那已经为我做了很多事情了。”

过了一段时间，在 1505 年 9 月 8 日（这封信保存在米兰的盎博罗削图书馆），马努齐奥再次写信提醒他，距离上一次给他写的那封主张在马克西米利安的“庇护和宠爱”下建立学院的信，已经过去三个月了。之后，又过了几个月，1506 年 2 月 27 日，的里雅斯特主教彼得罗·博诺莫的秘书雅各布·斯皮格尔在一封长信中给阿尔多写道，他现在准备去马克西米利安皇帝的宫廷，他到时候一定会再跟皇帝说一说他这个事儿的。然而，后续也什么都没有发生。

上文提到过的马泰奥·班戴洛在第一册书中第十五部小说的献词

中提到，他希望他的朋友最终能够拥有这样一所自己的学院："上帝保佑你，让你也能获得其他人已经拥有的东西，这样我们这个时代也可以新添一所学院，这对于保护意大利好的希腊文学和拉丁文学将是一个重要的开始，有利于使它们一直像现在这样蓬勃发展下去。这将使你的名字成为永恒，因为你是第一个既用拉丁语又用希腊语印刷出版书籍的人，这样的作品为学者们提供了莫大的帮助。"然后还写道："如果像大家所期望的那样，学院真的能够成功建成，那么拉丁语、希腊语和通俗意大利语会成为它最圣洁的部分，而中世纪的七种自由艺术将恢复它们古老的威严。"

由于与皇帝的谈判未果，马努齐奥在 1507 年将目光转向了教廷。同年 4 月 14 日，卡尔泰罗马科从罗马给他写信："我已经和许多枢机主教谈过学院的问题了。"然而，这一次依旧什么事都没发生，而且，由于康布雷同盟和威尼斯之间爆发了战争，这件事成功的概率就变得更渺茫了。显然，阿尔多没有坐以待毙，他又把目光投向了阿尔卑斯山的那边，因为在他的第三版讲拉丁文语法的书（1508 年）中，他把"我将去罗马为教皇服务"改为"我将去德国为马克西米利安皇帝服务"。同年，伊拉斯谟出现在众人视野中，"学院"这个词成了大家茶余饭后的一个笑话：出版商阿尔多用破碎的、尖锐的声音念着这个词，暗示他到老到死也不一定能实现这个建立学院的愿望。

即使在费拉拉避难而远离威尼斯的时期，阿尔多建立学院的计划也没有因此而搁置。1510 年 6 月 3 日，博洛尼亚人文主义者、印刷商乔瓦尼·弗鲁蒂切诺写道："阿尔多来我这里了，在跟我谈他建立学院的事。"然而，这次依然没有进展，于是马努齐奥将目光投向了似乎是他最后的希望的卢克雷齐娅·波吉亚。

这个时机选得不太好：费拉拉正处于法国人的威胁之下，很难将它和一个能让人安安心心搞研究的地方联系到一起。在马努齐奥的第二份遗嘱中，也就是在"埃斯特城"费拉拉起草的那份遗嘱中，他写道，他向上帝祈祷"能够实现自己想建立学院这个愿望"。几个月后，即 1513 年 9 月，出于对教皇美第奇当选的热情，他把他出版的柏拉图系列作品献给了利奥十世。稍后我们再详细讨论这个问题，但在这里，我们之所以对这件事感兴趣，还有一个原因：这是阿尔多最后一次提及这所学院。有一次，他写道，他和一些"热爱优秀文学作品"的朋友决定将作品献给新教皇，"希望这在某些方面能对我们酝酿了这么多年的建立学院的想法有些益处"。人们可能会问，此举得到的沉默回应是不是导致阿尔多放弃签名中的"罗马诺"字样的因素？我们不得而知，但至少在时间上是巧合的。马努齐奥在去世之前也没能看到他的梦想实现。

尽管我们无从知晓该学院具体实施到了什么程度，但可以肯定的是，阿尔多建立起的出版社对一大批希腊本国的以及希腊化的人文主义者起到了吸引作用，无论是希腊侨民马可·穆苏罗、朱斯蒂诺·德卡迪奥、德梅特里奥·杜卡斯，意大利人安德烈亚·纳瓦格罗、乔尔乔·瓦拉，还是佛兰德斯[1]人伊拉斯谟、德国人约翰内斯·鲁赫林、英国人托马斯·利纳克尔。一个由作者和撰稿人组成的团体建成了，他们为出版社贡献汇集自己专业知识的权威作品，同时也通过在阿尔多出版社出版作品来获得名声和荣誉。伊拉斯谟对马努齐奥的能力非常惊讶，惊讶于他竟然能把出身不同但怀有相同人文主义梦想的学者聚

---

1 佛兰德斯的历史区域包括现在比利时东佛兰德斯省和西佛兰德斯省、法国的诺尔省以及荷兰的泽兰省南部。

集在一起，共同致力于恢复古代的作品。

回归希腊名著

由于库房积压的库存以及合伙人的干预，阿尔多不得不用某些比古希腊语使用得更广泛且更好接受的语言去出版一些销量更高的作品，也就是拉丁语和通俗意大利语。然而，这只是一种暂时的妥协，并不代表放弃最初的出版计划。这种袖珍本首发一年后，人文主义的梦想又重新起航。1502 年，历史学家修昔底德[1]和希罗多德[2]的作品以及索福克勒斯的悲剧作品出版。随后在 1503 年，阿尔多又出版了欧里庇得斯和阿莫尼乌斯的作品。尤为重要的是，对于索福克勒斯和欧里庇得斯的作品，以及荷马史诗，阿尔多决定使用与其他拉丁语和白话诗人作品相同的小版格式出版。

1502 年发生了一件非常有趣的事情，是关于他完全看不上的菲罗斯特拉托的作品。在今天，如果一个出版商面对的是一本他完全看不上的书，他一定会毫不犹豫地拒绝出版它。然而，阿尔多却出版了它，同时又在献给多明我会修士和杰出的人文主义者扎诺比·阿恰约利的信中对它进行了严厉的批评。他写道，"这是我读过的最糟糕且最不值得关注的作品了"，然后又具体解释说它是"像白开水一样的一堆废话"。此外，他还对以前的翻译提出了质疑，"因为翻译不仅

---

1 修昔底德（约前 460—约前 400），雅典人，古希腊历史学家、文学家和雅典十将军之一，以其著《伯罗奔尼撒战争史》而在西方史学史上占有重要地位。
2 希罗多德（约前 484—约前 425），古希腊作家、历史学家。他把旅行中的所闻所见，以及第一波斯帝国的历史记录下来，著成《历史》一书，成为西方文学史上第一部完整流传下来的散文作品，希罗多德也因此被尊称为"历史之父"。

非常粗糙，而且还很不忠实于原文"。然而，在提供"毒药"的同时，他也用类似尤西比乌斯的辩驳的方式展示了"解药"。在今天，这似乎是一种相当奇怪的出版方式。

1508 年，阿尔多跟德梅特里奥·杜卡斯的合作关系更紧密了，后者后来成为枢机主教希梅内斯委托的伟大集体作品《康普鲁坦斯圣经》（*Bibbia Complutense*）在西班牙的主要作者之一。杜卡斯负责出版希腊清唱剧和普鲁塔尔科的作品，在第二年阿尼亚代洛战役前夕才与马努齐奥断了联系。

康布雷战争导致阿尔多的出版事业又暂停了三年，直到 1512 年的最后几个月才恢复，他出版了第三版拉斯卡利斯的语法书和第一版马努埃莱·克里斯罗拉的《问答》，并将其献给了阿拉贡的恺撒王子。阿尔多再次调整策略以适应政治上的新变化：联盟发生了新的逆转，现在威尼斯站在了西班牙一边，成了法国的敌人。

阿尔多的出版社的确出版了不少拉丁文经典，但也不乏像品达的诗歌一样的希腊文经典；而且，我们之前提到过，阿尔多出版社在 1513 年 9 月出版了第一部柏拉图的希腊文作品。他出版的这本书是献给教宗利奥十世，即乔瓦尼·德·美第奇的："我们找到了一位君主，一位领航人，一位我们所期盼的国父，在现在这样不幸的时刻，我们无比需要他。"阿尔多希望他能够开启一个全新的繁荣时代，在这个时代里，教皇将能够恢复"基督教内部的秩序"，改革"全世界人民的习俗"。阿尔多则为柏拉图的作品带来了新的秩序，"几个世纪以来，柏拉图的作品都是以零散的形式分为几个部分流传在世间的，现在经过阿尔多的努力，这些部分已经被重新整合成一个整体，供我们阅读"。

马努齐奥赞颂"豪华者"洛伦佐的儿子是富有人文主义气息的教皇，他写道："尊敬的教皇，所有的哪怕再微不足道的荣耀都属于您，因为您为优秀的文学作品提供了庇护和出版动力，因为您最大限度地为学者们提供了最优质的书籍……因为您传播了七艺。"正是在这里，阿尔多对自己犯的错深感后悔，继续写道："如果可以的话，我愿意用高价来弥补我的每一个错误"，并把自己比作西西弗斯："我真的像是西西弗斯，因为我虽然一直在用力滚动那块大石头，但至今还没成功把它弄到山顶上去；另一方面，对其他那些真正有学问的人来说，我又好像是大力神海格立斯，我从不向邪恶屈服，也不向疲劳屈服，我一个人为印刷出版事业所做的工作，比几个世纪加起来的工作都要多。因为我的这些工作成果，人们都非常敬仰我，以至于赞美之音以排山倒海之势向我冲来，甚至现在他们都直接当面来赞美我，或是专门给我写信来表达对我的赞美之情。"最后他申明，基督教作品的传播需要有一个能力相当的教皇来保驾护航，以确保"恢复规范的文字秩序"，以及"最大限度地为学者们提供最优质的书籍"，包括对当代学者当今研究工作的支持，也包括对未来学者当今教育工作的支持。

阿尔多以一部希腊语的语言学作品——语法书——开始了他的出版生涯，并在1514年以另一部希腊语的语言学作品结束。他最后的出版作品之一是一本字典，即亚历山大港的赫西基奥斯的《词典》（*Lexicon*）。这是古代流传得最为广泛也是最完整的希腊语词典，大约是在公元5世纪编纂而成，包含有标明作者的引文以及方言的变体词。这部作品证实了阿尔多对语言一如既往的兴趣。马努齐奥意在传播古典希腊文著作，但他对方言变体也感兴趣，以至于在这本书里将方言变体与新兴的意大利语做了一个有趣的对比。在此之前，他已经在希腊文学语言与新兴意大利语之间建立了一个平行对等的关系，因为希腊文学语言是在不同方言的基础上建立起来的，而意大利语也有多种方言变体。那是彼得罗·本博的年代，正如前文已经提到的，马努齐奥的语言学工作对本博的研究成果有何种影响，还是一个有待深入研究的课题。

赫西基奥斯的《词典》得以出版，我们还要感谢曼托瓦学者贾科莫·巴德隆拥有的一个 15 世纪的手抄本。阿尔多这样写道，他"代表我们和将使用这卷书的学者们"感谢巴德隆：

> 正因为你认为你手里的这个手抄本是绝版（也许真的是，因为据我所知，没人听说过有另外的手抄本存在），所以你把它送到我这里，不求任何回报地交给我们出版商印刷出版。你是出于慷慨大方，出于对所有文人的爱才会这样做，你只希望你手中的这本手抄本能成为所有现在和未来学者的共同财富。你不像有些人，由于被嫉妒吞噬，他们只想成为世界上唯一的学者，因而不会想让其他人得到自己手中的好书。相反，因为你希望每个人都尽可能地与你相似……所以你慷慨地将你摆满优质书籍的图书馆供大家使用。

后来的确再没发现这部作品的其他手抄本，阿尔多使用过的这本唯一的手抄本现保存在威尼斯圣马可图书馆。它有 440 页，工作过的痕迹在上面清晰可见。马努齐奥告诉我们，印刷版是由"我的同伴穆苏罗严格编校出版的。虽然他改得很急，但经过修改后的文本已经'比它的原本好太多了'（引自《奥德赛》）"。事实上，穆苏罗所做的修改都还留在那里，人们还可以看到许多污渍和飞溅的墨水，有印刷机留下的，也有笔墨留下的，甚至偶尔还可以看到一些指纹。

在我们看来可能很奇怪的是，当他们把手抄本归还给巴德隆时，他并没有抱怨自己的手抄本因为送去给阿尔多印刷而多了这么多修改字迹和污渍等。一些学者认为，在当时，将手抄本送去用于印刷被认为是对手抄本本身的一种丰富。尽管如此，在我们这个时代，将一份布满字迹和压印的文件送回给它的主人还是会被看作一种不可挽回的损坏。

在马努齐奥去世前夕，他正在编写一本希腊语语法书，如前所述，这是第一本在他去世后由马可·穆苏罗追授出版的书。

除去其他方面的考虑，阿尔多的人文主义梦想产生了一个毋庸置疑的好处：那就是保存了那些可能会消失的希腊经典作品。他的事业使得一部作品有了几百本甚至几千本备份，这意味着这些作品将可以被永远地保存下来。"事实上，我的愿望已经实现了：今天，每个人都自发地将他们的希腊文手抄本送到书商那里去卖钱，这些版本给我们提供了莫大的帮助；也有很多人不去卖钱，就直接把他的手抄本寄给我。如果有人感到遗憾，请上吊自杀。"一段时间后，佛罗伦萨人文学者和希腊学者皮埃尔·韦托里在给科西莫一世·德·美第奇大公的信中再次提出了一个概念，明确了由于出版能力提高而实现的知识共享："的确，这个图书馆如果没有被墙围起来，那么它将更受欢迎，其中的书籍也能变得更加丰富，并迅速传播到人群中去，传播范围也不仅限于那些未受教养之人，从而使一本书永远都不会有任何绝版的风险。"

正如我们刚刚看到的赫西基奥斯的《词典》，有些文本有且仅有一个手抄本；如果这个手抄本丢失了，这个作品也就消失了。因此，如果说希腊古典主义作品有一部分流传到了我们今天，那也要归功于阿尔多的深谋远虑，以及他甚至不顾市场逆境，源源不断地出版希腊文作品的顽强精神。即使在今天，我们也应该感谢他。

无论如何，阿尔多对出版希腊文作品的垄断还是被打破了：1514年，贝尔纳多·琼蒂开始在佛罗伦萨出版希腊文作品，而马努齐奥的前合作者德梅特里奥·杜卡斯和吉罗拉莫·阿莱安德罗在法国和西班牙分别建立了负责出版希腊文作品的印刷厂。他们出版的书籍大多是以前出版过的作品的再版。

可以这么说，在我们当今有这么多的古希腊书籍流传下来，都要归功于阿尔多的文化直觉和实干能力，他也因出版了世界上最动人的作品而受到我们的赞赏。我们将在下一章读到这些。

第五章

《寻爱绮梦》抑或是印刷之美

在出版史上，一定没有多少书在艺术家那里比在读者那里更幸运，1499 年 12 月出版的《寻爱绮梦》就是其中之一。我们马上公布理由：这是一件真正的艺术作品，雕刻师的功劳高于作者的功绩。有人评价道，《波利菲洛》(Polifilo，即《寻爱绮梦》的简称) 是那些因为插图太过于精美而付出某种代价的图书之一，因此这部著作更多的是被人欣赏，而少有人仔细阅读内容。即使是那些只注重文字而不关心插图的人，也更多地考虑到配图和印刷字体的质量，而不是作者具体写了什么。

大英博物馆的前古迹藏书楼负责人乔治·佩因特，同时也是马塞尔·普鲁斯特传记的作者，认为这本书是出版史上的一个里程碑。"1455 年古腾堡出版的 42 行《圣经》和 1499 年的《寻爱绮梦》，从古版书时期的两个相反极端来看，具有同等却又相对的突出地位：古腾堡的《圣经》清晰而朴素，带有德国特征的、哥特式的、基督教的和中世纪的特点；而《寻爱绮梦》耀眼而精美，带有意大利特征的、古典的、异教的和文艺复兴的特点。这两部印刷艺术的最高杰作占领了人类研究欲望的两极。"

作为阿尔多出版的最有名的书，这部著作今天被一致认为至少是文艺复兴时期乃至所有时代中最美的书。但这本书并不被马努齐奥所垂爱，这让人感到有点自相矛盾。阿尔多并不觉得《寻爱绮梦》是"他的"印刷作品，因为这本书是他人委托自己印制的。五年后，他却告诉我们，他很珍惜德摩斯梯尼[1]的作品，"这是迄今为止我们用拉丁文和希腊文印刷的所有图书中最漂亮的一本"，因为它的"字体漂亮"且"书本装帧富有设计感"。这和我们之前所看到的评价截然不同。

莱昂纳多·克拉索（又称格拉索或格拉西），一位来自维罗纳毕业于法学专业的绅士，后来成为罗马教廷宗座总书记官，他委托阿尔多出版了这本《寻爱绮梦》。而后他将这部作品的第一版献给了乌尔比诺公爵圭多巴尔多·达·蒙泰费尔特罗，既是为了讨好他，也是为了强调这本书的目标读者，即习惯于将书籍视为奢侈品的精英知识分子们。

圭多巴尔多从他的父亲费代里科那里继承了公爵的头衔，以及文艺复兴时期藏书最丰富的图书馆之一。公爵是一个有教养的人文主义者，他能说一口流利的希腊语。文艺复兴时期人文主义诗人巴尔达萨雷·卡斯蒂廖内在文章中写道，圭多巴尔多能说一口流利的希腊语，"和母语水平不相上下。"巴尔达萨雷·卡斯蒂廖内是《廷臣论》（*Il Cortegiano*）的作者，这本书以乌尔比诺宫廷作为创作背景。书中对话的主人公是乌尔比诺公爵夫人伊丽莎白·贡扎加，她也很有文化修养，对古代占星术文献很感兴趣，甚至要求在拉斐尔为自己画的肖像画上画了蝎子形状的发卡。

克拉索认为来自公爵宫廷的读者对出版物的成功发行至关重要，

1　德摩斯梯尼（前384—前322），古希腊著名的演说家、民主派政治家。

他在献词中说:"这样做会让这本书被许多其他已经知道你读过的人读到。"他还肯定道,阿尔多工作室的印刷品丝毫不比手抄稿差,所以这些出版物可以毫无顾忌地并排放在乌尔比诺公爵的图书馆里,而且与阿尔多出版使用的语言一致的日常用语,即通俗意大利语,甚至已经能够表达那些高深的概念,而在那之前,这些都被认为是古典语言的特权。

克拉索代表了阿尔多后来学会害怕的东西的完美集合——一个想要出版自己作品的业余文学爱好者。克拉索甚至提供给了阿尔多两个不同但是相互关联的版本。第二个版本比第一个版本篇幅更短、内容更简单,而且与现实保持了一定的联系。主人公波利娅讲述了她的城市特雷维索,她的家庭莱利家族,以及男主人公波利菲洛对她的爱的开端。这位女性因受到瘟疫的侵扰,发誓要保持贞洁,却在痊愈之后,拒绝了波利菲洛的提议,而波利菲洛听后陷入了昏迷,就像死了一样。

这部著作的印刷版是最复杂的一个版本,与事实并没有太强的联系。波利菲洛通过一个带有考古特性的幻想世界进行了从痛苦到快乐的宣泄之旅,其中出现了金字塔、方尖碑、破败的寺庙、摇摇欲坠的祭坛。而波利娅以仙女的身份出现,引导她的爱人在维纳斯的喷泉边获得终极启迪。这部作品被定义为"语言和文学上的败坏",充满了渊博的委婉语和稍显啰唆的外来语。

那么问题来了,为什么阿尔多会选择印制一本他永远不会喜欢的书?我们推测原因可能不止一个。莱昂纳多的兄弟贝尔纳迪诺·克拉索与医生亚历山德罗·贝内代蒂关系很好。我们在前文中已经读到,两年前阿尔多曾发表过他对法国在意大利的战役的描述。

阿尔多无意让自己文学界朋友的希望破灭,《寻爱绮梦》也交到了他手上，同时还得到了无法拒绝的几百个杜卡特金币。马努齐奥很可能认识作者本人，因为插图与文本的联系极为紧密，可以推测作者、插画师以及出版商之间有着密切的合作。

《寻爱绮梦》可以说是一部梦幻般的作品，明显借鉴了但丁的名著：一个开始于森林的旅程，但不是《神曲》里面黑暗的森林，而是一个辽阔无际且充满荆棘的怪诞森林。在这里有动物、宫殿、树林、草地、喷泉和仙女。在克服了重重考验和障碍之后，旅程以爱情的邂逅而结束，男主人公遇到了女主人公波利娅，如同《神曲》中但丁的女神贝亚特丽斯。然而，这本书的语言晦涩难懂，混合了意大利语、拉丁语和希腊语，还添加进一些希伯来语、迦勒底[1]语、阿拉伯语，甚至有作者自己创造出来的语言，算是一类走向极端的人文主义散文。它貌似使用了一种启蒙性的语言，除了博学之士以外，没有人能够看透其教育意义。

我们来读一下这部作品的绪论部分："波利菲洛开始他的'寻爱绮梦'，此时描述了当他出现在梦境中的时候，发现自己身处于寂静无声的南柯一梦中。"书名中的"Hypnerotomachia"一词由三个希腊词组合而成，意思分别是梦想、爱情和斗争；主人公波利菲洛梦到了美丽的波利娅，为了接近她，他必须克服一系列入门考验。波利娅躲在一个森林里，在那里她发现并阅读了许多古典时代的石碑。1467年5月1日星期五，在特雷维索，波利菲洛从他的爱情梦中醒来，而这

1　迦勒底（又译加尔底亚），一个古代地区的名称，属巴比伦尼亚南部，即现今伊拉克南部及科威特。公元前 626 年至前 539 年期间开始有部落进入该区居住，这些部落的住民就被称为迦勒底人、加尔底亚人或新巴比伦人。在《圣经·旧约》中，迦勒底是新巴比伦的同义词。大约在公元前 626 年，迦勒底人夺得巴比伦尼亚的王位，建立了迦勒底王朝，亦即新巴比伦王国。

一天在当时恰巧是属于恋人们的日子。"每一年 5 月 15 日，为了回归这一古老而庄严的仪式，所有的那些陷入真切爱情的人，无论是男人还是女人，在这个地方……聚在一起。"

然而，这种类型的散文并没有使这本书变得容易阅读。显然，阅读方面的困难是作者有意为之的。正如我们之前所说的，该文本在构思时就考虑到只有真才实学的人才有能力完全理解它。书中出现的这些图像和符号至少在一定程度上是为了方便理解这样一个刻意刁难读者的文本，它们的存在不只是为了解析文章含义，还为了补充内容。一种对读者的挑战的预期效果，由增加插图乐趣来补偿。

瑰丽的木雕版画

木版印刷和排版是将图书摇身变成艺术品的两大因素。文字被排列成柱状、单独一个或成对的倒金字塔状、杯状或其他富有想象力的形状，确保了前所未有的新颖审美效果。页面的排版是对数学和几何模型的神圣比例在印刷技术上的一种应用。这是当时由卢卡·帕乔利定义的，这位精通数学的神父曾在前文中出现，而后文中我们会再次碰到他。

全书有 172 幅木版画，它们是如此美丽，以至于逐渐被认为是乔瓦尼·贝里尼或安德烈亚·曼特格纳这样的艺术家所作。但如今，学者们几乎一致认为这些画作是帕多瓦的地理学家和雕刻家贝内代托·博登的作品。博登出生于一个普通的裁缝和理发师家庭，在 1492 年母亲去世后，他搬到了威尼斯。从圣马可到里亚尔托桥的路上，在圣祖利安区域核心地段的服装店里经营着一个繁忙的作坊。两年后，他被委托为洛伦佐·瓦拉负责校订的希罗多德的《历史》(le Storie) 制作木刻插图。

博登是一个文化水平很高的人，他能说流利的拉丁语，经常出入威尼斯的人文主义者圈子，并与一位细密画画师的姊妹结婚，与她一起抚养了五个孩子。那些年发生了一个划时代的变化，先前为手抄本润色的细密画画师现在成了木刻画设计师，因为新印刷品中的插图正在慢慢地取代旧的细密画，这是一个无法避免的趋势。更加阔绰、更加自命不凡的顾客也就只有几本出版物可能能够请人画一些细密画，但这也只是如同天鹅之歌般的绝唱。贝内代托·博登成为那个时期威尼斯最重要的书籍插图画家。他完成了图案的绘制，但实际上是由雕刻师雅各布·冯·斯特拉斯堡完成了木板雕刻。

虽然对这些木版画的归属问题一直存在争议，但博登对地理类图书出版史的贡献是受人肯定的。1508 年 9 月，他申请到了"圆形世界地图"的特权，即在意大利第一次有记载的用于印刷的球形投影图，这也是第一个显示所有经纬度的地图。1528 年，他是第一个印制岛屿图（isolario）的人，这是一本只影印了岛屿的地图集。这本书还记录了另一个奇特之处，即首次将"劳动者的土地"这一名称用来称呼北美洲后来被称为拉布拉多的那一部分。

然而，《寻爱绮梦》的插图并不都是由同一人刻制的，因为这些画在风格上表现出了非常大的差异：有些是真的艺术作品，有些则是珍贵的手工艺作品。许多木刻版画出现了明显的色情内容：女性形象明显占主导地位，几乎都穿着紧身外衣，乳头在衣服之下若隐若现。其中一幅木刻版画在印刷史上首次出现了性器官，在普里阿普斯[1]的描

1　普里阿普斯，希腊神话中的生殖之神，他是酒神狄俄尼索斯和爱神阿佛洛狄忒之子。

绘中出现了一个男性生殖器，"以其体面和杰出的礼节"。人们可能没有很好地理解这段文字，但肯定不需要太多的想象力就能看到普里阿普斯在祭坛上竖着自己的阳具，在他脚下是一群兴高采烈的崇拜者，用来祭祀的小牛的血洒在了祭坛前。大多数顺从教会意愿的天主教徒很有可能只通过这幅图就判断这本书是一场淫秽的异教狂欢。

两年前，威尼斯主教区主教托马索·多纳要求对琼塔家族出版的奥维德《变形记》版本进行审查，并威胁要将其开除教籍。据他所述，"裸体女子、阳具神和其他肮脏的东西"的生殖器应被涂黑。类似的情况也发生在《寻爱绮梦》上，在梵蒂冈图书馆保存的副本中，为了抹去男性生殖器，细节处被小心翼翼地涂上墨水。实际上，从墨迹特征来看，马努齐奥本人似乎印制了一定数量的涂黑本，也许是为了规避审查。

从另一幅不太一样的插图可以看到，一个有着尖头阳具的半人半兽森林之神正准备进入到一个仙女的身体内。有些木刻版画充满了滑稽色彩，例如大象变成了蚂蚁，蚂蚁变成了大象。其他木版画则具有一些庄严之感，例如三面方尖碑上面有图案和铭文，将三位一体与时间的三个部分联系起来。还有一些是视觉上的误导，比如一个半坐半立的女孩，她把一只脚紧紧地放在地上，却把另一只脚举到空中；而在放在地上的那只脚的一侧，她握着一对翅膀，另一只手拿着一只乌龟，正好是举到空中的那只脚的一侧。而图中铭文告诉我们，女孩站在乌龟一边以抵消动物的缓慢，同时坐在翅膀一边以抵消它们的速度，这样的目的只是为了邀请读者做同样的事情。

这种迂回曲折的表现形式旨在表达对立面的结合，为此使用了一种怪诞的对比方式，读者便会不自觉地把自己代入到画面中，并将这一景象固定在脑海中。在本书中，寺庙、穹顶、废墟、方尖碑、石碑、器皿和幡旗的图像不断出现。在一幅关于"圆形露天剧场……令人难以置信的闻所未闻的结构"的插图中，该圆形剧场被确认为罗马斗兽场。

虽然确定这些木版画的实际作者很复杂，但对于艺术史研究学者来说，了解这些作品对当时艺术家的影响要容易得多。从布拉曼特到卡拉奇，从乔尔乔涅到提香，这一影响对许多艺术家来说都是相当大的。

我们不知道是否因为作品的色情属性而对出版商阿尔多产生了直接影响，因此可以认为他与许多高层人士建立的关系很可能是有用的。当然，也许一方面是文本的晦涩难懂，另一方面是印刷成本过高，把白话小说的固定读者拒之门外，因而销量不高。我们可以假设，与《寻爱绮梦》同时创作完成，并在九个月后出版的锡耶纳的圣加大利纳的《书信集》，在某种程度上也被阿尔多视作一种补偿行为，以与教会当局一起重建因《寻爱绮梦》的淫秽性而动摇的权威。

"急事缓办"

有几个因素使得《寻爱绮梦》这本书与众不同，而且在不同方面凸显了其重要性。这本书中第一次出现了拉丁语古典格言"festina tarde"（有"慢慢来""欲速则不达"的含义，伊拉斯谟写成了"festina lente"）和一个被海豚缠绕的锚（后来成为阿尔多出版社的标志），其中后者作为阿尔多出版社的标志出现在了 1502 年印刷的《古老的基督诗人》（*Poetae christiani veteres*）中。你可以在这本书的封面上欣赏到阿尔多出版社标志的美丽。顺便说一下，Aldus 这个字体并不是唯一受《寻爱绮梦》的木板雕刻启发的字体。

时至今日，人们还认为这句拉丁语格言是刻在彼得罗·本博送给马努齐奥的罗马皇帝维斯帕先的银币上。他意在表达这样一个概念：谨慎行事、不犯错比胆大而得意扬扬要好。在2015年阿尔多逝世500周年纪念之际进行的研究验证了没有任何罗马钱币印有这一格言。相反，这句话的希腊文版本"σπεῦδε βραδέως"出现在波利齐亚诺的作品中致敬马林·萨努多的献词中。阿尔多可能是通过阅读罗马帝国时期的历史学家苏埃托尼乌斯或者是作家奥卢斯·格利乌斯而接触到这句拉丁文"festina lente"，但我们不太清楚阿尔多究竟是从哪里先学到了这句话，然后再引用它。不过我们可以猜到他一定很喜欢这句话，因为仅在《寻爱绮梦》的木刻画中就有超过80种该格言的变体。

然而，在硬币上出现的是带有海豚的锚。在《寻爱绮梦》上，海豚是横躺着的，而不是出版社标志中那样直立的。纹章以图形的形式诠释了拉丁语格言的含义：船舶部件象征着谨慎，海洋生物则象征着速度。需要注意的是，正如前文所述，该书使用的是"festina tarde"字段，毕竟九年后，伊拉斯谟才将"tarde"改为"lente"。这里是描述该符号和箴言的段落："一只海豚盘绕在锚爪上方的锚干上，而这就是我对图案中各个部分的最佳解释……永远记住欲速则不达。"对海豚形象的展示也随着时间的推移而发生变化：在一个版本中，它显示出锋利的牙齿；在另一个版本中，它挥舞着鳍。

所有这些都与马努齐奥的出版承诺相呼应，他必须尽一切努力做到既准确又迅速。而当他被指责印刷速度慢，无休止地推迟承诺给读者的图书时，阿尔多则反驳道，"海豚和锚……就像我的伙伴。事实上，即使是等待印刷发行时机的时候，我们也出版了很多书，而且做到了定期出版"。然而，大家都清楚地知道，"如果有时我们没有继续保持从事书籍出版之初的活力，这也许是出于某种合理的原因，抑或是因为我们正在组织一些更重要的活动，其目的是有效促进优秀文学作品的发展以及让古代作家的作品从衰败和蒙昧迷雾中得以重见天日"。

伊拉斯谟让阿尔多出版社标志得以流芳百世，他在 1508 年写道："锚代表了缓慢，因为它的存在，船才可以做到停泊在某个地方，通过锚与船只的紧密束缚，使它保持静止。另一方面，由于没有其他动物能在奔跑时做到更快更敏捷，海豚代表了速度。设想一下，人们做出了这样的表达——'总是慢慢地赶路'。"然后他补充道，这个座右铭"现在已经如同阿尔多·马努齐奥·罗马诺的第三个继承者，当然，我认为这与众神的赞成和盘算不无关系"。

弗朗切斯科·科隆纳的身份

在关于这本书的各种谜团中，还有一个十分重要的谜团，那就是关于作者的身份。书中没有出现作者的签名，甚至连出版商阿尔多的名字也只出现在勘误页中。"最准确的，在阿尔多·马努齐奥出版社"，副词使用了最高级的形式，这似乎是一种警告、一种刻意的疏远感，貌似这意味着"我"（阿尔多）已经尽了最大努力，确保一切都尽善尽美，但如果有些东西还是达不到要求，也不要怪"我"。

作者的这个签名，隐藏在文中的一类型的字谜中，通过将 38 个章节的首字母连接起来，我们得到一个包含弗朗切斯科·科隆纳名字的句子。那谜题就这样解开了吗？并非如此。在这一点上，又出现了"弗朗切斯科·科隆纳究竟是何许人也"的问题，直到今天也没有取得一致意见。当年威尼斯有两个科隆纳，而且都叫弗朗切斯科，两人都可能是《寻爱绮梦》的作者：一个是罗马同名家族的领主后代，一个是来自圣若望及保禄大殿的多明我会修士。

如今，大多数人认为这部小说是由这位修士写的，但另一种猜想也一直有广泛的支持者。赞成作者是贵族后代的理由是书中出现的纹章和盾牌符号，因为这些都与宗教人士没有什么关系。另外还有其他各类依据，包括莱昂纳多·克拉索的兄弟贝尔纳迪诺与居住在威尼托的卡特琳娜·科隆娜的女儿弗兰切斯卡·德尔·安圭拉拉结婚的事实，而卡特琳娜·科隆娜正是弗朗切斯科的妹妹。此外，1546 年的法语版《寻爱绮梦》写道，这个类似藏头诗的字谜表明作者是"一个来自显赫家庭的博学绅士"。

而一个事实让评判作者真实身份的天平向修士科隆纳倾斜。故事发生在 1467 年的特雷维索，而且科隆纳修士正好来自特雷维索。书中的女主角波利娅介绍自己是卢克雷齐娅·莱利，而莱利家族是一个有权有势的家族，在帕多瓦和特雷维索之间拥有属于自家的农田，另外特奥多罗·莱利在 1464 年的瘟疫期间担任特雷维索的主教。前文提到的贝尔纳迪诺·克拉索在 1498 年至 1500 年间也是圣马可大会堂的监护人，该学校与圣若望及保禄大殿的多明我会修道院相邻，如今两者成了民用医院的一部分，所以金融家的这位兄弟可能是科隆纳家族中的任何一人。

此外，我们可以肯定的是，科隆纳修士在那一时期印刷了一本书。做出这一断定的理由是因为在 1501 年 6 月 5 日，即《寻爱绮梦》出版整整一年半之后，多明我会会长温琴佐·班戴洛下令逼迫修士弗朗切斯科偿还修会省会长为他印刷一本书所支付的费用。如果连多明我会会长都牵涉其中，说明这肯定是一笔不小的数目。事实上，1509年2月16日，莱昂纳多·克拉索要求将他对于《寻爱绮梦》的印刷和销售特权再延长10年，因为"鉴于所处时期的特殊性和战事的烦扰……几乎所有的人也都在负债，为此花费了几百个杜卡特金币"。可以推断，在印刷10年后，这本书仍有大量的库存，显然康布雷战争（三个月后威尼斯人在阿尼亚代洛战败）对销售这些作品没有帮助。

因此，很有可能是弗朗切斯科·科隆纳向其修会寻求贷款，认为他可以用销售收入来偿还债务，而实际上销售收入远低于预期。然而，没有证据表明所欠下的债务是为了印刷《寻爱绮梦》，另一方面，似乎莱昂纳多·克拉索已经支付了所有的费用，所以这位修士没有理由贷款让马努齐奥出版一本已经支付过印刷费用的书。我们无法得知这笔钱是否被用来出版《寻爱绮梦》或其他东西。

弗朗切斯科修士是一个充满疑点的人物。他曾多次被多明我会的最高层训斥，甚至有一次因非常严重的指控被驱逐出威尼斯。1516年，年过80岁的他又卷入了另一桩丑闻，他先是指控他的一些上司鸡奸，而后又把它撤回；但他本人又被指控诱奸了一个女孩。因此他再次被驱逐出威尼斯，但后来又设法回到这座城市，成了一个传奇人物，以至于当他在1527年去世（终年94岁）时，马泰奥·班戴洛在一部中长篇小说中记录了他的劣迹。

世上最美的书的真正作者究竟是谁，这个问题恐怕很难迅速找到答案。

一个不朽的神话

尽管阿尔多并没有特别喜欢《寻爱绮梦》，但这本书立即成为人们趋之若鹜的对象。1507 年，画家阿尔布雷希特·丢勒[1]以一个杜卡特金币的价格买到了一本，这本书现藏于慕尼黑的国家图书馆。这是一个很高的价格，但考虑到其他大型对开本图书的售价格也类似，所以并不虚高。

作为该书的被题献者，乌尔比诺公爵圭多巴尔多显然也拥有一本，而这本书最终落入了 1503 年身处乌尔比诺公爵宫廷的巴尔达萨雷·卡斯蒂廖内的手中。卡斯蒂廖内显然不太喜欢《寻爱绮梦》，事实上，他在 1507 年开始动笔创作的 16 世纪最伟大的畅销书——《廷臣论》（我们将在倒数第二章中谈到这部著作）——中抨击了这本书。卡斯蒂廖内认为，矫揉造作的语言让一小时长的对话内容看起来像是持续了千年之久。然而，他也不得不承认，尽管有种种原因，书中一些晦涩难懂的语言还是以某种形式传入了人们的日常生活："我认识一些人，他们在写作和谈论女性时，总是使用《寻爱绮梦》里的语句。"

该书在意大利并没有取得巨大的成就，1499 年的版本出版之后，只在 1545 年印制了第二版，并保留了最初的木刻版画。但在法国，该版本印制了一系列华丽的新版画，效果非常好。弗朗索瓦·拉伯雷在《巨人传》（ *Gargantua e Pantagruel* ）中描述花园和寺庙时提到了《寻爱绮梦》，而后该书的第三版于 1546 年出版，与《寻爱绮梦》的法译本同年。一直到 1883 年，《寻爱绮梦》这本书共出版了八个版本。而第一个英文版本出版于 1592 年，书名为《梦中爱的纷争》（ *The Strife of Love in a Dream* ）。

1718 年成为维也纳宫廷帝国诗人的阿波斯托诺·泽诺毫不留情

1　阿尔布雷希特·丢勒（1471—1528），生于纽伦堡，德国画家、版画家及木版画设计家。

地谴责了《寻爱绮梦》："波利菲洛的这个梦是许多人的梦的原因，就像在一群人里，一个人打哈欠会导致其他人也打哈欠一样。"顺便提一下，正是泽诺首先提出写这本书的弗朗切斯科·科隆纳可能是多明我会修士。

在任何情况下，《寻爱绮梦》所取得的名气都让这部作品跨越了几个世纪。例如詹姆斯·乔伊斯在《芬尼根的觉醒》中谈道："一个由散失抑或是迷失的时代、荒废的土地和落后的语言组成的沉船遗骸。"一个以解梦为职业的人——精神分析学家卡尔·荣格，在1925年读到了法语版的《寻爱绮梦》。

据估计，《寻爱绮梦》的初版有一半以上留存至今，数量大约在300册，收录在各大公共图书馆、私人收藏和古玩市场内。这样一本特殊的书不得不说有其自身的价值，2013年4月，伦敦佳士得拍卖行以近31.6万美元的价格售出了一本。

艺术界看《寻爱绮梦》

艺术史研究学者认为，弗朗切斯科·科隆纳的文字所表达的情欲观与提香的绘画所印证的情欲观之间存在着明显的构思和观念上的一致性。前者以梦中爱的胜利作为主题，后者则通过色彩和画笔，将以前只在梦中出现的爱的胜利转变为现实。《神圣的爱神与渎神的爱神》（*Amor sacro e Amor profano*）这幅画由提香于1515年创作，现藏于罗马的博尔盖塞美术馆，对《寻爱绮梦》中的内容做了某种简明扼要的解释。画中金色波浪形长发的女子与波利菲洛梦中遇到的仙女如出一辙，她的"乳房被一条金色线带紧紧捆住"。提香的另一幅画描绘了一个牛头骨，在《寻爱绮梦》中，牛头骨被轻放在一个平放着的锚上，象征着耐心。

威尼斯建筑史教授安东尼奥·福斯卡里是研究建筑家帕拉弟奥、威尼斯及威尼托地区文艺复兴时期建筑的学者。他从提香在安科纳市的戈齐祭坛画（pala Gozzi）中描绘的圣马可钟楼的塔尖中看到了《寻爱绮梦》中方尖碑的影子。这幅祭坛画的名字是《天福圣母与圣徒弗朗切斯科和比亚焦》（*Madonna in gloria con i santi Francesco e Biagio*），是拉古萨（现如今达尔马提亚地区杜布罗夫尼克）的商人阿尔维斯·戈齐于1520年委托提香创作的。这幅画过去放置于方济各会教堂，现今则摆放在安科纳的市立美术馆。该画象征着亚得里亚海的商业三角，其中的圣比亚焦是拉古萨的主保圣人，同时也是旅人和商人的保护者。画中所描绘的城市则是威尼斯。

福斯卡里坚信，圣马可塔（当时被称为塔，以提醒人们该建筑最初是一座塔式灯塔）的尖顶象征着一个方尖碑，就像博登所刻的以及阿尔多在其最著名的书中所印的那样。就连两者的时间节点都是一样的：塔先是在1489年的地震中被损坏，而后在1511年的一场大火中被烧毁，然后人们决定给它安装一个金字塔形的尖顶，而在此之前并没有这样的尖顶，这项工作直到1513年才得以完工。当这座在当时看似非常另类的建筑出现在威尼斯的城市中央时，人们用一种绝对异教的仪式来庆祝建成，那就是把牛奶和红酒从塔上面倒落在下方的广场上。福斯卡里解释说，对宗教一致性的唯一让步是用天使取代之前塔顶的幸运之神福尔图娜。一方面，福尔图娜的雕像并没有被搬移到太远的地方，只是越过了威尼斯大运河，直到圣马可广场对岸的海关大楼博物馆；另一方面，在风向的不停变化下，作为风向标的天使以自己作为圆心旋转，就像福尔图娜一样变幻无常。

如果这本书的版画与提香之间的联系已经确立并被接受，那么与乔尔乔涅的联系就显得更加缥缈。虽然没有得到证实，但这位来自威尼托自由堡的画家从《寻爱绮梦》的版画中汲取了画作《维纳斯》（*Venere*）中描绘的那个熟睡的裸体女人形象，而这幅画现藏于德累斯顿。他也可能是受到了《寻爱绮梦》中阿多尼斯墓前哺育丘比特的维纳斯的启发，才画出了《暴风雨》（*la Tempesta*）中裸体哺乳的女人。这是威尼斯艺术史上最著名的画作，现陈列在威尼斯学院美术馆。

如果说《寻爱绮梦》是能够影响整整一个时期的艺术杰作，那么现在是时候把我们的注意力转向那本永远改变印版字的书了。

第六章

《埃特纳火山之行》与新型印版字的诞生

有一种可能，一本书之所以被载入史册并不是因为其文学内容，而是因为其印刷时所采用的字体。这种情况并不经常发生，事实上，它几乎从未发生过，但《埃特纳火山之行》是个特例。这是一本在1496年2月出版的60页的旅行小册子，从书名就可以看出，作者彼得罗·本博在书中描述了登上埃特纳火山的经过。如果不是因为它影响了从印刷伊始至今的印刷界，这本小书可能会被人忽视。

阿尔多·马努齐奥拼版出一个尺寸宽大的页面，文字周围有充足的留白，这样做可以获得一种非常和谐的效果，每页中文字印刷所占据的区域（即俗称的"版心"，specchio di scrittura）的高度和宽度之比为1.64，接近于近乎完美的黄金比例1.618。然而，所有这些并没有使《埃特纳火山之行》在阿尔多眼中成为一部真正有趣的作品，他当然也很难想象到这些特征在未来几个世纪里会产生什么影响。尽管如此，该书仍然是作者的父亲——富有、有权势且有文化的贝尔纳多·本博——委托印刷的作品。面对这样的人物，人们很难对他说不，而阿尔多甚至不惜中断希腊文的印刷计划来出版这经手的第一部拉丁文出版物。

马努齐奥对这项印刷工作并没有产生太大的兴趣。他决定出版这本书的理由，首先是基于他对年轻的本博心存感激之情，毕竟是彼得

罗和他的朋友 —— 同样也是贵族的安杰洛·加布里埃尔 —— 从墨西拿给他带来了康斯坦丁·拉斯卡利斯最新版本的语法手册，而且还是作者亲自修改的版本。本博和加布里埃尔曾在西西里岛和拉斯卡利斯学习希腊语，阿尔多将墨西拿描述为"所有希腊学研究者的新雅典"。

贝尔纳多的儿子是一位品格高尚的知识分子，但他此时离成为有影响力的著名人物还有一段距离。显然，彼得罗本人曾游览过埃特纳山顶，后来用拉丁文撰写了一篇小论文，其中还描述了一次火山爆发，这可以视为火山学的一种先驱作品。当然，阿尔多应该是被字里行间的自然主义趣味所打动，但同样可以肯定的一点是，仅仅是因为朋友的身份而出版书籍，这个理由是远远不够的。

来自博洛尼亚的弗朗切斯科·格里弗

为了进行印刷活动，马努齐奥需要有人来刻制冲头，从而使用这些冲头来制作印刷时所需的字符。冲头是由钢制成的，首先用手凿出字形，然后进入淬火和硬化流程。用冲头来打铜模，在模具内打出字符的形状，然后倒入铅、锡和锑的熔融合金。一旦金属凝固定型，就得到了所需字体，它们将被用于实质性的页面排版和文本印刷环节。

雕刻冲头需要很高的技巧，主要原因是所使用钢铁非常坚硬，不允许出现任何差错。此外，字母或连体字必须以与书写方向相反的形式雕刻，这样是为了在将字符或者符号印制到纸上时，人们可以按习惯的方向审阅文本。一套铅字通常能维持 100 至 150 次印刷，之后就会开始碎裂，不得不重新将其熔化。其实大家很容易理解完成这项工作所需要的精细程度，也很容易理解其成本，毕竟得到字符是印刷过程中成本最昂贵的环节。

阿尔多需要一名雕刻师，因此他求助于当时威尼斯最好的雕刻师——博洛尼亚人弗朗切斯科·格里弗，当时的他已经是一名金匠了，并且雕刻了两个系列的铅字字体。这些字体的样式和美感在当时无与伦比，被尼古拉·让松使用。这位法国印刷商的罗马体铅字成了其他威尼斯印刷商参考的样板，而且不仅局限在威尼斯这一个地方。阿尔多赞扬了这位雕刻家，说他的出版物所使用的希腊文和随后的拉丁文铅字"是由来自博洛尼亚的弗朗切斯科巧夺天工之手制作的"。

格里弗与马努齐奥年龄相仿，格里弗于1450年左右在博洛尼亚出生，他从父亲切萨雷那里学习了金匠的手艺，然后从事打造雕刻字体用的冲头。那些年，印刷业是一个蓬勃发展的行业，许多金匠离开了珠宝业，投身这一新领域。格里弗首先在博洛尼亚与排版师贝内代托·法利共事，然后在1474年至1480年间搬到帕多瓦，在那里他为让松雕刻了两个系列的铅字。1480年，他搬到了威尼斯，据说建立并经营着一家铅字铸造厂。他为阿尔多制作了四个系列的希腊文铅字体、五个系列的罗马体铅字和第一个斜体字——被称为文书体（littera cancelleresca），而这个字体会是我们不久将看到的印刷变革的主角。另外还必须算上一个系列的希伯来文铅字，但这些字体只用于印刷试验。在后来阿尔多不再在威尼斯期间，格里弗可能为弗利的印刷商格雷戈里奥·德·格雷戈里雕刻了一个系列的阿拉伯语铅字。

在创造出为让松打造的第一种罗马体的25年后，终于有人接受了挑战，制作了一种用来取代它的新铅字字体。1480年的时候，在让松死后的第二天，让松的冲头、铅字字体和字模被阿尔多未来的合作伙伴和岳父安德烈亚·托雷萨尼买下，因此在某种程度上，这个印刷小圈子已经完结了。阿尔多的朋友们大多是孜孜不倦地研究拉丁语古铭文的学者，他们手上的古代铭文副本无疑影响了阿尔多对印刷字体的选择。

格里弗应该是个严谨，甚至可以说是挑剔的家伙。有人会说他是个"狂热者"，毕竟我们看到，他为阿尔多的第一套希腊文出版物刻了 300 多个铅字，包括字母、连接符和标点符号。我们不必深究太多细节，毕竟只有该领域的"入迷者"才能体会到这一大手笔的伟大之处。我们可以说弗朗切斯科·格里弗带给当时的印刷业一些现代的要素，例如格里弗所采用的字母是如今我们非常熟悉的样式，十分匀称；而让松使用的字母是他那个时代流行的，表达了那个时期的人文主义特点，因此看起来和我们有着距离感。用几个例子简要说明一下：让松采用的句号是菱形的，而格里弗用的是圆形的；字母 g 上下的两个类似于扣眼的部分几乎对称平衡；字母 e 中的短横线是水平的而不是倾斜的；另外格里弗采用的大写字母更小，这样可以使文字整体上更和谐。作为一个人文主义者，格里弗研究了古典时代的罗马铭文，而让松则在他所处时代之前的中世纪书法形式中得到启发。如果不是刻意指出这些差异，我们这些印刷领域的门外汉都不会意识到这些差别，但对所有人来说，显而易见的是均质、优雅、精美的排版，使我们立即认出一本印刷文本正是我们习以为常的东西。

第一个将格里弗的东西"物归原主"的是一位来自魏玛的德国印刷商汉斯·马尔德斯泰格，由于他与斯坦利·莫里森成了朋友，从而在新罗马字体（Times New Roman）的发展中起到了关键作用。他在1926 年的时候搬到了维罗纳，在那里为阿诺尔多·蒙达多里印制加布里埃尔·邓南遮的作品全集，一共有 49 卷，包括 209 份纸质手印本和 11 份羊皮纸本、2501 份机打打字本，共计耗时 9 年。马尔德斯泰格在一篇关于阿尔多字体的文章中写道："格里弗是一个真正的天选艺术家，一个真正的天才。迄今为止，他创造了最终定稿的罗马体形式、具有罕见美感的希腊字体、由他本人完善的第一种斜体，大写字母在某种意义上与相对的小写字母在相称和尺寸这两方面展现出无可比拟的精妙。"

阿尔多的斜体因其笔直的大写字母而易于辨认，因其优雅的风格受到了 16 世纪印刷商的垂爱，并成为意大利文艺复兴时期乃至现代印刷字体的典范。

到这里一切都清楚了吗？如果没有弗朗切斯科·格里弗，阿尔多·马努齐奥就不会成为我们所知道的那个阿尔多。然而有一点对我们而言仍然还是一个未知数，那就是出版商对雕刻师的影响究竟有多大。格里弗是一位艺术家，但他极有可能无法独立完成所有的工作；与此同时，马努齐奥似乎也不太可能待在一个角落里阅读古典著作，耐心等待这个博洛尼亚人为他刻字。相反，更有可能的状态是两人密切协作，彼此常常交换意见和建议。有人发现阿尔多的希腊字体，尤其在盎博罗削图书馆保存的手稿中可以看到，与格里弗制作的希腊文铅字有相似之处，这并非巧合。然而，这些都是假设。事实是，我们很难了解到底有多少"面粉"来自某一人的麻袋，而又有多少来自另一个人的麻袋。

影响至今的遗产

在为《埃特纳火山之行》雕刻完铅字之后，格里弗又刻了一个新的铅字系列，用于印制以颜值打动读者的书籍《寻爱绮梦》。而用于《埃特纳火山之行》的字体还被用于印刷亚历山德罗·贝内代蒂所著的《加洛林战争日记》，并在 1498 年顺便印刷了波利齐亚诺的《作品全集》。毫无疑问，字体的调和融洽也提高了文本的优雅感。

有一点必须明确：虽然让松的罗马体迅速获得了相当大的成就，但同样的情况并没有发生在《埃特纳火山之行》上。我们不得不等上 35 年，并把视线转移到巴黎，才能等到这本书使用的字体成为未来几个世纪欧洲字母的原型。另外，还需要有人接手该字体的实际印刷运用，而这个人不是别人，正是法国最著名和最有影响力的铅字雕刻师克劳德·加拉蒙。在那些年里，法国国内弥漫着对意大利文艺复兴的崇拜气氛，而加拉蒙实际上是最著名的，但并非唯一一个受到《埃特纳火山之行》启发的巴黎雕刻家。

这个法国人甚至复刻了格里弗所犯的错误，例如大写字母 "G" 和 "M" 中缺少一些格拉齐亚[1]，他在后来的铅字版本中纠正了这个错误。我们后文即将见到的斯坦利·莫里森评论说："加拉蒙……除了在不同的文库中复制来自博洛尼亚的弗朗切斯科的铅字之外，什么都没做；而他却获得了所有的荣誉。"从 1540 年起，加拉蒙为欧洲最重要的印刷商提供服务。他于 1561 年去世，但他的罗马体字体传遍了整个欧洲大陆，深刻影响了排版业。直到 18 世纪末，巴黎的菲尔明·迪多和在帕尔马工作的萨卢佐人詹巴蒂斯塔·博多尼的字体占了上风。

然而，阿尔多使用的铅字带来的好运气并没有结束。让我们说回之前提到过的马尔德斯泰格。他于 1892 年出生在魏玛，这座城市也是弗里德里希·席勒和约翰·沃尔夫冈·歌德生活过的地方。马尔德

1　格拉齐亚（grazia），指书籍印刷中字母的细线带有非常突出的明暗对比。

斯泰格曾在波恩和维也纳学习，从耶拿的高校毕业，因为小时候得过肺结核而免于服兵役，这使他得以避开了大战的战壕。又因为健康状况不佳，1922年他搬到了瑞士提契诺州的蒙塔尼奥拉，在那里他成立了一家手工印刷厂——博多尼印刷厂。它是20世纪经营时间最长的印刷厂，在54年的运营中印刷了约200种书，其中包括邓南遮的著作。印刷厂克服了巨大的困难，成功获得了12套詹巴蒂斯塔·博多尼的原版字体，而这些原版字体目前保存在帕尔马的博物馆里。马尔德斯泰格的版本在印刷排版爱好者中非常出名，这位德国人开始与其中一位——英国人斯坦利·莫里森——通信。两人会面之后，莫里森去了蒙纳公司（Monotype Corporation）工作。如前所述，1926年，马尔德斯泰格赢得了蒙达多里组织的关于邓南遮著作的印刷比赛，并搬到了维罗纳郊外的雷吉内塔·迪·瓦尔多内加。当他获得意大利公民身份时，他改名为乔瓦尼。顺便说一句，瓦尔多内加印刷厂至今仍然存在。

我们来到了1929年，这一年对印刷业历史和阿尔多留给后世的遗产来说是举足轻重的。正是在这一年，莫里森重拾《埃特纳火山之行》，带来了叫作"Monotype Bembo 270"的字体，它通常被称为"Bembo"。这个字体决定了20世纪的出版风格，你现在阅读的用拉丁字母印刷出版的图书就是用该字体印制的[1]；你也可以在自己的电脑中找到它，因为这一字体于1990年就被数字化了。然而，莫里森对此并不是十分满意：他认为这些字母过于死板和匀称，而且很难设计出与之匹配的斜体字。三年后，他弥补了这一缺陷。莫里森在20世纪

---

1 本书原版书采用"Bembo"字体印刷。本书注释中的英文及数字也采用了这一字体。

20 年代中期见到了一本本博的《埃特纳火山之行》（估计公共图书馆藏有 32 本，私人收藏者手中有十几本），并深入研究了其中的字体。

与此同时，马尔德斯泰格想雕刻一种新的字体，莫里森建议他从弗朗切斯科·格里弗那里获得灵感。这位德国人查看了一位书商朋友借给他的《埃特纳火山之行》，发现最常出现的字母有几个变体，这是 15 世纪想要模仿笔迹时的常见做法。但是，从来没有人这样高频率地使用各类变体，例如字母"e"的变体有五个之多，而字母"a"有三个。我们推测这些变体很可能是为了增加与手抄本的相似性，在这类原稿中，抄写员可以把相同的字母写得略有不同。然而，马尔德斯泰格发现很难将他的新字体与"Bembo"区分开来，事实上，他花了 10 年时间才找到最终的解决方法：这种被称为"Griffo"的字体在 1939 年首次被使用，几乎是对原作的真实复刻，而莫里森的"Bembo"字体则与之不同，但这可以解释为后者为印刷产业专门打造了新字体，另一个则只是为了满足自己的个人情怀。

与此同时，1932 年莫里森创造了标志着印刷业里程碑式的，并且沿用至今的字体——新罗马字体。它是一年前由英国报纸《泰晤士报》委托制作的，因此而得名。尽管最近的研究认为该字体的作者是波士顿的海军建筑师和飞行员威廉·斯塔林·伯吉斯。这种字体继承了格里弗和马努齐奥的字体特点，由在安特卫普工作到 1576 年的法国人克里斯托夫·普兰坦取二者之所长，进而成为世界上使用最广泛的字体。

莫里森自己宣称，他的新字体是"偏执且狭隘的，中庸且带有清教徒特点的"，并非"宏大且开放的，高尚且宽广的"。他注重实用性，通过确保每张纸上集中了尽可能多的文字来节省空间和金钱。然而，文字不应该看起来被限制，被迫牺牲其特色，而应该显得大气，这样才能实现把经济性和可读性结合起来的目的。还有另一个细节，当时的《泰晤士报》也许是世界上最重要的日报，它是用厚实的白纸印制的，而不像其他报纸那样用薄薄的浅灰纸印刷。因为这一原因，其他报纸很少使用新罗马字体，但书籍和杂志的印刷中却非常多地使用。《泰晤士报》直到40年后才更换了字体。在20世纪90年代初，微软选择新罗马字体作为其Windows操作系统的默认字体，带领我们直接从印刷业的文艺复兴时期来到现如今。

斜体字

到目前为止，我们已经谈到了至今仍旧对印刷业有影响的阿尔多版罗马体。然而，格里弗和马努齐奥的最大革新是斜体字[1]，多亏了这种字体，人们开始注意到印刷技术成为一种和谐且优雅的工具；甚至马泰奥·班戴洛也强调阿尔多"字体的美丽和文雅"。尽管我们认定这个字体是格里弗和马努齐奥创造的，但即便在这种情况下，也很难区分清楚它的变化进程中有多少是基于阿尔多的创造力，又有多少是靠着弗朗切斯科的技能。无论如何，我们可以肯定的是，当博洛尼亚人格里弗在1502年离开威尼斯时——背后的原因恰恰是斜体字字体的使用权争议——威尼斯的各大印刷作坊不再有任何系列的新铅字字体，只能继续使用旧铅字。

很多人已经说过，文艺复兴时期印刷商的最大愿望是印刷品与手

1　又被称为意大利体、仿意大利古书写体。

抄本没有区别，例如约翰内斯·古腾堡[1]用哥特字体印刷《圣经》，因为 1455 年在美因茨就是这样写的。10 年后，当德国人阿诺德·潘纳茨和康拉德·斯温海姆在苏比亚科的本笃会修道院印刷了其在意大利出版的第一本书——西塞罗的《论演说家》（*De oratore*）——时，他们使用了一个被称为"罗马"的字体，而该字体的书写方式在意大利与在德国并不相同。

为了起草契约，人们会使用一类不同的笔迹，而这一字迹之所以被称为文书体，是因为它是典型的属于大臣官邸的字迹。当然，威尼斯总督府的秘书们也会这样写。阿尔多决定将这种书写方式转移到印刷机上，弗朗切斯科·格里弗则让这一想法得以实现，斜体字由此诞生。众所周知，斜体字 1500 年在锡耶纳的圣加大利纳的《书信集》中首次亮相，这可以看作一种预演，是出版界秘密武器的调试。正如被誉为最伟大的马努齐奥研究学者卡洛·迪奥尼索蒂所写的那样，该字体的运用会让阿尔多很快击垮整个出版领域的竞争者，这可能是阿尔多最成功的创新。

在这卷书中唯一的一幅木刻版画中，圣加大利纳右手拿着一本写有"耶稣的甘甜，耶稣的爱"（Jesu dolce Jesu amore）的书，左手拿着一颗写有"耶稣"（Jesus）的心，而这恰好是有史以来第一个斜体字的印刷字样。还有一些与后来使用的字体不同的小细节，例如字母"i"的点移位了，这表明应该是一种测试。即使是选择用斜体字印刷的第一个词也并非随意挑选的，正如当时的一句谚语所叙述的那样，耶稣，

1　约翰内斯·根斯弗莱施·拉登·古腾堡（约 1398—1468），简称约翰内斯·古腾堡，也译作谷登堡、古滕贝格，是欧洲地区第一位发明活字印刷术的欧洲人，他的发明引发了一次媒介革命，并被广泛认为是现代史上最重要的事件之一。

以他的名义"开始是好的 / 来到人世间所做的事都是好的"。次年，即 1501 年，阿尔多的第一本袖珍本《维吉尔》以斜体字印刷，后来这个字体成为所有八开本书籍的共同特征，无论用的是拉丁文还是通俗意大利语。我们将在下一章详细介绍更多内容。总之，阿尔多满意地宣称，他的希腊文和拉丁文斜体字版本，和任何手写体一样优美。

雕刻斜体字需要花费 150 个冲头，与希腊斜体字所用的两倍以上的冲头数量相比，可以说是小巫见大巫。在那个时期，与今天不同的是，通常认为斜体字的印刷文本比罗马体的更加通俗易懂。因为事实上如今我们已经不再用斜体字编写整个文本，而只是用于引文、标题、外来词或者页眉，或是为了突出罗马体字的一页中的某些段落。事实上，正是在《维吉尔》的序言中，阿尔多提到来自博洛尼亚的弗朗切斯科是一位拉丁字母雕刻家，而两年后，当他在法诺[1]时，格肖姆·松奇诺[2]将他描述为拉丁文、希腊文和希伯来文的"最崇高的雕刻家"。他提到了希伯来语，这一点的确很有意思，因为松奇诺（后面的章节会提到他）是这一时期最重要的希伯来语印刷商。

直到最近，研究阿尔多的学者们还相当一致地认为使用斜体字可以帮助马努齐奥在印刷书籍时节省纸张。在当时，铅字占一本书出版所需最终成本的 50%，因此任何节省都是受欢迎的。为了方便我们的读者进行比较，类似于你现在正在阅读的这本书的工业印刷成本约为 1 欧元。尽管价格上的一些变量主要取决于印刷量，以及纸张和装订的质量，但这与五个世纪前的纸张价格对最终产品的影响相距甚远。

1　法诺，位于意大利中部马尔凯大区佩萨罗 – 乌尔比诺省的一个城市，是该地区人口第三多的城市。
2　格肖姆·松奇诺，德国意第绪系犹太印刷商和出版商世家松奇诺家族中最著名的印刷人。

斜体字是一种比罗马体的圆体字更紧凑的字体，因此在文本中占用的空间更小，任何人都可以通过在电脑上将圆体字转换为斜体字验证这一点。另一方面，马努齐奥是一个非常注重收支的企业家，如前所述，节省开支被认为是选择斜体印刷的决定性因素。但如今这种观点已经不再被接受，同时遭到否定的还有袖珍本是廉价书的观点。对个别纸张价格的比较已经确定，袖珍本实际上很贵，而且那些买得起此类型书的人对节省纸张的兴趣不大。此外，如果节约成本真的是一个目标，那么通过减少纸张的留白，并且将文字写在靠近纸张末端的地方，将会更容易地实现这个目标，正如其他大部分印刷商所做的那样。另一方面，阿尔多的书总是很大气，有优雅、宽大的页边和大量留白，就像现代印刷从业者所说的那样："这种书在排版编辑上的选择在今天看来并不总是很明显，因为这些书中的绝大多数在几个世纪以来被不同的装订商裁剪过，所以原来的大气之感已经荡然无存。"

格里弗突然离开

在第一批斜体袖珍本印刷完毕后，弗朗切斯科·格里弗离开了威尼斯，他可能是为了反对马努齐奥在 1501 年 3 月 27 日申请的"一种前无古人、后无来者且具有最高美感的斜体和文书体字母"的使用特权。1502 年 10 月，元老院授予它"宛若手写字迹般精美的拉丁字母斜体字体和文书体字体"。这绝对是一个新事物，因为以前只保护文本，从未保护过字体和出版物格式。

然而，这位来自博洛尼亚的雕刻师并没有从中获得任何经济利益，相反，商业保护使他无法在威尼斯共和国境内的其他出版商那里使用他创造的字体。于是他选择离开，放弃了多语种《圣经》的出版计划，好在其拉丁文、希腊文和希伯来文的样书仍然流传至今。

与马努齐奥决裂后，格里弗选择与他那个时代最重要的一些印刷商合作。首先是在马尔凯地区的法诺，与格肖姆·松奇诺一起合作出版。出生于克雷莫纳附近的格肖姆·松奇诺，是促进希伯来语印刷在意大利的传播贡献最大的人，而他的家族是 15 世纪末至 16 世纪前 25 年之间唯一的犹太印刷家族。1494 年，他在布雷西亚印制了所谓的《柏林圣经》（*Bibbia di Berlino*），马丁·路德用这本书将圣典翻译成德语，从而开启了宗教改革的帷幕。这本书还留存于世，现保存在柏林，并因此得名《柏林圣经》。

1502 年底，松奇诺在威尼斯，他和格里弗有可能一起去了法诺，在那里他们出版了彼特拉克的一版著作。彼特拉克的著作是 16 世纪最畅销的作品之一，这对当时的出版商来说是一种销量的保障。同样是在马尔凯地区，但这次在福松布罗内，博洛尼亚金匠格里弗与第一个使用活字印刷音乐著作的奥塔维亚诺·佩特鲁奇合作，而佩特鲁奇早在 1501 年在威尼斯就这样做了。同年，阿尔多开始用斜体字印刷袖珍本。格里弗和佩特鲁奇完全有可能是在威尼斯共和国认识的，因此，当佩特鲁奇回到自己的家乡时，他发现自己与马努齐奥的前铅字雕刻师共事。回到福松布罗内后，格里弗为佩萨罗人贝尔纳迪诺·斯塔尼诺工作，后者也曾经去过威尼斯，他可能在佛罗伦萨为菲利波·琼塔（或琼蒂）刻制斜体字体。10 年的使用特权到期后，格里弗还为威尼斯的其他印刷商制作斜体字。

1516 年，格里弗回到博洛尼亚担任出版商，在那里他雕刻了一种比其他所有斜体都小的字体，并以非常小的尺寸（11 厘米 × 5.5 厘米）印刷彼特拉克的《歌集》（*Canzoniere*）。他在序言中回顾："我首先为阿尔多·马努齐奥·罗马诺制作了希腊文和拉丁文铅字，他不仅获得了巨大的财富，而且他的名字也将在后世被人纪念，于是我又设计出了一种新的斜体。"一年之内，他又出版了五卷，都是同样的小尺寸，然后他就停止了出版业务。之后人们就再也没有他的消息了，他就这样失踪了。人们推测是因为他用金属棒（也许是一个冲头？）杀死了女婿克里斯托弗而被处决，1518 年他被判了刑。然而，他所创的字体的故事并没有就此结束，在英语中，斜体字被称为意大利体（italic），以强调该字体的起源，这一命名并非巧合。

如果没有斜体字，就没有袖珍本。接下来我们讲述的是小尺寸书籍如何与格里弗创造的新字体亲密共生，从而不断流传的故事。

第七章

维吉尔、彼特拉克及畅销书的出现

早在阿尔多之前，书籍都体积庞大、厚重且难以搬运。因此，考虑到那些需要在修道院餐厅为兄弟会会友们大声朗诵的修士，那些笨重的对开式书籍一般都置于讲经台之上。即便有时是一些开本较小的书籍，如四开本，即将纸张对折两次，对折一次的为对开本。开本的所有纸页均一模一样，书中的文本内容并不会因折痕而中断。由于当时的书籍并没有扉页，若想知道书中的内容，就需要阅读这本体积巨大的书籍的头几行文字。如果书中还标有作者姓名以及出版社的名字，那么这些内容一般都位于书籍最后一页的末端。然而，在阿尔多引入他的创新之前，由于纸张或者卡片并不是按照相邻两页的顺序编号，书籍最后一页的具体位置并不固定。

现在来欣赏一下马努齐奥带来的出版物版本吧：长约15厘米的小巧书籍，轻便易掌握（阿尔多将其称为掌上书、小册子，但这并非偶然，因为这些书就是可以轻松地放在手掌之上；在1503年的目录册中，人们将此类书籍定义为"便携式掌上书"）。对我们来说，这些书籍是袖珍本，但当时被称为便携本。

这是1501年始于威尼斯的真真正正的巨大改革：它让阅读变得轻松容易、简单、令人愉悦。如今，读者不必再走到体形巨大且难以搬运的书籍那里，而是书籍跟随着读者：休息时，就可以拿出书本，安静地阅读。阿尔多在献词信中将这点写得清楚且详细，进入其世界的关键就是，作品应"以小巧的开本印刷，不仅是为了让所有人都能轻松地将作品拿在手中阅读"，更是"为了能够在长途旅行中陪伴我们"。1501年之前出版的书尽管都美丽典雅，但无一拥有如此意义深远的突破。

除此之外，阿尔多还摒弃了传统的双栏书页拼版，而以单页单栏的形式取代。这代表着与哥特式传统彻底决裂，而此种传统注重回归老手稿的简单和质朴。

袖珍本

1501年是袖珍本的年代。在阿尔多的工作室中，新兴了一种刊印版本，并且在随后的数个世纪中不断沿用，直至今日。马努齐奥创造了一种全新的书籍，它那协调且精细的印刷排版影响了之后的书籍出版。值得注意的是，阿尔多并没有发明八开本书籍，而是重新采用这个开本，用于装订经典书目，并将其变成一种经典。为了解释其用法，他甚至还创造了一个新的拉丁语词汇，该词汇在本质上传达了将文本携带至庭院阅读，而不是单纯研究的可能性。我们还需不厌其烦地再次强调阿尔多所表现出的勇气，因为他本可作为一名家庭教师，平静圆满地度过一生，但他从事了出版行业。在最初的五六年间，出版物的销售明显停滞不前，人们开始再次讨论，并且开始发行小版本书籍。

这种小版本很早就应用在印刷礼拜仪式的书籍上了，以便神职人员随身携带，但此种印刷版本仅限于宗教领域。他的合伙人、未来的岳父安德烈亚·托雷萨尼就是发行此种作品的印刷商。据我们所知，阿尔多并未从这种"虔诚的模板"中获得任何启发，而是从已经熟识的贝尔纳多·本博的书架中的小开本中得到了启发。阿尔多在给彼得罗·本博的信中写道："我们从您的私人书架中，或者更准确一些，是从您和蔼可亲的父亲贝尔纳多的书架中，发现了这本小册子的袖珍本。而早在此封信件之前，在我的恳求下，您的父亲立即将一些相同开本的小册子借给了我。这位年已八十的老翁是多么值得尊敬且德高望重啊！"

为了获得相似比例的书籍，阿尔多向一家造纸厂订购了一种特殊尺寸的纸张，正如保存在纽约摩根图书馆[1]中、1503年的欧里庇得斯未经装订的范本一样。这份从未经装订工裁订的欧里庇得斯二卷本提供了用于印刷此书纸张的尺寸（约35厘米×42厘米）。如此一来，这证实了一个有关托斯科拉诺·马德尔诺[2]造纸厂准备采用制造一批特殊纸张印制阿尔多八开本的假设，这一特殊纸张相较于传统纸张更窄、更长。因此，学者们称此种纸张为"窄半张的纸"（mezzana stretta）。马努齐奥永久性地改变了小书的模板，如今采用的也仍然是当时他所设想的尺寸，并且此种形式保证了无论文字还是排版都是整洁而紧凑的。

高印刷量证明了此次创新的成功：数以千计的复印书籍被不断重印甚至三度印刷。阿尔多的印刷纪录是印刷了3000册当时备受欢迎

1　摩根图书馆，本是金融家皮尔庞特·摩根设在纽约的私人图书馆和住宅。在1902年至1906年之间，摩根委任名建筑师查尔斯·麦基姆设计，建成一所标榜文艺复兴时期艺术特色的私人图书馆，以表达其对文艺复兴时期的艺术和理想的敬意，所以这座图书馆被誉为纽约市中心的一块文艺复兴的瑰宝。
2　托斯科拉诺·马德尔诺，意大利布雷西亚省的一个市镇。

的卡图卢斯[1]的作品。在古版书的年代，印刷量最高仅达 500 册，甚至有可能会更低。为了说明这个改革的重要性，需要说明的是在马努齐奥之前，八开本书籍的印刷量仅占总数的 5%，而在 1540 年，也就是他逝世 25 年之后，八开本书籍的印刷量达到了印刷总量的 51%。

阿尔多的袖珍本与阿尔多斜体字有着紧密关联，二者缺一不可。在系列丛书的第一本、1501 年版的《维吉尔》中，阿尔多提出了一个纲领性的计划："在此之后，我们将计划出版所有重要作家的作品，并以同一种字体印刷出版。"

然而，面对阿尔多的新计划，当时许多人纷纷表示不满：许多学者对于这个新兴事物持犹豫的态度。他们只是对希腊语版本的书感兴趣，而阿尔多则是此版本的唯一来源。1501 年，拉斯卡利斯并不赞同马努齐奥以营利为目的，将希腊语翻译为意大利语的行为，对于人文主义学者来说，这是一件卑劣之事。安杰洛·加布里埃尔请求他出版德谟克里特[2]的作品，并且希皮奥内·福尔泰圭里从罗马写了一封信，其中表达了他对于中断希腊语出版物的不安。纵然阿尔多引发了一些毫无根据的恐慌，但他并未放弃希腊语经典著作。

把阅读看作一种享受

袖珍本实现了真正的划时代性的变革：它不仅改变了阅读方式，

---

1 卡图卢斯（约前 84—约前 54），古罗马诗人。出生于意大利北部的维罗纳，青年时期赴罗马，殷实的家境使他在首都过着闲适的生活，并很快以诗才出了名。他传下的 116 首诗，包括神话诗、爱情诗、时评短诗和各种幽默小诗，被广泛阅读并影响着一代代诗人。
2 德谟克里特（约前 460—约前 370），出生在色雷斯海滨的商业城市阿布德拉，古希腊伟大的唯物主义哲学家，原子唯物论学说的创始人之一（率先提出原子论——万物由原子构成）。古希腊伟大哲学家留基伯（约前 500—约前 440）的学生。

还激发了各种阅读的动机。在阿尔多袖珍本出现之前，人们读书大多是为了学习或工作。在这些有必要从书籍中获取知识的人中，毫无疑问有学院和大学里的学生，以及某些领域的专家和专门技术人员，如法务人员（有关法律的书籍不仅是最昂贵的，还保证了印刷商获得可观的收入）、医护人员，甚至厨师（他们则是为了食谱的传播）。宗教人士将书籍用于工作：阅读祷文和礼拜礼仪的片段曾是（现在仍是）神职人员的活动之一。我们仍需要考虑到那些在餐厅内大声为那些正在就餐的会友朗诵的传讯修士，检查书籍正统性或审核书籍的多明我会修士，在罗马以及其他所有地区参与编写《禁书目录》的宗教审判所的高级教士以及枢机主教会议成员。

很少有人读书是出于消遣或兴趣。但袖珍本书籍允许了此种现象的存在：利用空闲时间来阅读。阿尔多强调道，这并非事后演绎。他在为其朋友马林·萨努多准备的贺拉斯的作品中，附上了一份说明："它体积小巧，当你在公共办公室内休息时，它将邀你进入阅读的世界。"他还将袖珍本寄给威尼斯第二军队队长巴尔托洛梅奥·德·阿尔维亚诺，称他可以在行军途中休息时阅读。西吉斯蒙德·瑟佐，匈牙利国王的秘书，写信给阿尔多表达了谢意，因为有了此种书籍，能让他在宫廷里劳累的一天中挤出一些时间放松。尼科洛·马基雅弗利[1]并未明确提及阿尔多版本的书籍（1513），但他在打猎时阅读的那本小书可能是威尼斯版本或佛罗伦萨对于琼塔的模仿。

如前所述，此种小书所带来的次要的影响至今仍然存在，即默读的诞生：拿在手中的"手册"大小的袖珍本，不宜大声朗诵，而是默

1　尼科洛·马基雅弗利（1469—1527），意大利政治思想家和历史学家。出生于意大利佛罗伦萨。其思想常被概括为马基雅弗利主义。

默地阅读，即在沉默中阅读。

最重要的是出于对阅读的喜爱，事实上阿尔多创造了一种需求：阅读的需求。如此一来，便形成一种比较 —— 较为冒险的 —— 在过去的人与现在的人之间。史蒂夫·乔布斯不仅仅是发明了某个东西，更是引起了人们对此种东西的诉求。在他之前，没有人会需要一部智能手机，而这仅仅是因为根本不存在智能手机；而如今，我们离不开它。在阿尔多之前，几乎没有人是出于兴趣而阅读，而正因为没有合适的书籍 —— 可以随身携带的袖珍本书籍。而如今，我们就像马努齐奥教我们的那样阅读。500 多年过去了，我们仍使用着阿尔多置于我们手中的物品，并按照他本人的建议使用它。阿尔多创新的颠覆性力量穿越了时空，没有人知道它还会持续多久。尽管媒介可能会发生改变 —— 纸质媒介变为电子媒介 —— 但阿尔多为我们带来的阅读乐趣将长久地留存。

心愿之物

袖珍本带来的是不含任何评论的文本，并较于先前的希腊文本，马努齐奥改变了编辑的路线：不再出版未曾发表过的文章，在多数情况下，出版那些已经以大版面出版过、带有脚注的作品。正如之前所提及的那样，阿尔多的目的是扩大袖珍本的传播，实现这一目标如同探囊取物。有时，马努齐奥会谈及袖珍本给宗教人士带来的"便携性"：宗教人员总是在修道院之间游走，而从这里游走于各个宫廷之间的是那些受过教育的人。

出版商有意出版一系列有关拉丁语、希腊语及通俗意大利语经典作家的诗歌（之后还有散文作品）的正经刊物，旨在满足那些有文化、讲究文雅的顾客的阅读兴趣。如此一来，便形成了一批新的受众，而他们不再由教师、学生和宗教人士组成，而是由受过教育的绅士、有文学修养的女士、意大利和欧洲的精英以及热爱生活的人们组成，他们周围都是美丽且昂贵的事物，他们从贫穷、愚昧且无法凝聚的人群中脱颖而出。如今，有人将这些人定义为激进潮人（radical chic）。

这非凡的成功应归功于书籍的优雅和格式，而并非价格。事实上，马努齐奥赋予了系列文集出版以生命，尽管要得到它的明确解释，有必要等到焦利托·德·法拉利在 1562 年首次使用"花环"一词，这个词在当时是"文集"的同义词。

阿尔多收到了许多来自外交官、朝臣以及上流社会女性表达感激的信件。

阿尔多的袖珍本成了一种时尚，以至于乔尔乔涅[1]的画作《一位拿着绿皮书的男人的肖像》中描绘的都是一位贵族出身的男人，他站立着，手中还毫不费劲地拿着一本打开的书，而这本书被认为是阿尔多的八开本书籍。而在佩德罗·贝鲁格特[2]于 1475 年绘制的费代里科·达·蒙泰费尔特罗[3]的肖像中则明显不同，画中乌尔比诺公爵坐在一张大椅子上，小圭多巴尔多在他身旁，公爵在看一本很大的对开本

1　乔尔乔涅（1477—1510），第一位真正意义上的意大利威尼斯画派画家，架上绘画的先行者。乔尔乔涅是威尼斯画派成熟时期的代表人物，他原名乔尔乔·巴巴雷里·达·卡斯特佛兰克，乔尔乔涅是他的乳名，含有"明朗""幽雅"的意思。
2　佩德罗·贝鲁格特，又称（西班牙）佩德罗。西班牙文艺复兴时期画家。生于巴利亚多利德的帕雷德斯－德纳瓦。
3　费代里科·达·蒙泰费尔特罗（1422—1482，或称费代里科三世·达·蒙泰费尔特罗），1444 年至 1482 年任乌尔比诺领主（1474 年被封为公爵），是一个非常杰出的意大利文艺复兴雇佣军首领及艺术赞助者，他最有名的事迹是下令建造一座仅次于梵蒂冈图书馆的图书馆，以及委托卢治诺·劳拉纳和弗朗切斯科·迪·乔吉奥·马尔提尼修建乌尔比诺的公爵宫，该建筑于 1998 年被列入世界遗产目录。

书籍，他双手用力握住这本书，且书籍上缘靠在木制栏杆上。在这两幅画作中，我们能明显感受到阿尔多革命带来的影响：在阿尔多之前，书很大、厚重，需要坐着阅读；而之后的书则变得小巧轻便，即便站着也可以拿在手中。

除此之外，书籍成了人们渴求的优雅之物。阿尔多本人还在羊皮纸上刊印了一些作品，并附在 1505 年 5 月 23 日的信件中，赠予伊莎贝拉·德·埃斯特："我收到了贵方的信件，信中您提到想将我所拥有的作品刊印在羊皮纸上。而我只有这些作家的作品，马提亚利斯[1]、卡图卢斯、提布鲁斯[2]、普罗佩提乌斯[3]、彼特拉克、贺拉斯、卢维纳莱以及佩尔西奥。我将这些寄送给您。"27 日，也就是四天后，这位侯爵夫人回信道："您所寄来的每一份刊印于羊皮纸上的都是我之前向您提到的文学著作，这让我感到十分喜悦。"因此必须承认的事实是，阿尔多工作室不仅仅推出了用于装饰的松散书籍，至少在某些情况下，书籍能够被优雅细致地装订，并配上装饰用的细密画。此前已有所提及的的里雅斯特主教秘书雅各布·斯皮格尔在给马努齐奥写的信件中赞扬了他艺术的装订形式（"完美装订"）。

从学者们能够证实的情况来看，阿尔多并没有自己的装订工和细密画家，但是他将这些工作承包给其他工作室，而这些工作室都是他从城镇中最为优秀的几家中选出来的（1514 年阿尔多的原版装订本仍保存在威尼斯圣弗朗西斯科·德拉·维尼亚图书馆）。1501 年至 1503 年间

1　马库斯·瓦莱里乌斯·马提亚利斯（约 40—约 104），出生于西班牙的古罗马诗人。
2　提布鲁斯，古罗马诗人。
3　普罗佩提乌斯（约前 50—约 15），古罗马诗人。出生于翁布里亚，公元 1 世纪 20 年代初来到罗马，在那里结识了维吉尔等著名诗人，同时继续从事诗歌创作，为自己在罗马抒情诗发展史上争得一席重要的位置。

的一些珍贵羊皮纸书籍中的细密画是由贝内代托·博登完成的，他可能是《寻爱绮梦》插图的雕刻师。显然，他的事业仍在发展，因为在一封1515年来自帕多瓦的信件中，安德烈亚·纳瓦格罗向乔瓦尼·巴蒂斯塔·拉穆西奥抱怨阿尔多袖珍本中"贝内托"细密画的高成本。

为了满足最为挑剔的客户，如同大开本的书籍一样，羊皮纸被用来替代纸张印刷一些豪华的袖珍本书籍。羊皮纸版本的书与特定订单无关，但总有一些是准备好出售给任何想要脱颖而出的人：一些流传下来的阿尔多羊皮纸上面印刻着威尼斯最富有和显赫家族的族徽——皮萨尼、莫切尼哥、巴巴里戈、佐尔齐——如今，在一些知名的国外图书馆中就可找到其踪迹；自18世纪以来，这些限量版的羊皮纸书籍就受到众多收藏家的高度追捧。

羊皮纸手抄本价格昂贵，甚至高到让那些本就挥金如土以获渴求之物的人都犹豫不决。伊莎贝拉·德·埃斯特是这样做的：曼托瓦侯爵夫人还给了马努齐奥一些羊皮纸卷本，因为朝臣们告诉她，这些书的价值应该仅是阿尔多所要求的一半。"你寄给司法机关的四卷羊皮纸书，每一卷都比其本身价值高出两倍。我们已经将它们交还贵方代表，他并未否认事实，但为你的同伴不想让我错过这些而感到抱歉。"这位贵妇人给他写信道。有趣的是，作为阿尔多的合伙人，那位代理人已经承担起了高昂价格的责任。

到这里，仍未有什么特别新颖的事物：羊皮纸比起普通的纸张要贵上许多，因此，采用羊皮纸制作印刷本，对于富人来说是一种精致生活的表现。马努齐奥并不是唯一使用这种技巧以满足更为富有的客户对特殊的渴望的印刷商。但在1514年5月，也就是距他去世9个月前，他完成了另一次真正的天才之举，这是一次营销，在作为出版商的职业生涯中，他的天才之举总是接踵而至：在出版印刷史上，这是第一次将文本在蓝纸上印刷。这种纸张的成本与白纸相同，但印刷成品较为特殊，数量也比较少，这些特性使得它们能以更为高昂的价格出售。在蓝纸上印刷书籍并不涉及额外成本，却可以带来更高的利润。不仅如此，又 4 个月后，他还将一小部分印刷本刊印于皇家用纸之上：特点很明显，因为它比普通纸张更大、更光滑，并且价格也高出五倍。因此，出版物的稀少也不仅仅与高昂的羊皮纸有关。

在 15 世纪，许多艺术家，尤其是威尼托艺术家，一般都用蓝纸来绘制草图。1506 年，阿尔布雷希特·丢勒来到威尼斯后，就使用了大量蓝纸。在书店里，人们用它来包那些散开的书籍，并在上方写上标题。然而，没有人想过将其应用于刊印。在阿尔多之后，继承者们不断效仿。只有一份用蓝纸刊印的阿尔多版本的书幸存至今，保存于纽约皮尔庞特·摩根图书馆。

俗语的胜利

维吉尔作品的袖珍本系列在 1501 年 4 月开始刊印，之后，5 月是贺拉斯，7 月是彼特拉克，8 月是尤维纳利斯[1]和佩尔西奥，12 月则是马提亚利斯，然后是西塞罗的《致亲朋好友书》(*Epistolae familiares*)、但丁和斯塔提乌斯[2]的作品。我们已经提到过，马努齐奥选择书籍出版的准则是其商业价值：他选择那些能够带来巨大利益的书籍出版。事

---

1 尤维纳利斯，生活于1—2 世纪的古罗马诗人。他写了 5 部作品，包含 16 首讽刺诗，批评了罗马社会的不同元素，无论是恶劣的住房、赞助人 / 客户关系、城市中希腊人的存在、抚养孩子、祈祷，还是傲慢和城里女人的虚荣心。
2 斯塔提乌斯（约45—96），罗马帝国作家，在那不勒斯出生并逝世。他的父亲是一位学校教员和诗人。移居罗马后，他因诗作赢得盛誉。

实上，西塞罗的《致亲朋好友书》就出现在意大利由斯温海姆和潘纳茨出版社出版的第一批作品中。因此，除了古典拉丁语作品外，更令人耳目一新的方面在于还包括但丁和彼特拉克两位伟大诗人的俗语作品。阿尔多的朋友彼得罗·本博负责编辑这些书，但并没有留下任何评注。但丁和彼特拉克的手稿由彼得罗的兄弟卡洛提供给阿尔多工作室，并由他本人承担出版费用。上述提及的米兰小说家马泰奥·班戴洛写道："我该如何谈及俗语？它就这样被埋葬了，而且这些书籍的正确率堪忧，如果但丁、彼特拉克和薄伽丘看到自己的书，也无法辨认出来，因为诸位降低了书籍原本的纯洁。"

彼得罗·本博的合作对于两部作品的标题选择起着至关重要的作用，但是这些标题却并非如今经典流传的标题：彼特拉克的《歌集》被称为《庸俗之事》（ *Le cose volgari* ），但丁的《神曲》则为《三行押韵的诗节》（ *Le terze rime* ）（第一个包含了"神"这个字的版本可能是1555年加布里埃尔·焦利托·德·法拉利设计的版本）。这些标题就已经清楚表明了人文领域的选择。

印刷史上真正意义上的第一批畅销书是彼特拉克的作品：在15世纪的最后几十年中，以俗语出版的他的诗歌形成一股热潮，并且远超但丁的《神曲》——在短短30年中就已经出版了38个版本：1470年，威尼斯人文德利诺·达·斯皮拉出版了第一版，巧合的是，彼得罗·本博也在该年出生。仅仅是从阿尔多名下的印刷机中，就出版了上千册彼特拉克的诗歌，甚至可能超过2万册。

俗语并没有马上被文学界接受。作为人文主义之父之一，瓜里诺·达·维罗纳（我们提到过其子加斯帕雷，他是阿尔多的老师之一）批判俗语文学堪比次等，认为它们不能成为学术水平等级图书馆的一部分，俗语与拉丁语和希腊语背道而驰。事实上，对他来说，唯一值得放置在众多书架之上的只有彼特拉克用拉丁文写下的作品。瓜里诺认为，俗语作品"应该是在冬季守夜时阅读，当人们想同妇孺交谈之时，用爱情或离奇的事件让他们振奋，或者用那些可怕的事件让他们留下深刻印象"。在 15 世纪的佛罗伦萨 —— 也许是因为没有人是先知 ——《歌集》从未出版过，相较于彼特拉克，人们更喜爱但丁和圭多·卡瓦尔康提 [1]。

然而，印刷业增加了对书籍的需求，并从广义上讲，"通俗化"读者群，扩大文学圈子；俗语诗歌在宫廷之中成为一种风尚，并吸引了当权者。例如，1478 年，彼特拉克的作品在威尼斯以哥特体（现代字母）重版，而这一事实表明，这些书是为更为广泛的读者所设计，他们还未习惯阅读那些以罗马字（古代字母）印刷的经典文本。不仅如此：被称为阿奎拉诺的塞拉菲诺·德·奇米内利能记下彼特拉克所有的作品，而且能一边演奏诗琴，一边吟诵彼特拉克的诗歌。他辗转于各个宫廷，成名之后便被传唤到各处，而多亏了他，彼特拉克式的音乐风尚传播开来，并一直持续到了 17 世纪末。

阿尔多·马努齐奥为彼特拉克所选择的标题具有重要意义：原本的标题 ——《俗语诗歌片段》（ *Rerum vulgarium fragmenta*，《歌集》的拉丁语原名）—— 被颇具人文主义风格的标题代替，并为 16 世纪初的读者所熟知，并且在两个世纪之后仍十分流行。《庸俗之事》是一个十分重要的新奇之物：这是第一次将俗语文本置于同拉丁语作品一样的高度，并给予同样的语文学关注。出版的作品中没有评论，并且以

1　圭多·卡瓦尔康提（1258—1300），意大利诗人，但丁的好友。出身于佛罗伦萨的贵族世家，曾经积极参加佛罗伦萨城的政治活动。

更利于阅读的形式印刷。本博同一位托斯卡纳诗人一起完成了对古代作家使用的手抄本的整合，并考虑到了作品完成的时间，就像是一位权威编辑的表现。

多亏了彼特拉克生前的付出，阿尔多的工作变得容易起来，因为最初的作品手稿是由作者亲自分页制作，而这就完全遵照了1374年彼特拉克所希望的那样：一页一首十四行诗，以每页分为两栏的形式排版。彼特拉克的私人图书馆由帕多瓦领主卡拉雷西家族继承，但在阿尔多的袖珍本发行8年后，也就是1509年，由于康布雷同盟军对这座城市的侵占和洗劫，这座图书馆也只剩残垣断壁。彼得罗·本博称其在一家熟食店中发现了一些散落的彼特拉克亲笔签名的稿件。无论如何，已成为帕多瓦圣索菲亚教堂财产的彼特拉克《歌集》的原稿（如今保存在梵蒂冈图书馆，编号 Vat. Lat. 3195），在1501年辗转到了本博手中，这改变了他对彼特拉克语言的观点：本博宣称自己将用余生建立一套有关"俗语"的理论和语法。

语　言

这位人文主义者，并且还是未来的枢机主教，并没有止步于修订：他引入了标点符号和重音符号，这些符号使得文本更易于理解，也更易于阅读，从而"将好书从严酷阴暗的囚笼中解放出来"，也就是说，将好书从晦涩难懂的模式中解脱出来。1509年，阿尔多承认标点符号作为注释的有效性，而10年之后，贵族安东尼奥·达·卡纳尔似乎不太同意，并指责本博使用了"诗人……从未设想过的"符号。而如今，我们可以说，阿尔多和本博的选择是正确的：1501年阿尔多版本的标点符号至今仍然是权威标准。然而，1501年版本的争议导致阿尔多在 1514 年推出了一个全新版本，该版本实际上只是增加了《凯旋》（*Trionfi*）以及其他韵律诗，是在前一版本基础上的延续和拓展。

马努齐奥声称，用于印刷的《庸俗之事》文本是彼特拉克亲笔签名的手稿。1501 年 7 月末，洛伦佐·古斯纳斯科参观印刷厂，看到并亲手触摸了那备受吹捧的手稿后，却写道："那只是一份某位帕多瓦人过分重视的手稿。"而那位帕多瓦人就是彼得罗·本博。也有可能是马努齐奥和本博参考了原版，但之后的版本是未来枢机主教在该手抄本的基础上编写的，与原版相比，大约有 160 处更改。一些学者猜测，本博可能欺骗了马努齐奥，抑或是二者在相互欺骗。但这些猜测似乎都不太可能是真的，因为一旦被发现是个骗局，这将涉及巨大的商业风险。1528 年，那时阿尔多已经离世，负责出版彼特拉克作品的亚历山德罗·维鲁泰罗公开指责本博在作品来源上欺骗了阿尔多。

在马努齐奥刊印彼特拉克的作品之前，彼特拉克就已经成了一个传奇。但是，阿尔多的贡献对彼特拉克的传奇起到了至关重要的作用：在意大利，《歌集》共计发行过 148 个版本，并且仅在 16 世纪，就已超过 10 万册，这是个令人惊奇的数字。除此之外，这位托斯卡纳诗人也是"文艺复兴三杰"（也称为"文坛三杰"）中最重要的一位，彼得罗·本博也据此奠定了其有关意大利语的语言规则。

在彼特拉克作品的序言中，阿尔多提及了一些范例："在俗语中，并非每个词语都遵循拉丁语，人们说百姓（volgo），而非平民（vulgo）；说人民（popolo），而非民众（populo）。"最后，一个承诺："简而言之，期待一位不亚于彼特拉克的但丁……看到但丁那些很不正确的地方，将比看不到的地方更多。"

当阿尔多正在刊印彼特拉克的作品时，本博带着其父贝尔纳多的但丁手抄本躲在费拉拉附近，而该抄手本是一个半世纪前薄伽丘赠予彼特拉克的（如今保存在梵蒂冈图书馆，编号 Vat. Lat. 3199）。从好友埃尔科莱·斯特罗齐（卢克雷齐娅·波吉亚的亲信，1508 年 6 月被秘密谋杀；1513 年，在其死后，阿尔多出版了他的拉丁文诗句）的别墅中，彼得罗向威尼斯寄送了每页 30 行的《神曲》精美抄本，这就是后续准备刊印出版的部分。

同样在这种情况下，马努齐奥从标题开始再次打破传统：他使用了《三行押韵的诗节》，而非《神曲》，如此一来便强调了这是一部诗歌作品。在去掉克里斯托福罗·兰迪诺[1]的评论后，阿尔多便将作品交由读者自行理解。1481 年，佛罗伦萨领主国收到了克里斯托福罗的评注，还附带桑德罗·波提切利[2]绘制的插图，在当时这被认为与但丁作品有着密不可分的联系。1502 年，该书问世，由此俗语也成了阿尔多日后出版计划的核心。同年也是希腊作家的回归之年。"贵重物品越小，那么对于大多数人来说吸引力就越大。"出版商在给新学院（即阿尔多学院）章程的起草者希皮奥内·卡尔泰罗马科的信中写道。

作为那个时代的人，无论阿尔多多么富有教养、具有创新能力，他仍深深依附于宗教教义，故而回避那些被认为不雅的事情。所有出版物都需以严格的宗教教义为标准。他的教育理念并不在于提倡自由地追寻真理，而是有着深厚的基督教渊源：恢复良好的阅读能力并不是为了其本身的规划，而是为了通过学习沿袭，培养出一批"诚实正

1　克里斯托福罗·兰迪诺，15 世纪文艺复兴时期最著名的但丁学者。
2　桑德罗·波提切利（约 1445—1510），15 世纪末佛罗伦萨的著名画家，欧洲文艺复兴早期佛罗伦萨画派的最后一位画家。受尼德兰肖像画的影响，波提切利又是意大利肖像画的先驱者。著名代表作是《春》和《维纳斯的诞生》。

统"的基督教教徒。教育的目的是爱好文学，但是对文学的热爱不能离开道义，以至于这让他肯定"一事无成"，偏爱那些"虽大字不识却德行良好的少年，而对那些伤风败俗的聪明人表示鄙夷"。希腊语有利于加强基督教知识和美德："学习希腊语并以基督教徒的方式生活。"对于熟悉《圣经》来说，希伯来语是必要的："故而从小就熟知这些是十分重要的。"阿尔多指责那些异教诗人和风俗诗人，他们向青少年的脑海中灌输了传说，并使"大部分博学之人……变得恶毒而贪婪"。

德尔·菲罗斯特拉托写道，这本书"如同没有解毒剂的毒药一般流通着"，因此他想通过在最后添加尤西比乌斯[1]的文章来提供解毒剂，因为尤西比乌斯反驳希腊作家创作的文本内容。马努齐奥称自己不愿出版维吉尔的淫秽诗歌，并与卢克莱修保持距离，这或许就解释了为什么薄伽丘被排除于俗语作家的行列之外。

娱乐与学习

从袖珍本的出版计划中可以看出，出版的书目在一方面具有一定的吸引力，但在另一方面，它们也表现出了马努齐奥对其教育目标的延续。例如，之前提过的西塞罗的《致亲朋好友书》已经成了学习修辞学的基础教材，而且阿尔多在1502年版的序言中写道："它让那些学习和研究它的人成为富有文雅的作家，这对我来说至关重要，且相当畅快。"随后，他出版了西塞罗的其他书信作品，而忽视了那些俗

1　尤西比乌斯（约260—340），基督教史学的奠基人，恺撒里亚主教。著有《编年史》《基督教会史》《君士坦丁传》等，影响很大。他被称为"教会史"之父和拜占庭的第一位历史学家。

语书信手册，如此一来他也再次明确表明了自己的选择。该系列涵盖了希罗多德、修昔底德和恺撒的作品，因为这些作品风格优雅。此外还包含了瓦莱里奥·马西莫的历史作品，因为它们早已广泛传播，具有一定的商业价值。

然而，对于阿尔多来说，他并不缺乏挑战：1505 年，他尝试使用了一种很小的开本——32 开——刊印了一本圣母祈祷文集。这在当时流行了起来：其他的出版商采用 12 或 24 开本印刷，马努齐奥想展示自己的想法更为优越，便与这些开本展开斗争。除此之外，他还做了完全背道而驰之事：1505 年，他将伊索[1]的寓言以对开本形式刊印，而此种形式的刊印通常被认为是刊物首版。但如今却用八开本形式刊印了希腊诗人昆图斯·斯米尔纳厄斯《历史志》(*Paralipomena*，《圣经·旧约》中的一部分)。他好像对于推翻一直延续至当时的出版准则乐在其中。

尽管面对如此多的挑战阿尔多都取得了胜利，但仍有一项挑战毫无进展且没有取得任何具体结果，即来自希伯来语的挑战。

---

1 伊索，古希腊著名的哲学家、文学家，约生活于公元前 6 世纪，与克雷洛夫、拉·封丹和戈特霍尔德·埃夫莱姆·莱辛并称世界四大寓言家。

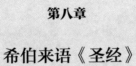

第八章

希伯来语《圣经》

在阿尔多参与编辑出版的作品中没有希伯来语的版本。但是很多迹象表明，马努齐奥当时已经开始准备印刷希伯来语版本的书籍，可是后来由于一些不为人知的原因，最终没能完成这项工作。《希伯来语的简介》（*Breve introduzione alla lingua ebraica*）这篇文章构成了未能实现的希伯来语语法的基础，而实际上这也是他 6 年前出版的希腊语语法的续集，在 1501 年被发表在了康斯坦丁·拉斯卡利斯的作品《引语的八个部分》（*Le otto parti del discorso*）的最后。

阿尔多在文中写道："我们认为希伯来语对于人们了解《圣经》是不可或缺的，因此我们现在为您提供字母表、字母组合和其他各式各样的指导，以便您能更好地阅读希伯来语。在未来，如果幸运的话，这些想法能够得到大家的支持与喜爱，我们将提供一本语法手册、一本字典和《圣经》。"在 1501 年阿尔多编辑的第二版拉丁语语法中，这段话又再次出现，之后又被印刷在 1512 年拉斯卡利斯再版的作品中。

当时已经印出了多语种版本《圣经》的测试页，其中包括希伯来语、希腊语及拉丁语版本。由此我们更加确信阿尔多当时已经掌握了一系列的希伯来文字，并且有很强的意愿使用这些文字进行翻译工作。阿尔多也曾说过："由于《圣经》过去是从希伯来语翻译成希腊语，又从希腊语翻译成拉丁语的，因此，我也准备着手开始印制希伯来语的《圣经》原文。而这也是为了您能和其他语言的《圣经》对比着阅读，同时您也能再誊抄一遍希腊语的版本以便熟悉重音和正确的书写法。"但是后来他未能实现这一设想。可能因为其他的工作安排，这个在1498年宣布的印刷计划最终不了了之。但是在1513年诗人品达著作的序言中，该计划被再次提及，又再一次中断，而这一次也成了最后一次。

有人猜测马努齐奥可能信仰犹太教，这一观点是基于他在拉丁语语法的最后一章中引用了圣保罗的"我是犹太人"（Ego sum hebraeus）。然而绝大多数的学者并不认为这是一种对于个人身份的描述，而是一位人文学者意识到了基督教传统拥有希伯来（犹太）文化背景。在阿尔多出版的作品中并没有其他的线索能推测出他拥有犹太教的宗教信仰。

然而，几乎可以肯定的是，他一定学过一点希伯来语。因为他在那本语法书上写道："你走在烈日下，而我学习着希腊语和希伯来语。"尽管这样，我们对这件事也没有更多的了解了。我们只能推测这可能是他年轻时学习希伯来语的证明，而后来他就放弃了。

15世纪在塞尔莫内塔有一个著名的犹太社区，同时在巴夏诺也出现了犹太人的踪影。除此之外，我们还发现一个来自巴夏诺的犹太人从马努齐奥家族的手中购买了一块土地。

但是，不管怎么说，至少在阿尔多的人文主义者朋友中是有人非常了解希伯来语的，比如说，在特雷维索地区莫塔－迪利文扎的吉罗拉莫·阿莱安德罗。巴夏诺出版商阿尔多将荷马的《伊利亚特》赠予他时说道："事实上，在你还不到24岁的时候，你就已经完美地掌握了两种人文学科的语言，而且你对希伯来语的了解也不少；现在你致力于学习迦勒底语和阿拉伯语……你的希腊语说得如此流利，希伯来语的发音也如此恰当和轻松，就好像你是一个土生土长的雅典人或是在一个以色列城市长大的。"

威尼斯，这个拥有最多出版纪录的城市，却不是第一本希伯来语书籍出版的地方。1470 年，第一本用活字印刷的希伯来语书在罗马诞生。这本书是由 200 年前的大卫·基姆希[1]撰写的一本语言学家和《圣经》研究者的词典。松奇诺 —— 意大利希伯来语印刷的摇篮 —— 是克雷莫纳地区的一个小镇，得名于当地的一个印刷商家族，这个印刷商家族也是当时意大利唯一的希伯来语印刷商。自 1483 年起，松奇诺家族的约书亚·萨洛莫内在表弟格肖姆的帮助下印刷了 25 册不同版本的希伯来语《圣经》。最终，1488 年松奇诺家族终于印刷出了第一本带有元音标记的希伯来语《圣经》。

然而，格肖姆后来便离开了他的家乡，开始从事流动印刷工的职业。而这一选择也将使他成为那个时代最重要的希伯来语印刷商。格肖姆游走在不同的城市：从那不勒斯到奥托纳，再到里米尼，最重要的是，他还到了法诺。他的第一个目的地是由贵族马丁嫩戈家族所有、位于布雷西亚的巴尔可城堡，而这也是威尼斯共和国的领土，他在那里待了好几年。在 1498 年，他来到了威尼斯，但是在接下来的一段时间他都没有印刷任何东西。相反，他与同年从事希伯来语研究的阿尔多·马努齐奥合作，成为第一个在威尼斯印刷书上介绍希伯来语字符的人：安杰洛·波利齐亚诺的《作品全集》中的六个词。

1　大卫·基姆希，希伯来语法学家和《圣经》注释家。

1499 年 7 月，阿尔多将迪奥斯科里德的医学著作献给了贵族吉罗拉莫·多纳，并在上面写道："我们家族所有人都怀抱着最大的热忱和不懈的努力，希望能出版拉丁语、希腊语和希伯来语作品，我们希望这些文字能唤起大家对这些作品的喜爱。"显然，几个月后这些字符就已经开始投入使用了，因为在同年 12 月出版的《寻爱绮梦》中，我们能看到在一些拉丁语和希腊语的标题前面标注了希伯来语的解释。此外，在像门一样的注解框中也出现了阿拉伯文、希伯来文、拉丁文和希腊文的注释，但是在这种情况下，字体非常粗糙，学者们认为它们可能是木刻上去的，而《寻爱绮梦》一书中的标题文字应当是使用的活字印刷。阿尔多当时可能正在进行一些实验，因此在不同版本的《寻爱绮梦》中，即便是同一段注释也会使用不同的字体：有的时候受的是阿什肯纳兹犹太人字体的影响，而有的时候字体会更倾向于塞法迪犹太人的字体样式，后一种字体样式在后来也将在希伯来语出版物中占主流地位。

松奇诺离开威尼斯

《希伯来语概述》（*Introductio perbrevis ad Hebraicam linguam*）这一笔记当时是匿名发表的，但实际上它真正的作者是格肖姆·松奇诺。而我们能知道他才是真正的作者正是因为 1510 年他在自己的作品（于法诺出版）《简介》中强调了这一点。他指出，他之前把这部书委托给了"并不了解希伯来语"的人，因此书中错误百出，而现在这些错误都已被修改。

原来发布的笔记内容有八面之多，马努齐奥又对其进行检查修改、扩充，直到 1503 年给它标榜了"最终版"后再次出版。阿尔多谈到，他的目的是能更深入地推广《旧约》中的文化内涵。《希伯来语概述》一书以字母表开篇，在字母表中每一个字母后面都有拉丁语的音译以及希伯来语和拉丁语的名称。

最后，马努齐奥出版了一部分希伯来语的《旧约》，在文章中的每一个文字上方都标注了拉丁语的音译和释义。第一篇文章是诗篇51的第17小节，是18篇祷文[1]的序言，它也是拉开传统天主教正式祷唱的一部分。第二篇是"我们的教皇"（*Padre nostro*），最初源自《圣经》，后被翻译成希伯来语并音译。第三篇引用了以赛亚[2]在礼拜仪式中说的话、耶稣在十字架上的祈求和一系列专有名称和地点。而在最后一部分中，阿尔多用希伯来语、希腊语和拉丁语再次提及了十字架的首字母缩写"Inri"。松奇诺提到的错误包括一些字母顺序的颠倒。

在这本书中，上帝的名字从来都没有完整写出来过，这也许表明印刷者是犹太人（松奇诺本人？），他用这个方式是为了"不妄称上帝的名字"。耶稣在十字架上祈求的部分一字不差地遵循了诗篇22中的希伯来语原文，这也暗示着犹太人的存在。

大约在1501年年中，格肖姆·松奇诺离开了威尼斯。我们并不清楚他为什么离开，但是极有可能是因为他和马努齐奥之间的争吵，这样猜测也是鉴于这位犹太印刷商（格肖姆·松奇诺）在9年后写下的文字。也可能正是因为松奇诺的离开，阿尔多又没能找到一个和松奇诺一样了解希伯来语的搭档，这使得他放弃了用希伯来语印刷的设想。几年后，弗朗切斯科·格里弗重回法诺和松奇诺一起工作，格里

---

1 Shemoneh'esreh，就是18的意思。其中包括18篇祷文，迄今仍为会堂崇拜中重要的部分。后来虽增加为19篇祷文，但仍用旧名。

2 以赛亚，《圣经·旧约》中的人物，相传是《以赛亚书》的作者。生活在公元前8世纪，在其生活的年代以先知的身份侍奉上帝。

弗发现，马努齐奥当时完全没有考虑到和松奇诺争吵的后果是什么。

阿尔多去世后的一年里发生了两件对于犹太教历史非常重要的事件。1516 年，威尼斯共和国在卡纳雷吉欧区 [1] 建造了一个"犹太教的居住区"（ serraglio de' giudei ），而在此之前这里曾有一个铸造厂。"getto"（ 原是指铸造厂中扔入熔化了的金属的区域 ）一词在阿什肯纳兹犹太人语言中由于无法发出软辅音，变成了"ghetto"（ 贫民区 ）。

同样也是在 1516 年，佛兰德斯基督徒丹尼尔·邦贝格开始在威尼斯用希伯来语进行印刷。1520 年到 1523 年，他率先出版了 12 卷本的《巴比伦塔木德》，这也成了 19 世纪之前所有版本的《塔木德》的基础（估计只剩下了 14 份完整的书册）。直到 1549 年，他印刷了约 230 本希伯来语书籍，并分发到了所有的犹太人社区。除了第一部《巴比伦塔木德》之外，他还印有第一版《耶路撒冷塔木德》和第一部《拉比圣经》。这也证明，阿尔多在之前准确地感觉到了希伯来语印刷的潜力，但可惜未能付诸实践。

但是他敏锐地感受到了来自鹿特丹的伊拉斯谟《谚语集》的潜力，而且这一次他没有错失这个良机。

---

1 卡纳雷吉欧区，威尼斯六个区之一。在文艺复兴时期，它是威尼斯工人阶级的聚居区，但后来（1516 年）该地成为威尼斯的犹太人区。

第九章

本博的《阿索洛人》和伊拉斯谟的《谚语集》

如果不是有一些非常重要的朋友，其中包括来自鹿特丹的伊拉斯谟和彼得罗·本博，阿尔多·马努齐奥不会成为历史上第一个出版商，或者至少，他不会以我们所知的方式成为出版商。

关于本博，我们已经了解了很多。他在马努齐奥的印刷作坊中扮演的角色可能已经很清楚了，但阿尔多对他的影响我们却很少提及。1501 年当本博在计划彼特拉克著作的出版任务时，阿尔多在意大利语的编撰工作中发挥了什么作用？这个问题注定无法得到回答。

我们真的可以认为，本博、马努齐奥和他们的朋友们从未讨论过彼得罗·本博本人从事的艰巨事业，即由他编撰的新语言在今后注定成为意大利半岛的通用语言吗？假设他们谈论过这个问题，而且谈论得相当多，这似乎很合理。因此，也可以推测出，历史上第一个出版商在意大利语的诞生中也发挥了一些作用。然而，迄今为止，没有任何文件能够揭示这一观点。

意大利语

本博即将在 1539 年 3 月被任命为枢机主教，他首先研读了彼特拉克的著作，接着是但丁的作品，然后规划出了一个将两位名家所用的语言规范化的方案，并使用人文主义者编写希腊文和拉丁文语法的方法，从古典文本开始入手，拆解语句然后重新组合在一起，紧接着进行对比。这是一项耗时很长且繁杂的任务，本博在1501年9月2日写给他当时的挚爱——女贵族玛丽亚·萨沃尔尼安——的信中说道："正如我之前告知你我打算做的，我已经开始从事这门语言的一些标注工作，就像你在信中告诉我应该这样做的那样。除非我以吻化解你的不悦，因你不希望我用任何语言的标记来冒犯你的信件。"本博在1525年出版的《俗语散文集》（*Prose della volgar lingua*）证实了这项工作，该作品被认为是意大利语的第一部语法书。

在15世纪末至16世纪初，彼得罗·本博创作了《阿索洛人》，这是一部关于爱情的对话，也是阿尔多出版的第二部本博的作品。原稿上是本博小巧且工整的笔迹，保存在威尼斯的奎利尼·斯坦帕里亚图书馆。在23厘米×15厘米的53张纸（106页）中，大家可以看到有用比正文字迹更深的墨水写下的几处修正和擦除。《阿索洛人》的印刷版于1505年问世。这个故事由三个男人和三个女人之间的一段对话组成，他们面对面地谈论爱情。这本书很可能有些自传体的性质，尽管我们不知道作者具体所指的是哪些故事。

学者们认为，最后一部分，即关于柏拉图式爱情的部分，是受到他对玛丽亚·萨沃尔尼安的虐恋的启发，尽管她已经结婚，但彼得罗还是爱着她。终于，这份爱得到了回应，玛丽亚在9月9日的信中告诉他，她要去利多，并告诉他如何去找她："当我回到家的时候，你感觉我们要上床睡觉的时候。我会给你一些暗示，看看你能不能看到光亮，然后你就慢慢地来我这儿。"所以，这不仅是一种柏拉图式的爱，也有进到肉体的维度。

我们之前提到，在那些日子里彼得罗·本博正在费拉拉编辑阿尔多版的但丁著作。所有证据显示，这位人文主义绅士在做编辑工作的同时还在创作《阿索洛人》的最后一部分，并且还抽出时间与玛丽亚通信，无论如何，至少有一段时间，他与他的爱人同时在费拉拉。

《阿索洛人》的背景设置在卡特琳娜·科纳的宫殿里，位于特雷维索地区的城镇阿索洛，作品由此得名。这位塞浦路斯女王为了威尼斯共和国而退位，作为交换，威尼斯把城堡和小山城的领主权给了她。本博是卡特琳娜的情人之一，通过他的作品，我们能够了解到阿索洛宫廷生活的一些细节。

很可能正是因为本博的一系列风流韵事，1505 年阿尔多负责印刷的《阿索洛人》一部分印有对卢克雷齐娅·波吉亚的题献，另一部分则没有。我们可以假设，给阿索洛宫廷的一本没有这段题献，而另一本给费拉拉宫廷的有这段话。

鹿特丹的伊拉斯谟

从具体的人物角度来看，我们所掌握的关于阿尔多的信息几乎都来自伊拉斯谟，就像伊拉斯谟留给后世的在托雷萨尼家的全家福画像一样。当他 1507 年来到威尼斯时，这位来自佛兰德斯地区的哲学家已经是一个相当知名的人物。当他 1509 年离开此地时，他变得更加出名，他从阿尔多那里试图找到或者说获得个人最终学术地位的跳板。

伊拉斯谟于 1500 年在巴黎出版了第一版《谚语集》，后来又在佛兰德斯中心城市安特卫普印刷了其他使他声名鹊起的作品。他早在 1506 年就来到了意大利，在都灵攻读神学专业，而后去了罗马，然后师从吉亚诺·拉斯卡利斯和马可·穆苏罗学习希腊语，从而接触到了马努齐奥的一群人文主义者朋友。伊拉斯谟曾赞扬阿尔多："所有培养通识教育这一神圣职务的人，特别是那些渴望真正的、古老的博识的人，都会为之庆祝，这个人似乎已经来到了这个世界上，他就是阿尔多·马努齐奥·罗马诺。"他还说："加油，阿尔多，就这样坚持做下去。"

这个佛兰德斯人写信给巴夏诺的出版商，告诉他只有阿尔多美轮美奂的字体才能使自己关于欧里庇得斯著作的拉丁文译本永垂不朽：

> 在我内心深处我经常希望，最博学的马努齐奥，你给文学界带来了多少光明，不仅是通过你的技艺和你洗练娴熟的字体，还通过你的才华和绝非平凡的学识，同样也使你受益……世人对你的记忆一定会是现在这样的，不仅是杰出的，还是令人同情和友好的，因为（正如我所知道的）你尽你所能发掘和推广优秀的作者们，尽管现在还没有得到相应的收获，就像大力神赫丘利一样，你没有在辛劳时选择休息，这些劳动本身也充满了人世间的美感。总有一天这一切会给你带来不朽的荣耀，但同时也让你提携的那些人更有成就感。

伊拉斯谟是最懂得利用印刷业来提升其作品成就的作者，就像现在委托阿尔多帮忙出版，也像几年后在巴塞尔委托出版商约翰·福本那样。

来自鹿特丹的伊拉斯谟于 1507 年 9 月抵达威尼斯，3 个月后，他翻译的《赫库巴》[1]和《伊菲革涅亚在奥利斯》[2]的拉丁文译本出版。马努齐奥在序言中写道：

> 他（伊拉斯谟）把这些著作翻译成了诗句，但完全以忠实原文的方式，而且风格优美。我让我们的印刷厂印刷这些书，一方面是因为那位博学者和我的密友们要求我这样做，另一方面是因为我觉得这些书对你们理解和翻译希腊语会有很大的帮助……过去缺少好书，缺少训练有素的教师，事实上，精通两种语言的人确实很少见。然而现在，感谢上帝，无论是在意大利还是在国外，优质的书籍和卓越的学者比比皆是。

此后，伊拉斯谟开始全身心地投入《谚语集》的编撰工作中。在第一版中，收录的拉丁文格言有 818 条，现在研究的范围扩大到了希腊作家，引用数量达到了 3260 条。这是一块古典精神的丰碑，在一本书中人们可以找到各种古代作家的多种参考引用。阿尔多指出："他从无数的拉丁文和希腊文作者那里收集了大量的谚语，当然是经过了艰苦的工作和长期的坚持。"这部作品尽管是一本厚重的对开本，但

---

1 赫库巴，古希腊神话女性人物之一。为特洛伊君主普里阿摩斯之妻。两人共育有 19 位子女。她在特洛伊战争中施加影响并发挥作用，成为相关戏剧、文学等作品的重要题材。

2 《伊菲革涅亚在奥利斯》（*Ifigenia in Aulide*），古希腊剧作家欧里庇得斯现存的最后一部剧作，该剧在公元前 408 至前 406 年（欧里庇得斯逝世之年）间编写，并于他逝世次年被他的儿子或侄子"小欧里庇得斯"首次演出。该剧描述了巨人之眼之城的王阿伽门农带领联军出征特洛伊，然而军队在奥利斯受阻，请示当地狩猎女神之后，先知表示应当以活人献祭，且献祭者就应该是阿伽门农之女伊菲革涅亚。

还是成了 16 世纪最重要的出版成就之一。它共有 66 个出版版本，其中的 9 个版本直到伊拉斯谟 1536 年去世前都是由他本人修订的，而其他的版本可能是伪造的。

对于那些评价他作品拙劣的诋毁者，这位佛兰德斯人回答道，他的"宝石"构成了希腊和拉丁古典主义的全部文学、科学和哲学遗产的精粹。然而，也有一些仗义执言帮助他的人，比如阿尔多人文圈子里的年轻人文主义者——吉罗拉莫·阿莱安德罗。伊拉斯谟曾写道："我只带了一些难以辨认的、看起来有点乱七八糟的材料来到了威尼斯，而且这些材料来自那些作品只出版过一次的作者。由于我的莽撞行事，我和阿尔多两人不得不一起投入这项工作：我负责编写，阿尔多负责印刷。这项工作花费了大约九个月的时间。"他还宣布自己愿意出钱先买两百本，为这项事业做出贡献。

伊拉斯谟在亲自编辑的最后一版中，描述了他在威尼斯度过的 9 个月："当我这个荷兰人在意大利出版一部关于谚语的著作时，当地的所有学者都自发地举荐了许多作品尚未付梓的作者，他们认为这些作者对我大有裨益。阿尔多分享了他所有的珍宝，而乔瓦尼·拉斯卡利斯、乔瓦尼·巴蒂斯塔·埃格纳齐奥、马可·穆苏罗和乌尔巴诺修士也分享了各自的典藏珍品。我感受到了很多人的热忱，即使我不认识他们，更不知道他们的名字。"几年后，在 1525 年，当法兰西皇帝弗朗索瓦一世任命诗人拉扎尔·德尔·贝夫为驻威尼斯大使时，伊拉斯谟写信给他说，他即将搬到一个"拥有最博学的人和拥有最显赫馆藏的图书馆"的城市。

有人观察到，伊拉斯谟每天都在阿尔多的印刷坊里工作，检查书籍草稿以及修改文本，在活字排版工人旁边的柜台上写作，他把写满文字的纸一张张地递给他们，甚至没有时间挠耳朵。当时他似乎每天可以写3张纸，经过了9个月不间断的努力才完成了这部作品。

就在1508年8月，当伊拉斯谟从事这项狂热的印刷工作时，数学家卢卡·帕乔利在圣巴尔托洛梅奥教堂发表了他著名的演讲。帕乔利在当年由威尼斯当地的知识分子和社会精英组成的500人面前解释了神圣比例的规则，即我们熟知的黄金分割率。我们知道其中95人的名字和姓氏，因为是帕乔利自己抄写并留存至今的，阿尔多·马努齐奥也在这个名单上，并且观众席上坐着几个与阿尔多出版社有关的人物。乔瓦尼·巴蒂斯塔·埃格纳齐奥，除了是阿尔多的合伙人，在阿尔多去世后，还成为他儿子保罗的家庭教师。安布罗吉奥·莱昂，来自诺拉，于1507年移居威尼斯，加入阿尔多的出版社，担任编辑和医生，在认识伊拉斯谟之后称其为"杰出的哲学家"。在场的还有阿尔多的公证人弗朗切斯科·达尔·波佐。

然而，95人的名单中并没有伊拉斯谟。如果是这位数学家没有写出这位佛兰德斯哲学家的名字，可能有两个原因：要么是因为他真的没有出席，要么是因为虽然他在场，但数学家帕乔利并不认识他。事实上，正如我们之前所述，伊拉斯谟在当时享有盛誉，但并非闻名遐迩，所以很大可能是方济各会修士帕乔利不知道他是谁，抑或是伊拉斯谟正忙于编写《谚语集》，以至于都不会短暂地离开阿尔多的印刷坊。尽管他的朋友阿尔多去了圣巴尔托洛梅奥教堂（这座教堂如今仍然存在），而且从印刷厂走过去所需时间不超过五分钟。

显而易见，我们永远不会知道伊拉斯谟是否真的缺席了这场16世纪初威尼斯共和国最令人难忘的文化盛典之一，但无论如何，他名字的缺失仍旧蕴含着重大意义：《谚语集》的出版使得伊拉斯谟的名声享誉全世界。马努齐奥在序言中写道，当时他正致力于其他古典作家的著作，但为了出版伊拉斯谟更有价值的作品，他把出版其他古典作家作品的任务暂时搁置到了一旁，"伊拉斯谟博学多才，道德高尚，他的作品可以与古典主义本身相媲美"。马努齐奥补充道："我认为你们一定能够从中收获颇丰，不仅是因为伊拉斯谟如此认真地，以极为强大的毅力和辛劳从众多作者那里收集了大量谚语，而且还因为他非常巧妙地将两种语言的作者创作的作品中的许多引文，通过自己的翻译或者解释的形式传递给读者。"

在其中一条格言中，准确地说是第 1001 条，伊拉斯谟引用了阿尔多的座右铭"Festina lente"，并为他的朋友献上深情的赞颂："他（阿尔多）试图为世界恢复如同圣旨般的文学遗产的遗迹，这是一项艰巨的任务，需要异于常人的毅力。阿尔多通过自己的努力和才智，着手从最狭小的角落找寻遗失的宝藏，重新点燃已熄灭的思想，医治那些残缺，让缺陷重回美丽原貌。阿尔多将一个以前包裹在狭窄墙壁内的图书馆，创造成了另一个四面八方被整个世界浩如烟海的知识包围的图书馆。"马努齐奥还将自己与那些莽撞的印刷工匠区别开来，"他们只会印刷小册子，这些书不仅毫无用处……而且枯燥无味、不能让人学到知识、邪恶、可耻、渎神且带有侮辱性和煽动性。要是有人把这些书都带回去，足够让它们组成一个小集团了"。

在第 2001 条格言"大力神赫丘利十二大业绩"中，伊拉斯谟谈到了自己（赫丘利指的就是他自己）："很多时候，你得耗费大量的精力去浏览那些破损的、残缺的、发霉的、褴褛的，甚至被蛀虫啃咬过的书，通常很难阅读。简而言之，在这样一种状态下，谁要是在一段时间内沉迷于这些书籍，就很容易给自己带来某种颓废感，也会把这样的颓态和暮年感带给其他人。"而后他的朋友称其为"我们的战神"："在不到一年半的时间里,我只使用了一个图书馆,即阿尔多的图书馆。里面藏书极为丰富,好书特别多,尤其是希腊语的书籍。这里的图书如此丰富,仿佛一个永不枯竭的泉眼。我不否认优秀的图书馆遍布于世界各地,但是,阿尔多的图书馆是独一无二的。"他最后还总结道："我是如此渺小,不得不面对如此繁重的出版任务,有时还是独自一人工作。"

《谚语集》成为畅销书,得益于重见天日的古希腊文化在欧洲社会更广泛、更深入的传播,伊拉斯谟将他的视野扩展到了古典世界,而阿尔多的出版事业则向着欧洲维度继续前进。

托雷萨尼之家

伊拉斯谟为我们描绘出一系列在阿尔多的工作室和在安德烈亚·托雷萨尼家中的日常生活写照,而马努齐奥在与托雷萨尼的女儿结婚后搬到了那里。在伊拉斯谟离开意大利后立即撰写的《疯人颂》(*Elogio della pazzia*)中,他描绘了一位举止优雅、庄重的女士在为了一个语法格的词尾而激烈争论时支持语法学家的情景。伊拉斯谟很可能在阿尔多的印刷工坊目睹了这种日常的争吵。他在《疯人颂》中提到了那些语法学家和各路学者的愚蠢行为："如果一个人犯了一个小错误,例如一个词汇方面的错误,但被另一个目光敏锐的人看到了,借题大吵一场的戏码就会立刻上演,从不缺少各式各样的争执、侮辱、谩骂。"他还补充道："现在的语法书和语法学家一样多,甚至可能更多,而我的朋友阿尔多·马努齐奥自己就出版了5本。"

多年后,即1531年,伊拉斯谟在对话体文章《爬满虱子的财富》

（*Opulentia sordida*）中提到了自己在威尼斯的那段日子。这个家财万贯却善财难舍的人正是安德烈亚·托雷萨尼，就是他招待了伊拉斯谟，而伊拉斯谟在描述托雷萨尼时并没有使用太过阿谀奉承的词句。伊拉斯谟偏爱用那些有文化涵养的玩笑话，但里面常常带有不敬的言辞，所以他很可能有点过于苛刻，用讽刺的方式夸大其词。但这一切不可能都是他编造的，所以我们可以假设他在阿尔多的工作室里的日子并没有那么轻松。而另一方面，乔瓦尼·巴蒂斯塔·埃格纳齐奥在1517年证实了伊拉斯谟的部分描述，埃格纳齐奥写道，除了他自己的利益，安德烈亚对一切都漠不关心，还说他本人作为一名编辑，配不上学识渊博的评价。

关于托雷萨尼家的伙食，伊拉斯谟的描述十分搞笑。他说托雷萨尼"买了一些没人愿意买的烂小麦"。这种小麦的味道可以想象，面包是通过在面粉中混入三分之一的黏土揉成的，这样一来，"你就会感觉小麦的霉味少了很多"。面包是在家里烤的，而且一个月内烤面包的次数不超过两次，所以这些面包会变得像石头一样硬，等到吃的时候就得把它掰成几块放在杯子里，这样它就会在葡萄酒里泡发。而葡萄酒……总之，这酒更像是醋。"他家里有一口井，按照那里的习俗，他会舀起几桶水，倒进酒坛子里"；然而这个过程并没有就此结束，因为他要"一遍又一遍地搅拌坛子里的所有东西，使这些看起来像新酒……所以放的时间越久，他喝到的酒就越少"。

而且不得不喝这种难以下咽的混合物的人也不在少数。"如果算上他的妻子、儿子、女儿、女婿、工人和仆人，有33个人在等着填饱肚子"，并且在主桌上，总是坐着八九个人。顺便说一下，30多人意味着在印刷厂运转的印刷机有七到八台。

开饭的时间是随机的：没有早餐，午餐总是从正午 12 点推迟到下午 1 点，要过了傍晚才能吃到晚饭，因为大家必须等待经常不着家的一家之主。"除了在家里，你在任何地方都能找到他（托雷萨尼），每件事他都亲力亲为……他除了挣钱，没有其他乐趣。"一个跛脚的仆人铺开桌布，"晚餐前的第一个幻象"，然后把几壶纯净水放在桌子上，几声隆隆声后，就出现了那个"残渣仙露"，此时还没人敢喝这玩意，直到端上了令人作呕的面包。

托雷萨尼到家后在餐桌前坐了下来，"首先，会端上一盘蚕豆粉放在他面前，这种食物一般是卖给穷人的。他说自己需要它来治疗各种疾病"。

那主菜呢？安德烈亚·托雷萨尼"从船夫那里购买食物，他们收集一种非常小的贝壳，甚至从下水道里"。事实上，我们可以认为这些是蛤蜊：在于 1500 年印刷的雅各布·德·巴尔巴里[1] 的木刻版画《威尼斯风景》（*veduta di Venezia*）中，人们可以看到威尼斯的圣乔治·马焦雷岛后面有一些人在浅水区域中弯腰俯身，他们是被称为"caparozzolanti"的蛤蜊收集人，威尼斯方言为"caparozzoli"。这项活动持续到了今天，不过使用机械手段。伊拉斯谟说，托雷萨尼"在主菜后给他们吃奶酪"，以代替甜点。

或者"他们在一点热水中打一个鸡蛋，然后把这当作酱汁涂在肉上：这样做是为了用视觉上的冲击来掩盖闻到的恶心的味道，因为肉的臭味很冲。有时，如果是碰上吃鱼的日子，他们会端上三条鲷鱼，这些鱼一点也不大，但是却有七八个人在吃"。

---

1 雅各布·德·巴尔巴里(1440—1516)，文艺复兴时期欧洲艺术家。他出生于威尼斯，在此人称"雅各布·瓦尔希"，他的一生大部分时间在此工作。

再如，"为了少花钱，他们会买一只小公鸡，就是那种小到都不够一个胃口好的波兰人当早餐吃的鸡。而一旦他们买了它，就再也不会给这只小鸡喂食，以免在它身上花钱。就这样，他们会把这只干瘦、无精打采、半死不活的小鸡的鸡翅或鸡大腿煮熟，把鸡肝给小孩子吃……然后，他们会往里面加水继续炖，妇人们会喝掉第一轮和第二轮的肉汤。所以，当鸡腿端到我面前时，已经看起来比浮石还干，比任何腐木还乏味。而那肉汤寡淡得连水都不如"。

　　伊拉斯谟曾设法应付这种生活。"我曾经拜托朋友用我自己的钱每天给我买三个鸡蛋，午餐吃两个，晚餐吃一个，但即使如此，那群妇人也用半腐烂的鸡蛋把我花重金买的新鲜鸡蛋调了包。因此，如果三个鸡蛋中有一个可以吃，我就已经很知足了。后来我用口袋里的钱给自己买了一个装酒皮囊，里面装的是十分纯正的红酒，但那些女人打破了锁，几天就把酒喝光了。"

　　这位佛兰德斯哲学家引出了一个我们听起来很奇怪的思考："德国人吃早餐不会超过一个小时，享用点心的时间也不是很长，午餐要一个半小时，晚餐两个小时也足够了。如果他们没有喝到好酒、吃到上等肉，就会抛弃统治者，跑去打仗……意大利人不会花大价钱满足口腹之欲，比起纵情享乐，他们更愿意要钱，而且他们天生就很清醒，不仅仅是出于原则。"意大利人朴实且节俭，德国人则喜欢吃喝玩乐。500 年前的刻板印象与今天的情况大相径庭。

　　就连托雷萨尼家的供暖设备也与主人一样的吝啬，"他常常在夜深人静时把别人忽视的小岛上的假叶树灌木连根拔起。在还没有干透的情况下，就把这些当作供暖燃料，燃烧时有烟，但没有火焰，这种火显然不能用来取暖。虽然不能产生什么热量，但大家还是觉得聊胜于无。这种灌木的燃烧可以持续一整天，没人想到居然能烧这么久。"

然而，即使在餐桌上和在烟熏火燎的寒冷冬日里饱受煎熬，但伊拉斯谟和阿尔多的接班人之间的书信通信一直持续到 1528 年，也就是安德烈亚·托雷萨尼去世前一年。重印本的工作也在继续：安德烈亚的儿子吉安·弗朗切斯科·托雷萨尼在 1520 年发行了一版《谚语集》，该版本在 1515 年瑞士的弗罗本印刷厂起诉过的一个盗版版本的基础上补充了一些新的格言和注解。

威尼斯印刷商阿尔多不放过对其巴塞尔同行的嘲讽。他声称，这部印刷品一看就是出自其他印刷商之手，"这部书有瑕疵，就像从还未完成写作的创作者那里拿走的一样"。而现在，多亏了阿尔多的排版工艺，它才变得"完美、整洁、从头到尾都尽善尽美"。吉安·弗朗切斯科到处散播刻毒的言论，声称其他版本的印刷质量很差，字体不合适，而且错误百出，"不仅无法阅读，甚至连所有的工艺都无法满足现阶段的需求"。然而，伊拉斯谟试图弥补这一点，他告诉吉安·弗朗切斯科，自己本来会给他寄一些需要出版的著作，他选择弗罗本印刷厂只是为了方便，而不是因为他不尊重马努齐奥接班人的工作。伊拉斯谟恭维吉安·弗朗切斯科，他坚称这些精美的文学作品"体现出你的印刷厂对文学界的贡献超过了其他任何一家出版社"。

事实上，从阿尔多印刷厂诞生的产品在业界享有盛誉，以至于有人试图模仿这些印刷品，甚至伪造它们，对此我们会在下一章详细解读。

第十章

盗版印刷的敌人与行业呈请人

无论过去还是现在，成功的秘诀就是效仿：当你不断被效仿，就意味着你成了佼佼者。尽管阿尔多出版的书并没有被篡改，但很快也掀起了一股竞相模仿之风。

1499 年，安杰洛·波利齐亚诺的《作品全集》发行一年后，出版商贝尔纳迪诺·米辛塔在布雷西亚刊印了盗版的《作品全集》，并谎称盗版印刷地点在佛罗伦萨，且以出版商莱昂纳多·迪·阿里吉·达·杰索里亚科的名字出版。这是一个妙计，因为杰索里亚科是一个位于英吉利海峡的城镇滨海布洛涅的拉丁名称。但请回想一下，在博洛尼亚，已经出版了许多波利齐亚诺的正版作品。马努齐奥对此十分不满，并且于 1502 年 10 月 17 日，向威尼斯政府提出申诉："他们掠夺了他（波利齐亚诺）的辛劳和不幸，正如在布雷西亚所做的那样，他们印刷出了盗版作品，还声称这是在佛罗伦萨刊印的。"

但这与即将发生在法国里昂的骚动无关，在那里出现了真正意义上的阿尔多袖珍本的盗版产业。维吉尔的作品发行未满一年，就被盗版刊印，而这并非第一次出现此类事情。选择法国里昂也并非偶然：它是南北欧的枢纽处，是贯通法国和德国的十字路口，尽管威尼斯司法机构想要维护阿尔多的权利，但诉讼程序却始终无法到达这座城市。而且即便是盗版作品，也很快销售一空，且会多次加印，甚至比原版售卖的速度还要快。

里昂的出版商在市场上推出了足足 59 种盗版，并委托阿尔萨斯大区 [1] 的印刷商印刷，而且还提供了版式和"十分相似"的字体，它们从马努齐奥的正版出版物手中夺走了大量的市场份额。他们在经济和形象上对威尼斯出版商造成了十分严重的损害。

我们并不知道，那些购买里昂盗版作品的人是对文章内容感兴趣，还是说只是对此物件感兴趣、对新颖的"小书"感兴趣。上文已经有所提及的为了保护斜体字和八开本的 1501 年特权，已经不足以保证独家专卖的权利。事实上，在上述的申诉书中，马努齐奥写道："他寄往里昂的信件都被伪造了（……并且）里面有很多错误。"里昂盗版最主要的印刷商是巴尔达萨雷·加比亚诺，他是阿斯蒂 [2] 人，他的叔叔乔瓦尼·巴尔托洛梅奥是住在威尼斯的一名书商，在里亚托桥脚下有一家店铺。很可能是叔叔为侄子提供了新印刷出来的阿尔多版本的书籍。然后，这些书被一页一页地重排，配以拙劣模仿的弗朗切斯科·格里弗所篆刻的斜体字。这些盗版都是匿名出版的，没有商标，直至 1510 年，才出现了一朵红色百合的标志，而这很有可能是因为他同书商巴托洛梅奥·特罗蒂共同创立了一家公司。

1502 年，一位印刷工人使用哥特式字体重新印刷了乔尔乔·因特里亚诺的《切尔克斯人民风习俗》，甚至毫不避讳地引用了阿尔多的序言，逐字逐句地复制并全文转载，而且似乎没有带来太多问题。但是，并不需要去法国寻找那些盗版刊物：因为就算琼塔家族乐于接

1　阿尔萨斯大区，法国东北部地区名及旧省名，是法国本土面积最小的行政区域，隔莱茵河与德国相望。它被莱茵河南北分成两个部分：北部的下莱茵省和南部的上莱茵省。该地区以山地丘陵为主，平原分布在莱茵河谷地。
2　阿斯蒂，位于意大利西北部皮埃蒙特大区，阿斯蒂省会。

受阿尔多的盗版刊物，但他们也并不是没有经验的冒险家，而是当时十分重要的出版商。琼塔家族真真正正地享誉全球，拥有国外的分支，在佛罗伦萨和威尼斯都设有办事处。1477年卢坎托尼奥·琼塔来到威尼斯，主要是为了推销其兄弟菲利波在托斯卡纳刊印的作品。

当阿尔多出版第一批袖珍本时，卢坎托尼奥再现了加比亚诺家族已经尝试过的机制：他将作品报告给菲利波，并寄给他，而他那留在佛罗伦萨的兄弟便模仿阿尔多的斜体字，印刷希腊文和拉丁文经典。与此同时，琼塔家族的里昂合作者，致力于俗语书籍的刊印，并用八开本重新刊印彼特拉克的作品。

琼塔家族或阿尔多的版本并不是真真正正的盗版，而是对原件的模仿，甚至还有些错误，正如奥维德书上留下的木板标记，是从印刷模型复制过来的，因此刻在木头上，看起来应该是这样。

琼塔家族进行的这种疯狂的模仿活动似乎打破了意大利出版界两大品牌之间先前存在的一种印刷上的问题：他们划分了市场，以免触及对方的利益。1513年，利奥十世登上教皇宝座的事使事情变得混乱；尽管教皇是佛罗伦萨人乔瓦尼·德·美第奇（也或许正因为他是佛罗伦萨人，也考虑到闹得沸沸扬扬的托斯卡纳诉讼），但他计划将同是出身于佛罗伦萨的琼塔家族驱逐出教皇领土，并用马努齐奥的版本代替他们的版本。

无论这个假设真假与否，需要强调的是，琼塔家族肯定在教皇美第奇当选前就开始效仿阿尔多了：1506年8月，菲利波以八开本刊印了卡图卢斯、提布鲁斯和普罗佩提乌斯的作品，而这是对1502年阿尔多文本的重新编辑：他不仅仿照了斜体字，还有页面排版；然而他对这个版本投注了心血，因此这是一个全新的版本。

之后他还出版了其他同阿尔多版本相近的复制本，其中就包括《阿索洛人》。菲利波·琼塔只是添加了一些东西，并改变了页面的顺序，从而获得比里昂的粗劣模仿更精致的盗版产品。1507年，在审判他有错之后，尽管他仍继续使用斜体字印刷出版，却小心翼翼地避开阿尔多已经出版的书籍的标题。

1514年7月，琼塔家族试图利用美第奇教皇的佛罗伦萨出身来推翻他之前针对他们定下的不利的规矩：他们对教皇支持的阿尔多的拉丁文和希腊文斜体字的全面性特权提出异议，声称他们才是使用拉丁文斜体字的第一人。教皇通过取悦双方来解决问题。但佛罗伦萨驻罗马教廷的大使弗朗切斯科·韦托里的干涉使情况变得复杂：他说他感到失望和困惑，并提出需要一些印刷样品的要求，但随后此事在外交信函中被删除，这表明了佛罗伦萨印刷商们并没有达成他们的目的。

然而，阿尔多却在威尼斯共和国元老院面前谴责了琼塔家族，并提出了一种辨别出佛罗伦萨印刷商拥有的里昂印刷厂印刷的书籍的方法：闻气辨纸。法国使用的纸张会散发出一股难闻的气味，而威尼斯印刷厂所使用的纸张"细腻、洁白、厚实，页边空白处适合书写"。尽管里昂出版的盗版书的平均质量都低于阿尔多版本，但其中还是有一些例外：1508年出版的彼特拉克、但丁和西塞罗的作品被认为比在威尼斯出版的原版要好许多。

马努齐奥的请求确实起到了让威尼斯政府确认先前的特权的作用，但这并不能阻止加比亚诺家族的里昂盗版或是琼塔家族忠实于原版的佛罗伦萨重印版对市场的入侵。在阿尔多逝世之后，托斯卡纳出版商开始反击：1516年10月，菲利波的儿子贝尔纳多·琼塔向十人议会提出上诉，要求撤销黑夜领主[1]判决其父亲流放，只因其触及了阿尔多的特权。然而，随着阿尔多这位巴夏诺出版商的离世，专利也就此到期。

如果我们扩大范围，而不是将模仿想成灵感，那么提及帕格尼诺和亚历山德罗·帕格尼诺的事件或许会比较有趣，他们父子二人来自小镇托斯科拉诺·马德尔诺，他们在布雷西亚生产纸张，而且他们与加比亚诺家族有亲缘关系。他们以更小的规格印刷，24 开本，并刊印本博、薄伽丘、但丁和彼特拉克作品的最小版本，只有十几厘米。是亚历山德罗本人雕刻了圆体字和斜体铅字。在阿尔多之后，帕格尼诺父子将受众对准朝臣、绅士以及贵妇人，他们沉浸在彼特拉克主义的时尚之中，他们的小书取得了巨大成功。帕格尼诺父子是杰出的印刷商：他们出版了数学家卢卡·帕乔利的三本书，并于 1538 年冒着风险印刷了历史上第一部阿拉伯语的《古兰经》，这是一项艰巨的任务——他们必须雕刻 600 多个字符和符号，最终却迎来了失败，并且直接导致他们破产。

说回盗版刊物：为了阻止盗版泛滥，1503 年 3 月，马努齐奥告诫读者，并印刷了《对里昂印刷商的警告》(*Monitum in Lugdunenses typographos*)。他在此告示（唯一现存的《对里昂印刷商的警告》副本保存于巴黎国家图书馆）中，解释了如何辨别盗版：缺少日期、使用劣质纸张，并且有时会散发出臭气，辅音与元音之间没有连接符。然而，他的这一努力却对他不利，因为厚颜无耻的里昂出版商们正遵循阿尔多提出的几种辨别方法来纠正印刷上的错误。此外，他们还无耻

1　黑夜领主（Signori di Notte），是威尼斯共和国特殊地方官的名称。他们的任务是镇压最严重的犯罪，其管辖范围包括夜间发生的所有事情。

地为自己辩解道：用这些"未经授权的重新提案"来传播和宣传在其他地方非常重要且出版成本过高的书籍。

里昂出版商并不局限于仿造，他们更有远见：刊印了盗版的特伦齐奥的作品，而此人的作品马努齐奥之前从未刊印过。因为事实上，准确地说，是阿尔多还没有刊印此人的作品，而他原本打算这样做，因此该版本在1517年才出版，尽管是死后出版，但前言是由安德烈亚·托雷萨尼的儿子吉安·弗朗切斯科签署的（但据说，这实际上是由安德烈亚·纳瓦格罗所写）。人们几乎都会说，造假者已经潜入了阿尔多的印刷体系内部，以至于能够预测他的行动。

无论如何，我们对里昂盗版的了解是十分矛盾的：一方面，它们的存续时间有限，这有可能表明它们并不是很成功；但另一方面，我们手中大约有20本刊印在羊皮纸上的盗版，这样的事实反而证明他们生意兴隆，甚至引起了顶级买家的注意。而这是关于马努齐奥事业的另一个未解决的问题。

米兰竞争者

是时候介绍一下前面提到过的布里西盖拉[1]人加布里埃尔·布拉乔了。这位罗马涅人是阿尔多早期在威尼斯的珍贵合作者，故而在1497年，马努齐奥会在其刊印的亚里士多德作品第二卷的序言中感谢他。

但是在此之后，却发生了难以查证的事情，并且这件事情使布拉乔偏离其原本的道路。他和科佩尔人巴尔托洛梅奥、卡尔皮人乔

---

1 布里西盖拉，是意大利艾米利亚－罗马涅大区拉文纳省的一个镇。

瓦尼·比索洛及贝内代托·多尔奇贝利合作开设了一家印刷厂。四人组提议以"最美丽的新发明"刊印希腊文和拉丁文作品，并为"希腊作品四部曲"——法拉里斯[1]、阿波罗尼乌斯[2]和布鲁图斯[3]的文学作品，以及伊索的寓言——请求特许刊印。1498年3月7日，十人议会同意此项决定。这些作品中使用的希腊文字体毫无疑问来源于阿尔多，并且在某些地方做出了调整，漂亮的大写字母和更宽的行距，能使文本更加清楚易读（尽管远低于我们如今所习惯的标准）。布拉乔的序言只是阿尔多想法的简单重复，但他从未引用过阿尔多的原话。

但在此之后，这家公司的出版活动被中止，四人组也就此解散。其中的缘由我们一无所知，却容易提出一些假设：马努齐奥为保护其设计的希腊文字体而采取的法律行动。除了法律之外，阿尔多所拥有的出版特权的保护、在威尼斯贵族中享有超高声誉以及和地位较高之人的友谊，因此与他作对并不是一件小事：他能够走一条没有人敢反对的门路。

此时，多尔奇贝利和比索洛此时转换心情来到了米兰，在那里同德米特里奥·卡尔孔迪拉合作，于1499年11月15日，也就是在斯福尔扎公爵领地被法国人和威尼斯人瓜分后不久，出版了《苏达辞书》[4]。这是一本巨大的对开本书籍，共有516张纸，是当时印刷体积最大的

1　法拉里斯，阿克拉伽斯（今西西里岛城市阿格里真托）建城（公元前580年）后不久的领主，以为人残忍而闻名于世。据称，他曾把其敌人生置于空心青铜雄牛腹中烤死。最终，民变推翻统治，他就被推入铜牛中烧死。而当地则进入寡头政治。
2　阿波罗尼乌斯，公元前262年起出任托勒密二世及托勒密三世的埃及财政官达20年。其司书为泽农（Zenon）。
3　特洛伊的布鲁图斯，是传说中特洛伊英雄埃涅阿斯的后代，也是中世纪英国传说中不列颠王国的创造者与第一任国王。
4　《苏达辞书》，或称《苏达辞典》，是10世纪末由拜占庭学者编纂的一本百科全书性质的辞书，以希腊语写成，收词约3万条。"苏达"意为"城堡"或"要塞"。

希腊文书籍之一。然而，在米兰的事业也没有成功，正如我们所看到的，多尔奇贝利将回到故乡卡尔皮，并在那里开设一家新的印刷厂，一开始是在城市之中，后来在诺维城堡之内。

搅局者

在最后几年的活动中，阿尔多·马努齐奥成了欧洲知名且令人钦羡的出版商。许多人给他写信，如果他们在威尼斯的话，就会到阿尔多的商店中参观，去看看他在印刷些什么，询问一些消息。而且，许多作者都想效仿之前出版的伊拉斯谟的作品，即通过印刷船锚与海豚的图案来增加自己的知名度。但是，正如今日所发生的一样，这些有抱负的作者（无论大小）都认为自己写了无人所理解的杰作，但事实上，这只会让人感到厌烦。最终，愤怒的阿尔多甚至在其工作室门口挂了一个牌子，试图阻止他们。在 1514 年出版《贺瑞纽斯的修辞》（*Rhetoricorum ad Herennium*，当时通常被认为是西塞罗的作品）之前，他在给安德烈亚·纳瓦格罗的致信中多次提到这点：

> 对我来说，600 个人里面就有一半的人妨碍我们的工作：首先是来自四面八方的博学人士的频繁来信，我不得不花费多个日夜来回复；还有一些来拜访我们的人，一些是专程为了打声招呼拜访，一些是为了来调查这里有没有什么新事物，还有就是一些无所事事的人，而这些人占大多数。他们打着"来找马努齐奥"的旗号，开始大排长龙，或是张着嘴呆坐着，就像是水蛭一样，如果不吸到血绝不会移动半分。

这些都是一些爱管闲事的人，但那些有抱负的作家或许更令人恼火：

> 我将那些来背诵诗歌或散文文本的人排除在外，他们通常都比较粗俗并且错误百出，因为他们不能忍受文字工作所需要付出的努力和时间，却希望能够以我们的品牌出版。他们没有认识到，任何没有"经过时间打磨，一经完成，到最后时候都没有修改过十次"的作品是不值得出版的。

最终，阿尔多采取了一些对策：

> 我终于开始让自己免受那些烦人的干扰。对于那些写信的人，如果他们的信件并没有什么价值，我便不再回信——但如果有——我将简要回复，这么做并非出于骄傲或是轻蔑，而是因为我一直都希望自己能够致力于出版好书，所以我希望没有人会因此生气，或是将我的行为误解为别的意思……我在工作室门口贴了一张布告："无论你是谁，阿尔多都请求你能简要说明问题并尽快离开。"

几乎当时所有的出版商都真诚地接受阿尔多最后的请求。

然而，我们正处于阿尔多·马努齐奥出版事业的最后时刻。而接力棒将由继承者接过。

第十一章

离世与遗产

历史上第一位出版商于 1515 年 2 月 6 日逝世，勤于记录的编年史作家马林·萨努多在 2 月 8 日写道："今天，阿尔多·马努齐奥逝世两天了，他是罗马人，是最好的人文主义者，是来自阿索洛的出版商安德烈亚·托雷萨尼的女婿，他出版了多部规范且无误的拉丁语和希腊语作品，写了一部非常优秀的语法著作，在长期经受病痛折磨后，他离开了。"

　　一个月前，马努齐奥刚刚出版了他的最后一本书——卢克莱修的《物性论》(*De rerum natura*)，这是一本献给阿尔贝托三世·皮奥的八开本，在某种程度上，这也是对阿尔多作为教师的一种赞扬，因为他的学生已经有足够的能力分辨善恶。"送给你卢克莱修的书，他是同时代人公认的最伟大的诗人和哲学家之一，但他发表了许多谬论……他是伊壁鸠鲁学派的追随者。出于这个原因，有许多人认为，他的作品不应该被世人阅读……但是……我认为，恰恰相反，卢克莱修以及像他一样的作者，是值得被阅读的，但是要从谬论作者以及说假话者的批判角度去阅读，因为他们确实是这样的。"

　　因此他直接对领主说："上帝终结了这场灾难性的战争，您长期受其困扰，无法专心于神圣的文学研究，它消耗了您大量的时间和精力，使您无法享受一直热切渴望的宁静和空闲时间，无法完成您从小就投身的艺术事业。"在序言中，阿尔多为没能校订文本而表示歉意，因为几个月来，他一直被病痛折磨着，随后他称赞了负责出版的人："如今卢克莱修的作品能由我们以比平常更精准的方式出版，首先要感谢的是我们的朋友安德烈亚·纳瓦格罗，虽然他事业繁忙，但他还是细致地进行了校对，我们的印刷工人不断地催促他，所以校对工作是在匆忙中完成的。"

我们掌握的信息很少，但从中可以知道的是，阿尔多当时已经生病了，没过多久，就离开了人世。他自己说过："几个月以来，我的健康状况一直不乐观，身体经受着极大的折磨。"

阿尔多的灵柩安放在圣帕特尼安教堂，这座教堂始建于公元 10 世纪，它拥有全世界唯一的一座五边形钟楼，于 1874 年被拆除，如今已不复存在，钟楼也一同消失了。1972 年，在它们的位置上建立起了威尼斯储蓄银行的总部，建筑右侧的外墙上，有一块碑牌提醒着我们，这里曾是阿尔多·马努齐奥的印刷厂。圣帕特尼安广场更名为马宁广场，在广场的正中央，矗立着一座纪念碑，以纪念 1848 年到 1849 年之间反对奥地利帝国的起义领袖丹尼尔·马宁。

阿尔多的灵柩旁，围放着他生前出版的作品。他的悼词是由贝加莫人文主义者拉法埃莱·雷吉奥宣读的，他当时是帕多瓦大学的讲师，年事已高，可能 80 多岁了。马泰奥·班戴洛写道："然后，最博学的阿尔多·马努齐奥先生逝世了，他值得更高的赞誉，也值得再活上几个世纪。在他的努力下，无论是在德国、法国还是意大利，包括我手上拿着的，没有一本书不是在他的指导下印刷出来的。"

阿尔多的最后一份遗嘱是由公证员尼科洛·莫拉维奥于 1 月 16 日起草的，距离他离世不足一个月，遗嘱中没有提到任何形式的针对慈善机构的遗赠，这非常奇怪，因为在当时，把遗产捐赠给慈善机构是一种很普遍的习惯。他也并不是忘记了，因为公证员问他是否要安排捐赠时，他回答"我没有别的要安排了"。

除此以外，阿尔多还叮嘱要到雕刻师朱利奥·康帕尼奥拉那里定制一套新的斜体字，因为自从格里弗离开后，阿尔多印刷厂一直在使用相同的字体，但已无法满足需要了。最终马努齐奥要求把自己埋葬在卡尔皮，对此，萨努多记录："作为卡尔皮领主的家庭教师，领主给了他一些土地和房产，因此，他要求将自己埋葬在卡尔皮，他的妻子和孩子们也去了那里生活。"阿尔多指定领主阿尔贝托三世和莱昂内洛二世·皮奥为他的遗嘱执行人，留给他的女儿们自由选择结婚还是做修女的权利，没有任何强迫；选择丈夫要看重的是人的品行而不是财富。这样的安排在当时也是很独一无二的，让女儿们自由选择婚姻并不符合当时的习俗，更不用说让她们进入一场以爱情而非以利益为目的的婚姻了。

阿尔多的坟墓一直没有被找到。我们掌握的线索不多；在有关自己这位朋友离世记录的最后，萨努多写道："遗体随后被放在一个地方，直到被送走。"然而，并不确定遗体是否真的被送走了，因为当时康布雷战争还未停火，所以可能决定等到不那么动荡的时候再安置遗体。圣帕特尼安教堂的拆除使我们无法得到任何有关阿尔多的确切信息，唯一能找到的信息是1880年的一份出版物，书中简单地回溯了这座被拆除的神圣建筑的历史，作者写道："据说著名的阿尔多·马努齐奥也被埋葬在那里。"

至于卡尔皮，一些学者指出，恰恰是在1515年，皮奥领主下令彻底修复了这里所有主要的教堂。除此之外，卡尔皮编年史记录中没有提到这件本应该被大肆报道的事件——当时最重要的出版商的安葬。1877 年曾经进行过一次调查，但无果而终。卡尔皮圣弗朗切斯科教堂圆形大厅的廊柱下面放置着许多坟墓，但后来都被破坏了。阿尔多一直与方济各会有联系，那个地方实际上是一座公墓，阿尔贝托三世·皮奥也对这个小小的教堂有着浓厚的兴趣，但其中缘由，我们不得而知。1681 年，这座教堂进行了翻修，教堂的庭院和圆形大厅则在拿破仑镇压后被拆除。

至今仍未得出确切的结论，在写下这些文字的时候，我们的研究仍在继续，也许这些文字会为将来的研究提供一些线索。

保罗·马努齐奥的时代

印刷厂未来的继承人保罗在他父亲去世时仅有 3 岁，他的长兄马努齐奥当时 9 岁，安东尼奥也只有 4 岁。阿尔多的遗孀带着孩子们搬到了阿索拉，回到了自己家中，一直在那里生活到 1523 年。阿尔多印刷厂则由阿尔多的岳父安德烈亚·托雷萨尼以及他的儿子吉安·弗朗切斯科接管，安德烈亚深知自己在知识方面的局限，知道无力接任阿尔多原先的职位；吉安·弗朗切斯科是一位人文主义者，而他的另一个儿子费代里科则是一个愣头青，因为在赌博中作弊而被判处流放 4 年。

安德烈亚和吉安·弗朗切斯科联手接管印刷厂后做的第一件事，就是出版了阿尔多的遗作——由他亲自撰写、马可·穆苏罗编辑的《希腊语语法》，这本书我们前文中已提到过。从那时起，印刷厂的工作都是他们负责开展的，他们放弃了使用塔楼标志，而继续沿用了以海豚和锚构成的标志。

在 1518 年出版的《圣经·新约》序言中，安德烈亚在谈到伊拉斯谟时，使用的是一种论战的语气，以提醒他阿尔多曾经为他做了多少事，而他却到巴塞尔找了另一位印刷商。"这位最睿智的人所做的一切，并不是因为你和他熟识或你们之间有着深厚的感情，而是因为你的勤奋、研究、教养以及品德，他所做的一切都是希望将来有一天，你能带着荣誉回到意大利，而不只是德国，为基督教世界的其他地区增光添彩。"

保罗·马努齐奥经常去威尼斯，1524 年，12 岁的他彻底搬到了那里。他住在外祖父安德烈亚家里，至少从一开始，他似乎对印刷事业没有多大兴趣，因为在 1529 年外祖父安德烈亚去世后，年轻的保罗·马努齐奥提交了进入威尼斯共和国总理府的申请，但申请被驳回了，因为他的父亲不是威尼斯人。

然而，一家之主的离世让印刷工坊变得萧条。谁知道呢，也许正是这一点让保罗·马努齐奥改变了主意，他开始与亲戚一同经营这家家族印刷厂。由此，一段叙述以"在阿尔多的继承人和其岳父安德烈亚·托雷萨尼的家中"结束，1533 年，在保罗与其表兄吉安·弗朗切斯科·托雷萨尼的共同努力下，印刷厂恢复了运作。当年共出版了七部作品，但这样的效率并未持续多久，经历过一段时间的起起伏伏，在 1537 年至 1539 年这三年里，每年只出版了一部作品，很显然，他们的合作并不顺利。

最终两人分道扬镳，1540 年保罗开始独自管理印刷厂，一直持续到 1561 年。毫无疑问，他取得了成功：他主要印刷经典拉丁文作品，其中，西塞罗的名字足足出现了 51 次。更重要的是，他得到了马克西米利安二世的认可，允许他将帝国之鹰的标志印在家族的纹章上。

最初的几年，保罗的兄弟们也与他一起打理家业。不过，1533年，安东尼奥因参与谋杀一名在威尼斯的阿索拉官员，被驱逐出了威尼斯。与他一起参与谋杀的是阿索拉一个家族的孩子，与托雷萨尼家族有着十分密切的关系。这也证明了他们当时的人际关系有多么重要。这一切都解释了安东尼奥缺席家族企业经营的原因，家族企业原先是由马可和保罗共同管理的，后来则由保罗独自管理。

在保罗经营的28年间，记录在册的出版物共有346部，我们刚刚提到的最低谷时期，三年出版了三部作品，1546年与1554年则达到了高峰，分别出版了27部和23部作品。每年平均12部的出版量，使得阿尔多印刷厂成为整个16世纪中期威尼斯最繁荣的印刷厂之一，活跃程度仅次于焦利托·德·法拉利印刷厂，与其水平相当的有琼塔印刷厂以及弗朗切斯科·马尔科里尼印刷厂。大量的出版物，包括首版和重印版本，归功于编辑人员高效的组织管理和相应的知识与技术支持。从出版物总录我们可以看出，未售出的积压商品数量非常少，这说明他们的资金管理体系非常成熟。

保罗·马努齐奥出版的大部分都是文学作品，共有180部，其中以拉丁文经典作品居多，但他的兴趣实在广泛，从莱昂·赫布里阿[1]的《爱的对话》(*Dialoghi d'amore*)到尼科洛·马基雅弗利。在1559年马基雅弗利的书被列入《禁书目录》以前，他的作品就已经被印刷了两次。1533年至1547年之间，巴尔达萨雷·卡斯蒂廖内的《廷臣论》被印刷了四次，阿尔多出版社出版的版本让它一跃成为16世纪最畅销的

1　莱昂·赫布里阿（又名犹大·阿布拉瓦内尔），文艺复兴时期欧洲犹太学者，为伊萨克·阿布拉瓦内尔之子。他是一位葡萄牙哲学家，逃往那不勒斯后受到新柏拉图主义影响，以其关于神秘的新柏拉图主义学说的著作《爱的对话》（1535年出版）而闻名于世。

书，是出版史上第一本真正的伟大的畅销书。

保罗出版的作品中还有 54 本书信集，这在 16 世纪是一种非常流行的文学体裁，主要是因为人们普遍认为，写一封漂亮的书信是文化人必须会做的一件事情。保罗还在书信集中出版了自己的信件，在 16 世纪，这种自我宣传的方式也是前所未见的；这些信件出版后得以留存下来，关于他本人以及他作为出版商的活动，我们了解的大部分信息都来自于此。另一位存在感很强的书信作者是前文中提到过的西塞罗；他的《致亲朋好友书》是 1533 年至 1561 年间最炙手可热的作品，前后共出版了 19 次，包括拉丁文版本和俗语版本。

1546 年，保罗·马努齐奥与卡特琳娜·奥多尼结婚。一年后，他们的儿子小阿尔多出生了，他们全家从圣帕特尼安搬到了朱代卡岛。多年来，保罗收到了很多邀请，有些甚至是非常诱人的，比如邀请他担任未来帕尔马和皮亚琴察及卡斯特罗公爵亚历山德罗·法尔内塞的家庭教师。1564 年，他还被邀请成为法国王储——未来的弗朗西斯二世——的家庭教师。米兰大学和帕多瓦大学也向他抛出橄榄枝，邀请他前去任教，就连欧洲大学之母博洛尼亚大学也邀请他将印刷厂搬迁至博洛尼亚。

与此同时，一个危险的提议找到了他：1556 年，普法尔茨[1]的选侯奥托·海因里希建议他到德国去写一部新的教会史。对普法尔茨的这位统治者来说，将天主教人文主义出版界最出色、最具代表性的人

---

1 普法尔茨，德国历史上一种特殊领地的名字。这种领地的领主称为普法尔茨伯爵，意思是"王权伯爵"（或译为"行宫伯爵"），来自罗马的帕拉蒂尼山。在普法尔茨领地内，普法尔茨伯爵拥有行使王权的权利。普法尔茨伯爵作为一种职位的出现最早是为了作为君主（罗马人民的国王或神圣罗马帝国皇帝）在该地的直接代表。后来这种职位变成世袭。

物请到新教的土地上，将会是他执政生涯中浓墨重彩的一笔。然而，保罗立即将此事告知了枢机主教卡尔皮的鲁道夫·皮奥，但他没有做出任何回应。实际上，保罗拒绝了所有的提议，因为他的目标非常明确：前往罗马引领梵蒂冈的印刷业，特伦托大公会议[1]的后期官方出版物就是在那里出版的。

保罗·马努齐奥一定是相当富裕的，因为出版业当时非常兴旺，远距离的图书贸易也非常频繁，这得益于与巴黎建立的双向关系，以及在两个家族决裂之前与托雷萨尼家族共同管理。事实上，早在阿尔多管理的时候，印刷厂就在法国首都发展了一位代理商，也许是为了更强力地打击里昂的盗版书（其实，原作和盗版书都卖得很好）。巴黎的代理商是一位叫赞彼得罗的人，他以高价出售阿尔多出版社出版的版本，由于价格远超市场平均水平——大约是威尼斯的三倍——它们被挤出了市场。

吉罗拉莫·阿莱安德罗既是阿尔多的朋友，又是合作商，他曾经提醒过阿尔多此事并自荐取代那位代理。事实上，他在接替了代理的位置后下调了价格，随之，销售市场也逐步恢复了，对购买者来说，从阿尔多的合作商手中买到的出版物会更有价值。阿莱安德罗的本职工作是教师，他做代理的目的并不是为了赚钱，而是为了给他的学生们提供合适的学习工具，他在巴黎一直工作到1513年。在与马努齐奥合作之前，安德烈亚·托雷萨尼已经在法国建立起了自己的销售网

---

1 特伦托大公会议（又译脱利腾会议、特伦多会议、特伦特会议、特利腾会议或天特会议），是指天主教会于1545年至1563年间在北意大利的特伦托与波隆那召开的大公会议。这是天主教会最重要的大公会议，促使该会议的原因是马丁·路德的宗教改革，也有人把这会议形容为反宗教改革的方案，代表了天主教会对宗教改革的决定性回应。

络。阿尔多去世后，他继续开拓市场，在圣雅克街开了一家店，选用了海豚和锚作为标志；这间店铺的盈利由让·格罗利耶每月核实和收取，他既是法国国王的财务官，也是吉安·弗朗切斯科·托雷萨尼的朋友。

在 16 世纪，不仅仅有书籍之间的贸易，在欧洲市场上，书商和印刷商将书籍与其他商品一同销售是一种很典型的营销方法。在书本贸易时代，其他东西也可能被吸收进来。出版印刷作品的利润周期一般比较长。保罗写道："如果作品可以出售，钱也要在 6 个月或 8 个月之后才能拿到。因此，人必须有维持自己生计的方法。"马努齐奥家族在阿索拉和卡尔皮拥有大量的房屋和土地，这些资产足以保证他们的稳定收入。

还有一件非常神秘的事，即发生在 1559 年的鱼贸易事件。当时保罗的两个合伙人牵涉其中，最终由于竞争对手的投诉，他们被逮捕了。保罗·马努齐奥也被卷入了司法程序，他先是在一个修道院里避难，然后被驱逐出威尼斯，长达 10 年时间，最终他在帕多瓦度过了逃亡生活。

1561 年 6 月，保罗搬到了罗马，这是他渴望已久的事情。他希望自己能够负责梵蒂冈的印刷厂，他曾经差点得到这个机会，但很遗憾，最终落空了。当他离开威尼斯这片土地的时候，有一些论战性的言论，对此，他没有回避。1561 年 8 月，在到达梵蒂冈两个月后，他写道："我的离开让某些人不悦，但他们当初就应该以另一种方式对待我，为我提供适合的条件，让我在威尼斯舒适地生活，而不是像他们真正做的那样，仅仅是为了促进产业发展才与我打交道。我的故土为了事业压榨我，而其他地方的领主则以巨大的奖赏来招待我，这真的是一件很奇怪的事。"确实，我们可以看到，威尼斯地区的企业家们抱怨税收过高，在我们这个时代，也并不少见。

无论如何，当时威尼斯的局势在逐步恶化，无论是他印刷厂的资产状况，还是整体的局势，情况都不乐观。因为反宗教改革运动的压力当时也扩散到了那个自由的绿洲——威尼斯，在那个世纪中叶以前它一直是圣马可庇护的城市。在保罗管理的最后 3 年里，出版社再版的书籍明显超过了初版书籍（在此之前，最后统计的数字是 193 个初版和 153 个重印版本），从这一点可以看出，出版社的经济状况在不断恶化。早在 1543 年，一种自我审查制度就开始逐渐蔓延开来，出版商都十分谨慎，以防出版的作品惹恼教会首脑。罗马宗教裁判所来到威尼斯后，尽管受到了很多反抗，但还是引发了一些事件；前文中提到的 1553 年 10 月在圣马可广场上大肆焚烧《塔木德》事件，象征着威尼斯出版自由的时代结束了。

去罗马不仅能帮助保罗摆脱异教的怀疑，宣称他与威尼斯的异端宗教无关，还有更进一步的意义。保罗和宗徒院之间签订了 12 年的合同，并规定在当地建立一个新的印刷厂，保罗将在其中担任"监督者和管理者"。他得到的报酬非常丰厚，即使是印刷厂因不可抗力而失败的情况，也帮他做了担保。此外，还拨出一笔款项用于支付他从威尼斯到罗马的搬家费用。最后，教廷还承担了印刷厂的所有费用。保罗的任务是制作"内容精准的经文，因为在这个时代，许多地方出版的经文都被异端分子腐蚀了"。

保罗住在特莱维喷泉附近的阿拉贡宫，很快，这里就被称为罗马人民印刷厂。他得到了四位枢机主教的协助，也得到了大量校对人员的支持。枢机主教们的任务是检查所制作文本的正统性，他们十分注重这方面，但对商业方面完全不感兴趣，甚至没有为这个新兴企业提供关税豁免。

然而，这一切美好都好似保罗的幻想，他们的关系很快就恶化了，因为印刷厂所需的资金来自葡萄酒税，这部分税收后来被挪用于大学，因此立即引发了激烈的冲突。其实实际的出版工作也是令人失望的，在罗马的 9 年中，保罗只出版了少量的书籍，而且几乎都是神学与宗教方面的，世俗方面的书则很少。一方面，保罗的人文主义教育被证明是完全没有用的；另一方面，他坚信自己是一个学者，无法认同自己是一名企业家。有一件事能很好地说明他的这个特点，印刷改革后罗马书卷的出版是拥有普遍特权的，他并没有好好利用这一特权，而是把它分包了出去。其他印刷商则能够很好地利用这一特权，从中获得最大的利益，制造商业垄断。

庇护四世离世后，1566 年 1 月，庇护五世登上教皇之位，进一步加速了反宗教改革的推进。保罗提前 3 年终止了合同，他去了帕多瓦地区的小镇萨科河畔皮奥韦，然后又去了米兰和威尼斯，于 1572 年回到罗马，教宗格里高利十三世让他负责出版伊拉斯谟作品的删减版本。

他与儿子小阿尔多的关系还是不太好，保罗本想回到威尼斯亲自看看印刷厂的情况，但先是遭到了教廷的反对，然后又因为生病而未能如愿。最终，保罗于 1574 年 4 月 6 日在罗马去世。

小阿尔多·马努齐奥

有一句俗语在企业家之间流传甚广，正好符合马努齐奥家的情况：第一代创业，第二代守业，第三代败业。小阿尔多无力经营祖传的家业，最终被债务压得喘不过气来，离开了人世。他并不是头脑愚笨，恰恰相反，他是一个早熟且聪明的男孩，尽管身体虚弱，还有点不安分。早在青少年时期，他就与父亲一起负责出版物的编辑工作和印刷工作。在给哥哥马可的信中，保罗这样描述他这个儿子："阿尔多学习能力很强，但他没有足够的耐心应对长时间的工作，做事总是火急火燎的。"小阿尔多在一个博学的环境中长大，对学习非常投入，十分热爱书籍和古物。1561 年，他跟随父亲来到罗马，但 4 年后，他离开了，前往威尼斯定居，在那里经营家族出版社。他出版了恺撒大帝的作品全集，这是一项需要花很大工夫的任务。

然而，他对自己要做什么并没有清晰的认知，也不确定是否要继续与父亲共事，两人之间的关系逐渐变得紧张起来。于是他决定放弃印刷业，回到帕多瓦学习，但很快就改变了主意，不久后搬到了阿索拉，在那里他开始为政府工作。他父亲并不同意，给他写了一封又一封信表达抗议，但伴随着信的到来，小阿尔多病倒了，于是他回到了威尼斯。然而，他的健康状况仍然不稳定，同样不稳定的，还有他与父亲之间的关系。

从 1568 年起，保罗将印刷厂租给了多梅尼科·巴萨，小阿尔多负责校对文本。托雷萨尼家族出版的书上印有"前阿尔多丛书"（Ex bibliotheca aldina）的标志，这对他们是一种威胁，因为他们无法再继续使用阿尔多这个品牌，也是因为有人批评马努齐奥家的出版物因校对不力而质量堪忧，这一点其实是小阿尔多的责任。

1572 年 3 月，马努齐奥家族的最后一位成员，即小阿尔多，娶了弗兰切斯卡·琼塔，她是托马索一世·琼塔的私生女，也是小卢坎托尼奥·琼塔的表妹，后者当时是托斯卡纳印刷王朝中最负盛名的成功人士。这场婚姻代表了这两大家族的结合。前文已经提到过，他们曾经在斜体字的使用问题上，有相当大的冲突，后来保罗·马努齐奥搬到罗马，从 1561 年到 1563 年，托马索·琼塔将自己的字体租给了他使用，帮助他度过了起步阶段，从那时起，双方的关系有了一定的改善。

起初，小阿尔多尝试了多种出版方面的举措，但都没有成功；多年来，他一直致力于撰写《意大利的描述》(*Descritione d'Italia*)，但最终，这本书都没有完成。他代表共和国政府去过达尔马提亚，后来又去了意大利北部的一些城市，包括米兰，在那里，他受到了枢机主教博罗梅奥的亲自招待。

小阿尔多与父亲的分歧从未停止过。在一封信中，保罗提到了他儿子在威尼斯国家调查官那儿不光彩的过去，但对此我们没有找到更多的资料。信中写道："你知道曾经发生过什么事情，每一个小错误都可能唤起对过去的记忆。"不过，1574 年 4 月，保罗与世长辞，当时小阿尔多在威尼斯，没有见到父亲最后一面。他为他的女儿起名保利纳，但人们推测这个孩子可能在襁褓中就夭折了，因为没有找到提及她的任何资料。热那亚人吉安·温琴佐·皮内利是 16 世纪意大利最重要的图书收藏家，也是保罗·马努齐奥的挚友，他曾试图保护及帮助小阿尔多，但最终也没有多大的效果。1576 年小阿尔多离开了家，离开了他的妻子，原因可能是财务方面有分歧。年底，他被任命为公爵宫总理府的教师，没有经过通常的手续，他将印刷厂委托给了尼科洛·马纳西，而所有权还留在他自己的手中。他是马努齐奥家族历史中的一个重要人物，重要程度可与安德烈亚·托雷萨尼及老阿尔多相提并论。

马纳西是威尼斯共和国的公民，但他的祖籍在阿尔巴尼亚的斯库台。他与小阿尔多从 1567 年开始合作，9 年后走入正规化流程。两人起草了一份协议，在威尼斯经营书店和印刷厂，投资资本包括 294 捆书。后来，这份合同又续签了两次，甚至小阿尔多在罗马去世时，该合同仍然是有效的。起初，马纳西似乎只负责市场销售方面的工作，但过了一段时间后，他也开始管理图书出版制作方面的工作。

例如，他是第一个将已出版的书目清单作为新书的附录进行印刷的出版商。这样一来，每一本新书都包含着其他书目的信息，起到了一定的宣传作用。马纳西试图通过一些非常规的举措来恢复在读者中的声望以及回升销量，以至于在 1589 年，国家审讯官以非法持有禁书为由对他进行了审判，如让·博丹[1]的作品《巫师的魔鬼术》（ *Démonomanie de sorciers* ）的意大利语版本，这本书大部分的工作是由马纳西完成的，这本书被禁导致他损失惨重。

在威尼斯国立档案馆保存的呈给十人议会负责人的建议中，有一份是来自小阿尔多的。当时威尼斯共和国的任何国民都可以向十人议会呈交建议，建议一旦被采纳，会有一定的报酬。有点令人惊讶的是，小阿尔多当时并没有把关注重心放在印刷厂上，1577 年 12 月 23 日，他向十人议会提交了有关公爵宫安全的建议，长达三页纸，他建议当执政官乘船时，划船的人应当为自由人，并且应该"让（威尼斯共和国）特种部队士兵和希腊人在上面当船长"。事实正是如此。

这个日期极其重要，因为就在三天前，公爵宫发生了一场猛烈的

---

1 让·博丹（约 1530—1596），法国的律师、国会议员和法学教授，因他的主权理论而被视为政治科学之父。

大火,烧毁了审议厅和威尼斯大议会¹的大厅。小阿尔多写的补救措施的最后一条针对防止火灾,是将所有楼梯的下面都清空。他的建议非常多,而且显得很随意,比如"在钟楼上安装一个质量好的铁门,每天晚上都要上锁,敲钟人也可以被锁在里面……把下面的窗户用墙或用铁隔开",或者在基奥贾²建立一所炮火学校,"因为基奥贾是威尼斯的大门",等等。

1585 年,小阿尔多搬到了罗马,担任大学人文学科的教师。一同去罗马的,还有他的藏书。不过,他并没有带走威尼斯印刷厂内的藏书。小阿尔多走后,该印刷厂由尼科洛·马纳西管理。后来,小阿尔多被任命为梵蒂冈印刷厂的校正员。1596 年 7 月,他与弗兰切斯卡·琼塔结束了婚姻关系,可能是为了接受一个教会的教职。值得一提的是,马纳西曾经住在小阿尔多家,与弗兰切斯卡在一起生活多年,在弗兰切斯卡与小阿尔多的婚姻关系结束后,两人结了婚。

小阿尔多·马努齐奥于 1597 年 10 月 22 日至 23 日的夜里因突然发烧而逝世,享年 50 岁。11 月 10 日,尼科洛·马纳西给保罗·拉姆西奥写道:"最优秀的阿尔多·马努齐奥先生意外地离开了我们,他对我来说比我心爱的兄弟还要亲近。"保罗·拉姆西奥是一位学者以及书籍收藏家,是阿尔多女儿的教父,是人文主义者乔瓦尼·巴蒂斯塔之子,乔瓦尼·巴蒂斯塔著有现代第一本地理文献《航海旅行记》

---

1 威尼斯大议会(Maggior Consiglio),起初名为智者委员会(Consilium Sapientis),是威尼斯共和国存在于 1172 年至 1797 年的一个政治机构。议会成员由世袭贵族组成,在威尼斯总督官举行会议。大议会并不直接决定候选者,而是通过抽签确定他们的提名人,再进行投票,这项制度在当时是独一无二的。大议会拥有立法权和选举十人议会的权利。
2 基奥贾,意大利威尼托大区威尼斯省的一个城市,位于威尼斯以南 25 公里处。

（ *Delle navigationi et viaggi* ），他同时也是本博和老阿尔多的朋友。随后拉姆西奥回复说："除了我之外，威尼斯没有人对这样一个人的死亡表现出任何悲伤的迹象。"虽然小阿尔多没有达到其祖父与其父亲的水平，但他绝对算得上是一流的出版商，对于这样一个人的离世，威尼斯没有人进行悼念，的确有些令人吃惊。

然而，马纳西正是向保罗·拉姆西奥寻求帮助，请求他介入威尼斯共和国驻罗马大使乔瓦尼·多尔芬的事，以保护小阿尔多的财产不被非法索取（正是这位外交官本人写道，马努齐奥死于"暴饮暴食"）。

小阿尔多留下了很多债务，其中包括尼科洛刚刚借给他的190个杜卡特金币。因此，他的藏书都被查封了，这是被认为唯一有可能用来偿还债务的资产。在所有债务中，最先偿还的是小阿尔多前妻的，多年来，她一直在等待阿尔多偿还她的嫁妆。

马纳西还写道，小阿尔多于1596年7月3日向共和国捐赠了他的书籍，他请求保罗·拉姆西奥向多尔芬大使核实捐赠是否生效。多尔芬大使确实为此做出了努力，他甚至与教皇就这个问题进行了交谈。但最终，国家拒绝了这次捐赠，有两点原因：一是这份捐赠契约还没有进行登记，但最重要的一点是，国家不接受没有准确清单的遗赠，因为有可能还需要承担债务，前文中也提到过了，阿尔多债务的数额相当大。

没有人知道他的藏书中都有什么，本来说共有8万册，后来又说只有3.6万册，这样一来，多尔芬大使说："它的价值并不像有些人写得那样高。"

在小阿尔多去世几年后，米兰主教费代里科·博罗梅奥收到了一份书目，从而我们知道，藏书中共有 13424 本书和 412 份手稿。在此之前，教皇从藏书中挑选出了最好的一部分手稿，以偿还小阿尔多生前提前预支的、一直没有偿还的欠款。

书目中所列出的出版物似乎都没有特别的价值，其中大多数是威尼斯或意大利出版的拉丁文或通俗意大利语版本，还有少量的外国版本，如果想到这是一个在一个世纪以来一直处于欧洲图书贸易中心的一大家族的藏书，这个结局确实有些令人忧伤。

阿尔多的这些手稿并非来自其祖父的藏书，教皇保留的最有价值的是一份普罗旺斯语手抄稿（现位于梵蒂冈图书馆，编号 Vat. Lat. 5232）。而伊拉斯谟非常欣赏的希腊手稿并不在这批藏品中，它们由吉安·弗朗切斯科·托雷萨尼继承了，并且在 1542 年被卖给了法国国王。

弗兰切斯卡·琼塔的嫁妆问题也是非常重要的。尤其是在威尼斯，妇女的财产权比意大利的其他城市都更受重视。嫁妆是女儿们拥有的权利，也是父亲们要尽的义务，不过最后是由丈夫们处置。只有在丧偶后，妇女们才有权完全收回并管理，而且为了确保其已故丈夫的家人会将嫁妆归还，往往会用不动产作为抵押。

早在 1585 年，小阿尔多离开威尼斯、夫妻俩分居两地时，弗兰切斯卡就已经得到了她丈夫在卡尔皮的土地，这是阿尔贝托三世·皮奥多年前送给老阿尔多的礼物。不管怎样，弗兰切斯卡是琼塔家族的一员，这个家族既富有又声名显赫，因此她求助于当时威尼斯最好的两位律师也就不足为奇了。此前，她没有采取任何法律行动，可能是因为她知道丈夫没有能力偿还。而现在，仅仅过了很短的时间，仓库里清点出了 15000 本书，包括阿尔多出版社和其他出版社的版本，随后确定了要归还她的金额。此时，弗兰切斯卡和尼科洛·马纳西已经同居多年，而且有了孩子，他们结婚了。因此，尼科洛作为公司的合伙人以及女老板的丈夫，享有双重的利益。

在小阿尔多去世后，印刷厂的情况很不乐观，尼科洛·马纳西试图将局面拉回正轨，但最终没有成功。因为印刷厂的债务状况比他预想的要严重得多，这是企业管理不善和小阿尔多的债务不断堆叠的结果。

马努齐奥家族的历史以破产告终。马纳西的计划失败了：他曾试图让国家接受捐赠藏书，但国家没有接受，因为这样一来，国家连同债务也要一起负责；他曾承担了出版社的管理工作，却又无法胜任。我们能从小阿尔多在世时出版的最后几本书中看到一些端倪，它们与马努齐奥的人文传统毫无关系，而与马纳西来自的巴尔干地区有关。

沉寂了约 20 年后，在 1619 年，突然有一本带有锚和海豚标志的书重新出现在市场上，马纳西在给读者的信中写道，这是"十分著名的阿尔多的名字和标志"。这次东山再起的尝试最终也失败了，1619年的这本出版物是阿尔多出版社的标志最后一次在威尼斯出现。

阿尔多印刷厂的历史到此就结束了，但阿尔多的传奇一直延续到了今天，而且他的成就也延续到了今日。

第十二章

阿尔多的成就

阿尔多在世时，其出版的作品已然洛阳纸贵，此后经久不衰。他的关系网遍及整个欧洲，从英国到波兰，从匈牙利到葡萄牙，从法国到佛兰德斯，在他有生之年便助其创造了一番传奇。此外，这片关系网还让这些经典作品不仅在著名知识分子和人文主义者中流传，还备受小众学者和收藏家的青睐。阿尔多的书还出现在一些人的遗嘱中，例如，1535 年，共和国的总理大臣安德烈亚·弗兰切斯基给友人乔瓦尼·巴蒂斯塔·埃格纳奇奥留下了"阿尔多印制的希腊荷马史诗小书，有烫金花样"的字句。

　　1513 年 12 月 10 日，尼科洛·马基雅弗利在给弗朗切斯科·韦托里的信中谈到了两种阅读方式，其中之一就是选取无注释的袖珍本，旨在寻求超出学习之外的结果。这位佛罗伦萨共和国"十人委员会"的秘书身边必然常伴但丁、彼特拉克、提布鲁斯和奥维德的著作，尽享阅读的乐趣，他说，"让我读一读那些爱的激情"，那些激情让他推及彼身，"在此思绪中徜徉片刻"。

　　在前文中我们读到曼托瓦侯爵夫人贡扎加家族的伊莎贝拉·德·埃斯特在威尼斯进货并拉高了价格；匈牙利国王的秘书西吉斯蒙德·瑟佐在 1501 年给阿尔多写信道："阁下的书十分方便，走路时可以带在身上，在需要说奉承话的时候也可以现学现卖，这已然成为我的独特乐趣。"波兹南的主教和波兰国王的顾问伊恩·卢布兰斯基也定期购买阿尔多出版的书籍。

正如前文提到的，乔尔乔涅的画——《一位拿着绿皮书的男人的肖像》——令阿尔多的袖珍本留名千古，同时代的其他画作中也出现了袖珍本，可见拥有这种书已成为一种时尚。在贝尔纳迪诺·洛斯基1512年绘制的著名肖像画中，阿尔贝托三世·皮奥手中拿着袖珍本的维吉尔的《埃涅阿斯纪》，书朝向观者打开；但与1501年阿尔多出版的维吉尔的作品相比，那更可能是一份手稿，而非成品。不过他右手拿着的肯定是一本成书，手指还夹在页间作为标志。1514年左右，提香也描绘了一位绅士，或许是诗人雅各布·桑纳扎罗，他手持一本丝带封住的书。同样的元素还出现在老帕尔马[1]1520年的作品中。约20年后，洛伦佐·洛托为布雷西亚富裕的贵族女性劳拉·达·波拉绘制了一幅肖像，画中她左手拿着一本书。帕尔米贾尼诺[2]1526年的作品中同样有一位手持袖珍本的男子，拇指放在书页间。

16世纪20年代，法国国王弗朗索瓦一世起草了一份皇家图书馆采购清单，在他认为有必要入手的希腊文书籍中，超过31本由阿尔多出版社出版，其中16本则是由老阿尔多亲手编辑印制。弗朗索瓦一世派驻威尼斯的大使纪尧姆·佩里希耶与吉安·弗朗切斯科·托雷萨尼和保罗·马努齐奥交好，这两位人士均希望更亲近法国，故保罗

1　雅各布·帕尔马（约1480—1528），16世纪意大利文艺复兴时期威尼斯画派的画家，他出生在伦巴第近贝加莫的塞里纳，为了和其侄子乔凡内·帕尔马相区别，往往被称为老帕尔马。
2　弗朗切斯科·帕尔米贾尼诺（1503—1540），16世纪意大利矫饰主义风格画家，同时他也是一名版画家，活跃于佛罗伦萨、罗马、博洛尼亚、帕尔马等意大利城市。

于 1540 年向佩里希耶献上了西塞罗《致阿特提库斯书》的第一版。

收藏领域

很难立刻区分人们究竟是爱书本的样式，还是爱书本的内容。即是把书作为藏品来收集，还是重在阅读其中的内容，很多时候两者皆为"藏书"的原因。

威利巴尔德·皮克海默，一位人文主义者，毕业于帕多瓦大学法学系，纽伦堡的参议员，是画家阿尔布雷希特·丢勒 1506 年威尼斯之旅的赞助者之一。他家境殷实，卓有教养，购买了 11 本由丢勒亲手绘制细密画的阿尔多袖珍书。1506 年 8 月 18 日，丢勒给自己仍留在德国的友人写信道："我也向一位印刷商打听最近是否有新的希腊文书籍出版，只可惜现在暂无，不过一旦他获得消息，就会告知我，我便可以立刻通知你。另外，请告诉我你指的是哪种纸，因为据我所知，没有比我们购入的纸更薄的了。"丢勒并未在信中指出"印刷商"的名字，但鉴于 1506 年之前只有阿尔多在威尼斯印制希腊文书籍，不难确定这个人指的就是他。在跨越阿尔卑斯山前，丢勒已然接触到了阿尔多的成品：1501 年，他绘制了第一幅卧姿女性裸体画，据艺术史学家所言，正是传入北方的一本《寻爱绮梦》引发了相关研究。

伊拉斯谟离开威尼斯后便开始了在欧洲的漂泊之旅，其间他让人把阿尔多印制的书寄给自己。彼时杰出的人文主义者，如法国的纪尧姆·布代、德国人贝亚托·雷纳诺和佛罗伦萨的皮耶罗·韦托里都为阿尔多出版的作品添加了详细注释。在阿尔多和德国方面的所有联系中，他与乔治·伯克哈德的交情最为重要，此人被称为"斯普利特人"，但他与斯普利特[1]并无关系，而是出生在巴伐利亚的施帕尔特。他任萨克森选帝侯腓特烈三世的秘书，亦是路德在宫廷中的主要盟友。伯克哈德受命为维滕贝格大学图书馆购买图书，遂与阿尔多接触。由此，人文主义、文艺复兴和宗教改革之间的关系问题可窥得一斑：阿尔多在为路德观点打造文化氛围的过程中究竟助力几何？这是一个仁者见仁的问题，亦是值得研究的主题。

1516 年，托马斯·莫尔出版了《乌托邦》（ *Utopia* ）第一版。此书叙述了一场旅行，这一点同《寻爱绮梦》呼应。在书中描绘的岛上，理想社会欣欣向荣，那里的居民阅读"阿尔多的袖珍本"，"参照康斯坦丁·拉斯卡利斯的语法体系"，"珍视普鲁塔克的小书，享受阅读卢西亚诺的乐趣"。同年，理查德·福克斯主教在牛津创建了基督圣体学院，伊拉斯谟对此大加赞赏，这是欧洲继西班牙的阿尔卡拉大学之后又一所致力于通过三种古代语言研究神学的学院。其图书馆藏有 33 册希腊文书籍，其中 24 册是阿尔多的版本。

伊莎贝拉·德·埃斯特在曼托瓦购买阿尔多出版的作品，法尔内塞公爵亦在罗马效仿。安德烈亚·托雷萨尼和保罗·马努齐奥在巴黎布下"天罗地网"，确保威尼斯出版的书进入弗朗索瓦一世和亨利二世的图书馆。第一批"醉心锚与海豚"之人已经集结：已有交情的西班牙驻罗马大使迭戈·乌尔塔多·德·门多萨；勃艮第人安托万·佩雷诺·德·格兰维勒，此人是枢机主教兼教皇大使，还是那不勒斯总督；凯瑟琳·德·美第奇的首席私人秘书托马斯·马休，后来成为法

1　斯普利特，一座位于地中海畔、亚得里亚海东岸的克罗地亚南部港市。市内人口约有 18 万（2001 年调查数据），是达尔马提亚地区最大都市，也是克罗地亚第二大城。

国总财务官。最重要的是让·格罗伊尔·德·塞尔维耶尔，他在米兰同阿尔多结识，此人出身于公证员家庭，任总财务官，热爱藏书，尤其喜欢封面上印有他的名字和他的黄金徽章。其百分之九十的藏品已失传，但在剩下的350卷书中，有一半出自阿尔多的出版社，其中42卷是老阿尔多在世时出版的；他有4本《寻爱绮梦》，甚至还有8本第一版八开本的马提亚利斯的作品。格罗伊尔买了几卷羊皮纸书籍，有时还让人配上细密画，作画者或与阿尔多在同一处作坊。

16世纪下半叶，英国数学家、天文学家和迷信招魂术者约翰·迪将他自己的图书馆中来自阿尔多出版社的书卷单独记录下来，将它们与其他只标有城市和日期的书籍分开。

1639年，明斯特大教堂主管伯恩哈德·冯·马林克洛特为庆祝古腾堡的活字印刷术发明200周年出版了一本书，在书中他专门用一页的篇幅介绍阿尔多，赞其印制的书籍精良卓越。之后，阿尔多的印刷本再次进入收藏家的视野，比如马林克洛特的图书馆便藏有5500余卷书，且正是他提出用"古版书"一词来指代古老的印刷书籍。1689年，巴黎的出版商兼图书商让·德·拉卡耶报道了"著名的阿尔多·马努齐奥（的成就）"。

18世纪前几十年里，阿尔多的作品一定程度上远在时兴藏品之外，市价不高。例如，米兰诗人兼剧作家卡罗·马利亚·马吉的藏品于1726年被拍卖，至今仍可从盎博罗削图书馆的目录中见到其拍卖底价和成交价：阿尔多印刷品的成交价与底价差额有限，有时甚至相差无几，可见它们并非受人追捧之物。《寻爱绮梦》的底价为6里拉，成交价仅为7里拉，而反观1493年印制的哈特曼·舍德尔著的《编年史》（*Liber Chronicarum*），底价为10里拉，成交价却达到21里拉。

然而，形势一转：1736 年，威尼斯人阿波斯托洛·泽诺写了关于阿尔多的文章；1759 年，佛罗伦萨人多梅尼科·马里亚·曼尼的阿尔多传记问世，这种兴趣也影响到了收藏界。18 世纪末，阿尔多出版的书籍的收藏量大幅上升。收藏者中包含雷蒙迪尼家族，这个巴夏诺的显赫家族在 18 世纪拥有欧洲最大的印刷厂，雇有 150 名员工，以至于在狄德罗和达朗贝尔的《百科全书》（*Encyclopédie*）中，威尼托地区被戏称为"雷蒙迪尼之城"。此外，英国驻威尼斯领事约瑟夫·史密斯也收藏了阿尔多的制品，他是画家卡纳莱托闻名伦敦的重要推手，此人拥有 51 部阿尔多出版的书籍，有些是同一作品的多个复制本，而这些复制品往往印在羊皮纸上。

　　在米兰档案馆，可寻得一封日期为 1790 年 3 月 6 日的信，发信人是来自博尔卡迪卡多雷的藏书家兼教士托马索·德·卢卡，他写信给伦巴第的一位不知名的收藏家，信中提到一位来自贝卢诺的贵族"在一家旧书店里发现了" 1495 年阿尔多出版的穆塞欧·格拉玛蒂科著《赫洛与勒安得耳》，而且"他将出高价购入"，因其"知道这本书极为罕见"。

　　1844 年 1 月 27 日于巴黎去世的藏书家和古董书商查尔斯·诺迪埃的藏品拍卖可谓轰动一时，其 2234 件藏品分 12 轮拍卖，其中包括一本《寻爱绮梦》，当时被认为是"一本非同寻常、暧昧不清、令人产生幻觉的书……字里行间古怪混乱，词语晦涩，句法繁杂"。诺迪埃的这本用红色的摩洛哥皮革装订，极具价值。之后，普鲁士的腓特烈·威廉四世于 1847 年买下了阿尔多及其继承人制作的共 1448 本书，其中有些是羊皮纸版本，并附有细密画，一度属于普留利家族（Priuli）。如今，这些阿尔多制品中有 171 本藏于波兰克拉科夫的雅盖隆图书馆，而当世阿尔多制品的最大收藏地之一则是柏林国家图书馆。

论举足轻重的阿尔多制品收藏家和学者，非安托万－奥古斯丁·雷努瓦莫属。此人 20 多岁便踏入了编辑、图书商兼藏书家的行当，1853 年 12 月 15 日于索姆河畔圣瓦勒里逝世，享年 88 岁。他出版了几部新版《阿尔多印刷年鉴》(*Annales de l'imprimerie des Alde*)，这些资料在今天仍是对阿尔多出版的作品及相关版本最完整、最可靠的调研结果；最后一版于 1834 年问世，共 600 页。可以说，关于阿尔多的内容，必参考雷努瓦。在此之前，他还于 1803 年编写了"关于马努齐奥家族三代人"的传记。

18 世纪 80 年代后半期，阿尔多的名字在法国几乎无人知晓，而雷努瓦是极少数收集了相当多阿尔多印刷品的人之一。因担心这种忽视和时间的推移会抹去世人对马努齐奥家族三代人的记忆，也恐他们的作品有朝一日散失，他构思了一个真正的大计划，将传记的关注点延伸到他们的生活、他们的肖像、他们的印刷工厂。雷努瓦一直梦想着阿尔多出版的每本书自己至少都能有一本，为此，他罗列了一份所有印刷品的目录，尽管他并不能如愿拥有清单上的所有书籍。雷努瓦利用欧洲的公共图书馆，成功地找到了一些印刷量很少、本身不甚知名的书籍，同时也找到了对还原阿尔多印刷厂历史至关重要的文件。他将图书管理者和书商组织起来，由他们代表自己进行调查并撰写报告。此外，他还动员私人收藏家搜寻贵重书样或珍贵的翻版，靠他们获取进一步信息。

从各种意义上来说，雷努瓦都成了欧洲最伟大的藏书家之一。1781 年，那位年仅 16 岁的少年买下了第一卷书，从此逐步搭建起卷帙浩繁的藏书室，其中最知名、最受他喜爱的部分仍是阿尔多出版的书。1792 年，他成功买下已故枢机主教洛梅尼·德·布里耶纳的藏书，那是当时最可观的阿尔多作品收藏。1803 年，其《年鉴》第一版业已问世，其收藏已包括阿尔多制品目录中的 90%，于 20 年代达到巅峰，彼时也可谓图书收藏史上第一波"阿尔多狂潮"的顶峰时刻。如今，世界各地的公共或私人藏书室中共存有 300 本《寻爱绮梦》，还有 260 本亚里士多德五卷全集、192 本《圣加大利纳书信》和 90 本《问答》。

　　如前文所述，2013 年，一本《寻爱绮梦》以 315750 美元的价格出售。但在 2010 年 7 月，佳士得拍卖行曾以 47 万美元成交了一本（这本书一度属于让·格罗伊尔，他本人还亲自装订过）。后来，2018 年，此书副本仅需 18.5 万欧元即可拍下。同年，佳士得再次以 31.5 万欧元的价格售出了亚里士多德五卷全集。这部藏品保存完好，非拼凑之作，五卷书一直未曾失散，17 世纪初存于布雷西亚的耶稣会学院，这是其特殊之处。2016 年，西塞罗的《致亲朋好友书》四本中的一本以 18 万欧元的价格出售。而 2009 年，布鲁姆斯伯里拍卖行仅以 6600 美元的价格售出了 1501 年的八开本彼特拉克作品。在古玩市场上，单张的阿尔多印刷品只需几百欧元便可入手。

阿尔多与之后和他息息相关的众人

　　收藏家们对阿尔多重新燃起的热情也在出版界和整个图书界唤起了一场复兴。1830 年，伦敦古董书商、后来的出版商威廉·皮克林开始出版共 57 卷的《阿尔多诗人》（*Aldine Poets*）系列，该系列汇聚了 1853 年之前众多英国诗人的作品。书中出现了锚和海豚的标记以及"阿尔多的英国学徒"的格言。19 至 20 世纪，美国一些图书馆将阿尔多的符号装饰在房屋、门楣、版画、绘画和檐口上。

　　1851 年，赫尔曼·梅尔维尔的《白鲸》（*Moby Dick*）出版；在第

55 章中，作者认为阿尔多的标记更像是"鲸鱼"，而非海豚："至于书商的鲸鱼，像藤蔓一样盘绕在沉没的锚杆上……那是一个栩栩如生的动物，但纯粹存在于想象中。"

焦苏埃·卡尔杜奇提到了 1511 年品达的作品，他写道："那人便是阿尔多·马努齐奥，博学与文明的印刷术的真正创造者：他印制的书不可能是平庸粗俗之作。"邓南遮也在 1929 年的献词中重提马努齐奥，他将阿诺尔多·蒙达多里称为"阿尔多风格的印刷者"，然后又讲述"伊拉斯谟和阿尔多的经历和范本"。

未来主义者图利奥·达尔比索拉再度拾起那番传奇："考古学家、图书学家，以及那些配着古版书的蠹虫吃早餐的人，用潘菲洛·卡斯塔迪[1]、阿尔多·马努齐奥和博多尼的宝藏来滋养他们肿胀的大脑。"如今少有人提起潘菲洛·卡斯塔迪，但这番颇有民族主义思想的言论将活字印刷的发明归于意大利人卡斯塔迪，抹消德国人古腾堡的声名，自然是不实之言了：这种说法起源自 17 世纪，在威尼托并入意大利的翌日死灰复燃。卡斯塔迪实际上是 1471 年首个在米兰开展印刷活动的人，1866 年，米兰的印刷商们自费在其家乡费尔特雷的主广场上立起了一座纪念碑，"纪念这位慷慨的活字印刷术发明者"。虽说这种说法已被证伪，但法西斯执政时期这座纪念碑仍得以保留，矗立在费尔特雷，其上有一些假的铭文。

智利诗人巴勃罗·聂鲁达 1956 年在《印刷术颂歌》（*Oda a la tipografia*）中赞美阿尔多和他的斜体字："阿尔多的字体 / 一笔一画如同 / 威尼斯水手的体魄"；伊塔洛·卡尔维诺在 1988 年的《美国讲稿》

1　潘菲洛·卡斯塔迪（约 1430—约 1487），意大利医生，也是书籍印刷字模具的大师，最早的意大利印刷商之一。

（*Lezioni americane*）中写道：

> 从青年时代起，我的座右铭一直是一句古老的拉丁文：
> 欲速则不达。也许，比词语和观念本身更吸引我的是那意
> 味深长的标记。大家可能还曾记得，威尼斯伟大的人文主
> 义者阿尔多·马努齐奥在所有书籍标题页上都用一条在铁
> 锚上方曲折跳跃的海豚来象征"欲速则不达"这句箴言。
> 智力劳动的紧张性和频繁性都体现在这优雅的版画商标之
> 中了，鹿特丹的伊拉斯谟曾用几页的篇幅加以评论。[1]

作家阿尔贝托·维杰瓦尼于1959年在米兰创立了"寻爱绮梦出
版社"，其子保罗于1968年加入。该出版社出版了卡洛·迪奥尼索蒂
关于阿尔多重要的研究报告等。出版社于2018年停止营业，但同名
的古籍书店仍在继续经营。

同样设在米兰的还有"阿尔多俱乐部"，这是一个国际书商协会，
由威尼斯和米兰的图书史讲师乔治·蒙泰基担任主席。

与此同时，1985年7月，第一个电子页面排版程序在美国西雅图
问世：它被称为"Aldus PageMaker"，启动界面是阿尔多·马努齐奥的
简介。它是由保罗·布雷纳德的阿图斯公司（Aldus Corporation）设
计的，此人在1993年前一直从事程序员工作，同年弃而转向慈善事
业。该程序首版在史蒂夫·乔布斯的苹果公司的电脑上运行：这是两
位各取所需的发明者之间唯一的具体联系。次年，适用于兼容IBM个

1　摘自《未来千年文学备忘录》原文中文翻译，辽宁教育出版社，杨德友译，1997。

人电脑的版本投入市场,但那时苹果的操作系统已经成为模板。"Aldus PageMaker"是首个允许用户通过插入图文构成整个页面,并将页面在屏幕上组合的程序,这对当时的技术来说可谓气象一新。

正如阿尔多开启了图书革命,Aldus 程序与苹果"Laser Writer"打印机一起,引发了电子页面排版革命。布雷纳德自创了"桌面排版"一词,其页面排版程序大获成功,堪比 484 年前的袖珍书:到 1988 年,该程序已有 12 种语言版本,销量超过 10 万,可媲美阿尔多出版彼特拉克袖珍书之后的盛况。1994 年,该公司被 Adobe 公司收购,"Aldus PageMaker"程序改名为"Adobe PageMaker";两年后,注定要取代它的"QuarkXPress"问世,后来"InDesign"又独占鳌头。

为了守住电子领域的阵线,"古腾堡计划"[1]的意式版本便是"马努齐奥计划"。该计划诞生于 1971 年,旨在创建一个涵盖文学领域重要文本的线上图书馆。第一本意大利电子书是乔瓦尼·维尔加的《玛拉沃利亚一家》(*I Malavoglia*),此书于 1993 年 8 月 29 日实现数字化。如今,在促进马努齐奥计划的非营利协会"Liber Liber"的网站上,有 4000 本电子书、8000 首音乐和数百本有声读物。

再说纸质书和澳大利亚人米歇尔·罗芙里克:此人常年往返伦敦和威尼斯之间,其 2003 年的小说《漂浮的书》(*The Floating Book*)背景便设定在 1471 年的威尼斯,当时文德利诺·达·斯皮拉出版了由尼科洛·马莱尔尼首次译成托斯卡纳方言的《圣经》。一年后,即 2004 年,两位美国人伊恩·考德威尔和达斯汀·托马森共同写了一本关于《寻爱绮梦》的犯罪小说。

---

1 古腾堡计划,美国首个免费电子图书网站,由迈克尔·哈特于 1971 年创立,为阅读者提供将近 5 万本各类书籍的免费在线阅读、检索和下载功能。

意大利版的"米老鼠"富含悠久的威尼斯插画传统，每隔一段时间，"米老鼠之父"便会出现在漫画中。1986年的第1617期中，出现了一个唐老鸭和印刷的故事，由保罗·翁加罗和罗马诺·斯卡帕绘制，二者皆是威尼斯人。2015年，以小公鸭皮库齐奥为主人公的"米老鼠"系列故事出版，绘制工作由瓦莱里奥·赫尔德负责。编剧亚历山德罗·西斯蒂观察到："小公鸭皮库齐奥这个角色及其衍生的迪士尼式'小公鸭皮克'和阿尔多·马努齐奥有许多共同点。又或者说，归根结底也许只有一个，那就是对文化难以遏制的热爱。"2016年4月13日，赫尔德和西斯蒂又编写了"吝啬鬼叔叔和小鸭子们的秘密书籍"。

2015年，恰逢历史上第一位出版商逝世500周年之际，由安德烈亚·阿普里莱编剧、加斯帕德·恩约克绘制的漫画小说《阿尔多·马努齐奥》再版，图努埃出版社负责编辑，以一种新的形式讲述阿尔多的故事。同年2月6日，意大利邮政为阿尔多发行了一枚纪念邮票。2018年，西班牙作家兼语言学家哈维尔·阿兹佩提亚的作品《威尼斯出版商》(*Lo stampatore di Venezia*)问世：1530年，阿尔多去世已有15年，一名年轻人前往摩德纳附近的乡村别墅探望其遗孀，并向她展示了其丈夫的传记。2020年6月，安东尼奥·卡斯特罗诺沃和巴伯莫尔多出版社重印了《寻爱绮梦》，并由佛罗伦萨野牛基金会[1]的排版负责人、艺术家米凯拉·马斯卡鲁齐进行刻印，成书共33份手工作品，其中10份包含作者原创的版画。

然而，阿尔多的传奇不仅在出版界流传，人们还可举起酒杯，尽饮"马努齐奥"，这是属于"超级托斯卡纳"的名酒之一，产自潘萨

1　佛罗伦萨有一座野牛版画学院，这是他们的基金会。

内洛酒庄，正位于名酒产地基安蒂的格雷夫附近，它"口味独特，各方面十分匀称……是托斯卡纳最好的葡萄酒之一，是桑娇维塞葡萄和梅洛葡萄的绝妙混合"。

在英国网站 www.zazzle.co.uk 可采购"阿尔多文艺复兴"系列的物品：印有船锚和海豚以及座右铭"欲速则不达"的帽子和 T 恤，印有阿尔多作品序言的银质吊坠，同样印有船锚和海豚的马克杯，还有印有阿尔多简介的长袖衫。

艺术领域的阿尔多

1504 年，一枚直径 5 厘米的纪念章诞生，一面是阿尔多的轮廓，另一面是锚和海豚的标志；时至今日还有一些样本保存在各个博物馆里。几乎可以肯定，这枚纪念章是为了庆祝阿尔多被皮奥家族收养，并获得贵族身份。这枚纪念章极为珍贵，仅打造了几块，但它们又如此令人垂涎，以至于接受者自己私下重铸，复制了几块分发给亲朋好友。至今为止，皮耶罗·沃尔托利纳的收藏在未散失前可谓世界上最丰富的收藏，而尽管在这样的藏品中也只有两枚纪念章：一枚是青铜原版；另一枚是锡制的，只有正面的雕刻，不管它多么古老，也显而易见不过是一枚复制品罢了。

卡尔皮的壁画中描绘了 16 世纪最初 5 年的阿尔多与其赞助人阿尔贝托三世·皮奥在一起的情景。和其他所有的画一样，画中阿尔多戴着一顶黑色的贝雷帽，这种款式在威尼斯被称为"bareta a tozzo"（"矮胖型"帽子）。在一众阿尔多肖像画中，卡尔皮这幅最著名，临摹的人也最多，尽管在临摹过程中经常有人无视画中二人有年龄差，将阿尔多与阿尔贝托三世混淆：彼时阿尔多已年逾五十，帽檐边溜出几丝白发，而阿尔贝托三世则是一位英俊的金发青年。

还有一幅据称是阿尔多·马努齐奥的画像，鲜为人知，在威尼斯古董商塔蒂亚娜·斯卡帕的藏品中静默了约40年，作者或为维托莱·卡尔帕乔或创作《抹大拉传说》的佛兰德斯画家。画作尺寸不大，仅为28.5厘米×20厘米，背面有一份1787年7月3日的说明，解释说这幅画属于修道院院长特里武尔齐奥，或指18世纪米兰颇具影响力的收藏家卡洛·特里武尔齐奥，此人于两年后，即1789年去世。特里武尔齐奥本人曾言："这幅肖像甚好，在我看来，它像是让'威尼斯的文人和杰出的印刷商阿尔多·马努齐奥'跃然眼前。"他后来又解释道，这幅画本是用于装饰书本封面，必须对此加以修复，故他用一块帆布加固画作，并将"书本翻新留下的凹陷塞住……这幅画很可能本应放在目前阿尔多制作的某印刷品封面上"。

这幅肖像几乎不为人知：它曾在意大利收藏家举办的佛兰德斯绘画展中亮相，该展览于1999年在维泰博省的圣马尔蒂诺－奇米诺举行，由艺术史学家迪狄耶·博达策划，也正是他将这幅作品归功于佛兰德斯画家，而非卡尔帕乔。随后，这幅画被用作2010年出版的一本书的封面，又于2015年在威尼斯的圣马可大会堂举办的一场为期三天的活动中再次短暂露面，以纪念阿尔多逝世500周年。这幅画令人想起19世纪前几十年间以阿尔多·马努齐奥为主题的版画作品，小摩西·霍顿代一位英国收藏家收集。那批版画再现了一幅据称是乔瓦尼·贝利尼创作的阿尔多肖像，可惜已失传。根据作品下面的文字，它是"伦敦蓓尔美尔街爱德华斯家族的所有物"。另外，阿尔多之子保罗于1559年寄给克拉科夫主教的画像也已佚失。除上文所述两幅外，流传下来的第三幅阿尔多画像今存于盎博罗削画廊。1571年，即保罗去世的 3 年前，发布了其父阿尔多的木刻肖像，一时间供不应求。

据古病理学家弗朗切斯科·M. 加拉西和埃莱娜·瓦罗托的说法，这些肖像姿势不同，有的刻画侧面，有的仅刻画四分之三的正面，故而识别起来略有困难，尽管如此，仍可确定卡尔皮壁画和 19 世纪的版画之间存在共同特征，比如鼻子和下巴，而一度被认为出自卡尔帕乔之手的肖像仅有部分呈现出与其他肖像一致的要素。

阿尔多之家

无论是阿尔多·马努齐奥居住的圣奥古斯丁地区，还是他在威尼斯的第一处工坊，今时与旧日的风景截然不同。雅各布·德·巴尔巴里于 1500 年印制的风景画展示了一片广阔的田野，边缘是一座有三个中殿的哥特式教堂，前方一条河流缓缓流过。1808 年，圣奥古斯丁教堂遭到破坏，1813 年改建成磨坊，最后于 1873 年被彻底拆除，以建设居民住宅，即今日在田野中可见的建筑。画中教堂背后矗立着标志巴亚蒙特·提耶波罗住宅的耻辱柱，其住宅因主人参与 1310 年的阴谋而被拆除，而那方耻辱柱现存于科雷尔博物馆的碑文区中。再往画面前方看去，可见佩格拉运河，由于淤塞，如今已不复存在。

这便是阿尔多所处的城市环境，他的印刷工坊很可能就在如今比萨店所在的地方，位于面包师街（la calle del Pistor）的两侧，这个地名在阿尔多时代便已存在。又或者，他将工坊建在窄巷另一边的建筑里。

事实上，有家面包店一直在那里经营。近年来，年迈的店主同许多人一样，因左邻右舍的竞争压力，不得不将其关闭。在聊到当地的沧桑变迁时，他说，大约 20 年前挖掘化粪池的过程中，发现了许多锡条和锑条，有 5—6 厘米长。当时并没有人注意到它们，便与其他瓦砾一起扔掉了。很明显，这些金属条与印刷工作有关：锡和锑被用来加固与印刷字样相熔的铅，使铅字不易腐烂，故它们很有可能来自马努齐奥家族的印刷工坊。

诚然，15 世纪末阿尔多在面包街上的工坊是否就在这家面包店所在附近，抑或另有天地，我们不得而知。那个地方很有可能就是阿尔多的印刷工坊。因为这座建筑是后来建成的，而如今一旁的比萨店是哥特风格建筑，其正门上方的墙上留有一个石刻纹章的框架。那枚纹章有何含义，又于何时移至别处，无人知晓，但或可联想，它正是马努齐奥家族工坊那枚刻有船锚和海豚的徽章。故不妨假设，在现代书籍和出版业的诞生之地，比萨生意今日正兴旺。

毕竟，书籍与比萨，可谓有史以来意大利最成功的两大产物。

阿尔多印刷书籍列表 [1]

Aldo Manuzio, *Musarum Panegyris* (in latino), Baptista de Tortis, 1489.

Aldo Manuzio, *Institutiones grammaticae* (in latino), summa diligentia, 8 marzo 1493, Andrea Torresani; con il titolo *Rudimenta grammatices*, febbraio/giugno 1501; apud Aldum, aprile 1508; in aedibus Aldi et Andreae soceri, novembre 1515.

Costantino Lascaris, *Erotemata* (in greco e latino), litteris ac impensis Aldi Manucii Romani, 28 febbraio 1494-8 marzo 1495.

Museo Grammatico, *Opusculum de Herone e Leandro* (in greco), con versione latina di Marco Musuro, Aldou tou filellinos kai romaiou, anteriore al novembre 1495 il greco, 1497 il latino.

Aristotele, *Opera* (in greco), 5 voll., con lavori di Galeno (II), Filone di Alessandria (II), Teofrasto (II-IV), Alessandro di Afrodisia (IV), dexteritate Aldi Manucii Romani, 1495-1498.

Teodoro Prodromo, *Galeomyomachia* (in greco), a cura di Aristobulo Apostolio, 1495 circa.

Teodoro Gaza, *Grammatica introductiva* (in greco e latino), in aedibus Aldi Romani, 25 dicembre 1495.

Pietro Bembo, *De Aetna dialogus* (in latino), in aedibus Aldi Romani, febbraio 1495 *mv*/1496.

Teocrito, *Eclogae* (in greco e latino), characteribus ac studio Aldi Manucii Romani, febbraio 1495 *mv*/1496.

Thesaurus cornucopiae et Horti Adonis (in greco e latino), a cura di Aldo Manuzio e Urbano Bolzanio, in domo Aldi Romani, agosto 1496.

Alessandro Benedetti, *Diaria de bello Carolino*, posteriore al 26 agosto 1496.

Marco Tullio Cicerone, *Synonyma* (in latino), 1497 circa.

Aldo Manuzio, *Brevissima introductio ad litteras graecas* (in greco e latino), 1497.

Nicolò Leoniceno, *Libellus de epidemia quam vulgo morbum gallicum vocant*, in domo Aldi Manutii, giugno 1497.

Lorenzo Maiolo, *De gradibus medicinarum* (in latino), 1497.

Lorenzo Maiolo, *Epiphyllides in dialecticis* (in latino), in domo Aldi Romani, luglio 1497.

Giamblico, *De mysteriis Aegyptiorum* (in latino), in aedibus Aldi, settembre 1497.

Giovanni Crastone, *Lexicon Graeco-latinum* (in greco e latino), in aedibus Aldi Manutii

---

1 在威尼斯，一年从 3 月 1 日开始，因此，根据威尼斯人的习俗，于 1 月或 2 月出版的作品都会被记为上一年（more veneto，缩写为 mv）。——原注

Romani, dicembre 1497.

Horae: ad usum Romanum (in greco), Enetiesin etypothe par'Aldo, 5 dicembre 1497.

Urbano Bolzanio, *Institutiones Graecae grammatices* (in greco e latino), in aedibus Aldi Manutii Romani, gennaio 1497 *mv*/1498.

Angelo Poliziano, *Opera* (in latino), in aedibus Aldi Romani, luglio 1498.

Aristofane, *Comoediae novem* (in greco), a cura di Marco Musuro, apud Aldum, 14 luglio 1498.

Psalterium (in greco), a cura di Giustino Decadio, en oikeíai Aldou tou Manoutíou, non posteriore al 1° ottobre 1498.

Nicolò Leoniceno, *De Tiro seu Vipera* (in latino), 1498 circa.

Epistolae diversorum philosophorum (in greco), apud Aldum, 1499.

Niccolò Perotti, *Cornucopiae* (in latino), in aedibus Aldii, luglio 1499.

Dioscoride Pedanio, *De materia medica* (in greco), apud Aldum, posteriore all'8 luglio 1499.

Girolamo Amaseo, *Vaticinium* (in latino), 20 settembre 1499.

Giulio Firmico Materno, *Astronomicorum libri octo* (in latino), cura & diligentia Aldi Romani, ottobre 1499.

Francesco Colonna, *Hypnerotomachia Poliphili* (in volgare), in aedibus Aldi Manutii, accuratissime, dicembre 1499.

Aldo Manuzio, *Introductio utilissima Hebraice discere cupientibus* (in latino), 1500?

Santa Caterina da Siena, *Epistole devotissime* (in volgare), in casa de Aldo Manutio Romano, 15 settembre 1500.

Tito Lucrezio Caro, *De rerum natura* (in latino), accuratissime, apud Aldum, dicembre 1500.

Giovanni Francesco Pico della Mirandola, *Liber de imaginatione* (in latino e greco), apud Aldum Romanum, aprile 1501.

Publio Virgilio Marone, *Vergilius* (in latino), ex aedibus Aldi Romani, aprile 1501.

Quinto Orazio Flacco, *Horatius* (in latino), apud Aldum Romanum, maggio 1501.

Francesco Petrarca, Le cose vulgari (in volgare), nelle case d'Aldo Romano, luglio 1501/1508.

Decimo Giulio Giovenale, Aulo Persio Flacco, *Iuvenalis, Persius* (in latino), in aedibus Aldi, agosto 1501.

Girolamo Donati, *Ad gallorum rege horatio* (in latino), apud Aldum, dicembre 1501.

Bernardo Giustinian, *Oratio ad Ludovicum XI galliarum regem* (in latino), apud Aldum, 1501.

Marco Valerio Marziale, *Martialis* (in latino), in aedibus Aldi, dicembre 1501.

Giorgio Valla, *De expetendis et fugiendis rebus opus* (in latino), in aedibus Aldi Romani, dicembre 1501.

Nonno di Panopoli, *Nonnou Poietou Panopolitou* (in greco), circa 1501.

Costantino Lascaris, *De octo partibus orationis* (in greco, latino, ebraico), apud Aldum, tra 1501 e 1503.

Poetae christiani veteres, *Opera* (in latino), apud Aldum, vol. I gennaio 1502, vol. II aprile 1502.

Terenzio Florenio, *Apologia* (in latino), 1502.

Gaio Valerio Catullo, *Catullus. Tibullus. Propertius* (in latino), in aedibus Aldi, gennaio 1502.

Stefano di Bisanzio, *De urbibus* (in greco e latino), apud Aldum Romanum, gennaio 1502.

Lucio Flavio Filostrato, *De vita Apollonii Tyanei* (in greco e latino), in aedibus Aldi, febbraio 1502.

Marco Tullio Cicerone, *Epistolae familiares* (in latino), in aedibus Aldi, aprile 1502.

Giulio Polluce, *Vocabolarium* (in greco e latino), apud Aldum, aprile 1502.

Marco Anneo Lucano, *Lucanus* (in latino), apud Aldum, aprile 1502.

Tucidide, *Thucydides* (in greco), in domo Aldi, maggio 1502.

Sofocle, *Tragediae septem* (in greco), in Aldi Romani Academia, agosto 1502.

Dante Alighieri, *Le terze rime* (in volgare), in aedibus Aldi, agosto 1502.

Publio Papinio Stazio, *Statii Sylvarum* (in greco e latino), in aedibus Aldi, agosto 1502.

Erodoto, *Libri novem* (in greco e latino), in domo Aldi, settembre 1502.

Giorgio Interiano, *La vita et sito de Zychi chiamati Ciarcassi* (in volgare e latino), apud Aldum, ottobre 1502.

Giovanni Battista Egnazio, *Oratio in laudem Benedicti Priunuli* (in latino), ex academia Aldi Romani, ottobre 1502.

Valerio Massimo, *Dictorum et factorum memorabilium* (in latino), in aedibus Aldi Romani, ottobre 1502.

Publio Ovidio Nasone, *Metamorphoseis* (in greco e latino), in aedibus Aldi, ottobre 1502.

Publio Ovidio Nasone, *Herodium epistolae* (in greco e latino), in aedibus Aldi Romani, dicembre 1502.

Euripide, *Tragoediae* (in greco), apud Aldum, febbraio 1503.

Origene, *In Genesim homiliae* (in latino), in aedibus Aldi Romani, febbraio 1503.

Publio Ovidio Nasone, *Fastorum. De Tristibus. De Ponto* (in latino), in academia Aldi, febbraio 1503.

Luciano di Samosata, *Icones Philostrati* (in greco), in aedibus Aldi, giugno 1503.

Ammonio di Ermia, *Commentaria* (in greco), apud Aldum, posteriore al 1503.

Bassarione, *In calumniatorem Platonis* (in latino), in aedibus Aldi Romani, luglio 1503.

Giorgio Gemisto Pletone, *Ex Diodori, et Plutarchi historiis* (in greco e latino), in Aldi Neacademia, ottobre 1503.

Ulpiano, *Commentarioli in olynthiacas* (in greco), apud Aldum, ottobre 1503.

Senofonte, *Xenophontis omissa: quae et graeca gesta appellantur* (in greco e latino), in Aldi Neacademia, ottobre 1503.

Anthologia Graeca, *Florilegium diversorum epigrammatum* (in greco e latino), in aedibus Aldi, novembre 1503.

Giovanni Filopono, *In Posteriora resolutoria Aristotelis commentaria* (in greco e latino), apud Aldum, marzo 1504.

Scipione Forteguerri, *Oratio de laudibus literarum Graecarum* (in latino), ex Aldi Neacademia, maggio 1504.

Poetae christiani veteres, *Opera* (in latino), ex Aldi Academia, vol. III, giugno 1504.

Giovanni Stefano Emiliano, *Encomiastica* (in latino), apud Aldum, agosto 1504.

Omero, *Iliade, Odissea* (in greco e latino), 1504.

Quinto Smirneo, *Derelictorum ab Homero* (in greco), 1505.

Pietro Bembo, *Gli Asolani* (in volgare), nelle case d'Aldo Romano, marzo 1505.

Giovanni Aurelio Augurelli, *Carmina* (in latino), in aedibus Aldi, aprile 1505.

Horae in laudem beatissimae Virginis (in latino), apud Aldum, luglio 1505.

Giovanni Pontano, *Opera* (in latino), in aedibus Aldi Romani, agosto 1505.

Adriano Castellesi, *Adriani cardinalis Sancti Chrysogoni ad Ascanium cardinalem Venatio* (in latino), apud Aldum, settembre 1505.

Esopo, *Vita et fabellae* (in greco e latino), apud Aldum, ottobre 1505.

Publio Virgilio Marone, *Vergilius* (in latino), 1505.

Euripide, *Hecuba, et Iphigenia in Aulide* (in latino, traduzione di Erasmo da Rotterdam), in aedibus Aldi, dicembre 1507.

Erasmo da Rotterdam, *Adagia* (in greco e latino), in aedibus Aldi, settembre 1508.

Aftonio, *Hermogenis ars retorica* (in greco e latino), in aedibus Aldi, novembre 1508.

Plinio Cecilio Secondo, *Epistolarum libri decem* (in latino), in aedibus Aldi et Andreae Asulani soceri, novembre 1508.

Rethores Graeci I (in greco e latino), in aedibus Aldi, novembre 1508.

Plutarco, *Opuscula* (in greco e latino), in aedibus Aldi et Andreae Asulani soceri, marzo 1509.

Orazio, *Poemata* (in latino), apud Aldum Romanum, marzo 1509.

Sallustio, *De coniuratione Catilinae* (in latino), in aedibus Aldi et Andreae Asulani soceri, aprile 1509.

Rhetores Graeci II (in greco e latino), in aedibus Aldi, maggio 1509.

Manuele Crisolora, *Erotemata* (in greco), in aedibus Aldi, 1512.

Costantino Lascaris, *De octo partibus orationis* (in greco e latino), apud Aldum, ottobre 1512.

Giovanni Pontano, *Opera* (in latino), in aedibus Aldi et Andreae Asulani soceri, 1513.

Pindaro, *Olympia. Pythia. Némea* (in greco e latino), in aedibus Aldi et Andreae Asulani soceri, gennaio 1513.

Tito Vespasiano Strozzi, Ercole Strozzi, *Strozii poetae pater et filius* (in greco e latino), in aedibus Aldi et Andreae Asulani soceri, 1513.

Aristotele, *De natura animalium* (in latino), in aedibus Aldi et Andreae Asulani soceri, febbraio 1513.

Caio Giulio Cesare, *Commentarii de bello gallico* (in latino), in aedibus Aldi et Andreae soceri, aprile 1513.

Oratores Graeci (in greco e latino), in aedibus Aldi et Andreae soceri, 4 maggio 1513.

Marco Tullio Cicerone, *Epistolae ad Atticum* (in latino), in aedibus Aldi et Andreae soceri, giugno 1513.

Alessandro di Afrodisia, *In Topica Aristotelis commentarii* (in greco e latino), in aedibus Aldi et Andreae soceri, settembre 1513.

Platone, *Opera* (in greco e latino), in aedibus Aldi et Andreae soceri, settembre 1513.

Niccolò Perotti, *Cornucopiae* (in latino), in aedibus Aldi et Andreae soceri, novembre

1513.

Demostene, *Orationes* (in greco e latino), in aedibus Aldi, novembre 1504, i.e. 1513.

Suida, *Lessico* (in greco e latino), in aedibus Aldi et Andreae soceri, febbraio 1514.

Marco Tullio Cicerone, *Retoricorum ad Herennium* (in latino), in aedibus Aldi et Andreae soceri, marzo 1514.

Libri de re rustica (in latino), in aedibus Aldi et Andreae soceri, maggio 1514.

Ateneo Naucratita, *Deipnosofisti* (in greco e latino), apud Aldum et Andream socerum, agosto 1514.

Francesco Petrarca, *Il Petrarcha* (in volgare), nelle case d'Aldo Romano, agosto 1514.

Esichio di Alessandria, *Lexicon* (in greco e latino), in aedibus Aldi et Andreae soceri, agosto 1514.

Marco Fabio Quintiliano, *M.F. Quintilianus* (in latino), in aedibus Aldi et Andreae soceri, agosto 1514.

Iacopo Sannazzaro, *Arcadia del Sannazzaro* (in volgare), nelle case d'Aldo Romano, settembre 1514.

Valerio Massimo, *Exempla quatuor et viginti nuper inuenta ante caput de ominibus* (in latino), in aedibus Aldi et Andreae soceri, ottobre 1514.

Publio Virgilio Marone, *Vergilius* (in latino), in aedibus Aldi et Andreae soceri, ottobre 1514.

Publio Virgilio Marone, *Eneide* (in latino), 1514?

Lucrezio Caro, *De rerum natura* (in latino), in aedibus Aldi et Andreae soceri, gennaio 1515.

Aldo Manuzio, *Grammaticae institutiones graecae* (in greco e latino), a cura di Marco Musuro, in aedibus Aldi et Andreae soceri, novembre 1515.

主要资料来源

Archivio di Stato, Mantova
Archivio Gonzaga, busta 1440, fogli 278, 497, 499; busta 1441, foglio 515.
Autografi, busta 8, fascicolo 14, fogli 157, 158, 159, 160, 161, 162, 163, 164.

Archivio di Stato, Milano
Autografi, cartella 141, fascicolo 12, Tomaso De Luca, Venezia 6 marzo 1790.

Archivio di Stato, Venezia
Notarile, testamenti, 765, 2, n. 260, 27 marzo 1506.
Notarile, testamenti, 675, 1, n. 37, 16 gennaio 1514 *mv*/1515.
Capi del consiglio de' Dieci, Ricordi o raccordi, 1480-1739, 3, Aldo Manuzio il Giovane,
    23 dicembre 1577.

Biblioteca Ambrosiana, Milano
E 36 inf, foglio 45, Aldo a Giovanni Collaurio, 8 settembre 1505.

Biblioteca nazionale Marciana, Venezia
Gr Z, 622 (= 851) *Lexicon* di Esichio di Alessandria.

Biblioteca Querini Stampalia, Venezia
Cl. VI Cod. 4 (= 1043) *Degli Asolani di M. Pietro Bembo; ne quali si ragiona d'Amore; donati
    dallui a Madonna.*
Cl. VII Cod. 2 (= 1274) *Alti Manducii ad Christophorum Fuliginatem de diphtongis graecis et ut
    latinae fiant libellus. Carte 31r-34v.*

参考文献

Aldo Manuzio editore. Dediche, prefazioni, note ai testi, introduzione di Carlo Dionisotti, testo latino con traduzione e note a cura di Giovanni Orlandi, Il Polifilo, Milano 1975.

Aldo Manuzio: il rinascimento di Venezia, Marsilio, Venezia 2016.

Aldo Manuzio, un umanista in tipografia, in «Notiziario bibliografico della Giunta regionale del Veneto», 71, numero monografico, 2015.

Bruno Andreolli, *Pico, Caterina*, in *Dizionario biografico degli italiani*, vol. 83, Iei, Roma 2015, pp. 257-258.

Davide Baldi, *Aldo Manuzio, la Suda e l'ordine alfabetico*, in «Medioevo greco. Rivista di storia e filologia bizantina», 16, 2016, pp. 15-24.

Luigi Balsamo, *Chi leggeva Le cose volgari del Petrarca nell'Europa del '400 e '500*, in «La Bibliofilia», CIV, 2002, pp. 247-266.

Frédéric Barbier, *Storia del libro. Dall'antichità al XX secolo*, Dedalo, Bari 2004.

Nicolas Barker, *Stanley Morison*, Harvard University Press, Cambridge (Ma) 1972.

Helen Barolini, *Aldus and His Dream Book*, Italica Press, New York NY 1992.

Guido Beltramini, Davide Gasparotto, Adolfo Tura (a cura di), *Pietro Bembo e l'invenzione del Rinascimento*, Marsilio, Venezia 2013.

Luciana Bigliazzi, Angela Dillon Bussi, Giancarlo Savino, Piero Scapecchi (a cura di), *Aldo Manuzio tipografo 1494-1515*, Octavo Franco Cantini Editore, Firenze 1994.

Erin Mae Black, *La prolusione di Luca Pacioli del 1508 nella chiesa di San Bartolomeo e il contesto intellettuale veneziano*, in Natalino Bonazza, Isabella di Lenardo, Gianmario Guidarelli (a cura di), *La chiesa di San Bartolomeo e la comunità tedesca a Venezia*, Marcianum Press, Venezia 2013, pp. 87-104.

Vittore Branca, *L'umanesimo veneziano alla fine del Quattrocento. Ermolao Barbaro e il suo circolo*, in *Storia della cultura veneta. Dal primo Quattrocento al Concilio di Trento*, 3/I, Neri Pozza, Vicenza 1980, pp. 123-175.

Maria Teresa Caciorgna, *Presenza ebraica nel Lazio meridionale: il caso di Sermoneta*, in *Aspetti e problemi della presenza ebraica nell'Italia centro-settentrionale (secoli XIV e XV)*, a cura di Sofia Boesch Gajano, «Quaderni di scienze storiche dell'Università di Roma», 27, 1983, pp. 127-173.

Roberto Calasso, *Come ordinare una biblioteca*, Adelphi, Milano 2020.

Rinaldo Fernando Canalis, Massimo Ciavolella (a cura di), *Andreas Vesalius and the Fabrica in the Age of Printing. Art, Anatomy and Printing in the Italian Renaissance*, Brepols, Turnhout 2018.

Maria Teresa Casella, Giovanni Pozzi, *Francesco Colonna. Biografia e opere*, Antenore,

Padova 1959, 2 voll.

Alfredo Cioni, *Bissoli, Giovanni*, in *Dizionario biografico degli italiani*, vol. 10, Iei, Roma 1968, pp. 701-703.

Graziano Paolo Clerici, *Tiziano e la* Hypnerotomachia Polyphili, in «La Bibliofilia», XX, 1918, pp. 183-203, 240-248.

James Clough, *Aldo, Francesco e il* De Aetna. *La fortuna del carattere inciso da Griffo per Manuzio nel dialogo di Bembo*, Fondazione tipoteca italiana, Cornuda 2005.

Stefano Colonna, *La fortuna critica dell'* Hypnerotomachia Poliphili, CAM, Roma 2009.

Giacomo Comiati (a cura di), *Aldo Manuzio editore, umanista e filologo*, Ledizioni, Milano 2019.

Maria Eleonora Cucurnia, *Le innovazioni editoriali di Aldo Manuzio*, Oblique, Roma 2009.

Martin Davies, *Aldus Manutius. Printer and Publisher of Renassaince Venice*, The British Library, London 1995.

Martin Davies, Neil Harris, *Aldo Manuzio. L'uomo, l'editore, il mito*, Carocci, Roma 2019.

Manlio Dazzi, *Aldo Manuzio e il dialogo veneziano di Erasmo*, Neri Pozza, Vicenza 1969.

Cesare De Michelis, *Aldo Manuzio e l'umanesimo veneziano*, in *Aldo Manuzio: il rinascimento di Venezia*, Marsilio, Venezia 2016.

Flavia De Nicola, Equus infoelicitatis: *analisi iconografica di una xilografia dell'* Hypnerotomachia Poliphili *fra testo e immagine*, in «BTA – Bollettino Telematico dell'Arte», 4 aprile 2015, n. 765, www.bta.it/txt/a0/07/bta00765.html.

Carlo Dionisotti, *Aldo Manuzio umanista e editore*, Il Polifilo, Milano 1995.

Cristina Dondi (a cura di), *Printing R-Evolution and Society 1450-1500. Fifty Years that Changed Europe*, Edizioni Ca' Foscari, Venezia 2020.

Lamberto Donati, *La seconda Accademia Aldina ed una lettera ad Aldo Manuzio trascurata dai bibliografi*, in «La Bibliofilia», anno LIII, 1951, disp. unica, pp. 54-59.

Lamberto Donati, *Polifilo a Roma: le rovine romane*, in «La Bibliofilia», anno LXXVII, 1975, disp. I, pp. 37-64.

Albrecht Dürer, *Lettere da Venezia*, a cura di Giovanni Maria Fara, Electa, Milano 2007.

Erasmo da Rotterdam, Opulentia sordida *e altri scritti attorno ad Aldo Manuzio*, a cura di Lodovica Braida, Marsilio, Venezia 2014.

Lucien Febvre, Henri-Jean Martin, *La nascita del libro*, Laterza, Roma-Bari 1985.

Mario Ferrigni, *Aldo Manuzio*, Alpes, Milano 1925.

Elena Filippi, *La pittura ripensata 1500-1508. Albrecht Dürer nello specchio della laguna*, in Giovanni Maria Fara, *Albrecht Dürer a Venezia*, Leo S. Olschki, Firenze 2018, pp. 17-28.

Silvia Fogliati, Davide Dutto, *Il giardino di Polifilo*, Franco Maria Ricci, Milano 2002.

Alfonso Garuti, *Dolcibelli, Benedetto*, in *Dizionario biografico degli italiani*, vol. 40, Iei, Roma 1991, pp. 435-438.

Massimo Gatta, Ludovica Gatta, *L'Aldo degli scrittori. La figura e l'opera di Aldo Manuzio nell'immaginario narrativo (secoli XVI-XXI)*, Bibliohaus, Macerata 2018.

Hypnerotomachia Castrinovi (con un testo di Antonio Castronuovo e xilografie di Michela Mascarucci), Babbomorto Editore, Imola 2020.

Mario Infelise, *Manuzio, Aldo, il Vecchio*, in *Dizionario biografico degli italiani*, vol. 69, Iei,

Roma 2007, pp. 236-245.

Mario Infelise (a cura di), *Aldo Manuzio. La costruzione del mito*, Marsilio, Venezia 2016.

Johannes M.P. Knoops, *In Search of Aldus Pius Manutius a campo Sant'Agostin*, Damocle Edizioni, Venezia 2018.

Laura Lepri, *Del denaro o della gloria. Libri, editori e vanità nella Venezia del Cinquecento*, Mondadori, Milano 2012.

Martin Lowry, *Il mondo di Aldo Manuzio. Affari e cultura nella Venezia del Rinascimento*, Il Veltro, Roma 1984.

Domenico Maria Manni, *Vita di Aldo Pio Manuzio insigne restauratore delle lettere greche e latine in Venezia*, Giambattista Novelli, Venezia 1759.

Aldus Manutius, *Humanism and the Latin Classics*, traduzione e cura di John N. Grant, The I Tatti Renaissance Library-Harvard University Press, Cambridge (Ma)-London 2017.

Aldo Manuzio, *La voce dell'editore. Prefazioni e dediche*, a cura di Mario Infelise e Tiziana Plebani, Marsilio, Venezia 2015.

Aldo Manuzio, *Lettere prefatorie a edizioni greche*, a cura di Claudio Bevegni, Adelphi, Milano 2017.

Aldo Manuzio, *Lettere e documenti 1495-1515. Raccolti e annotati da Armand Baschet a cura di Matteo Noja per l'edizione italiana*, La Vita Felice, Milano 2018.

Susy Marcon, Marino Zorzi (a cura di), *Aldo Manuzio e l'ambiente veneziano 1494-1515*, Il Cardo, Venezia 1994.

Giovanni Mardersteig, *Aldo Manuzio e i caratteri di Francesco Griffo da Bologna*, in *Studi di bibliografia e di storia in onore di T. De Marinis*, Valdonega, Verona 1964, vol. III, pp. 105-147.

Matteo Melchiorre, *Sanudo, Marino il Giovane*, in *Dizionario biografico degli italiani*, vol. 90, Iei, Roma 2017, pp. 498-504.

Pompeo Molmenti, *Alcuni documenti concernenti l'autore dell'* Hypnerotomachia Polyphili, in «Archivio Storico Italiano», XXXVIII, 1906, pp. 291-314.

Giorgio Montecchi, *Storia del libro e della lettura. I. Dalle origini ad Aldo Manuzio*, Mimesis, Sesto San Giovanni 2015.

Gianluca Montinaro (a cura di), *Aldo Manuzio e la nascita dell'editoria*, Leo S. Olschki, Firenze 2019.

Stanley Morison, *Early Italian Writing-Books. Renaissance to Baroque*, Edizioni Valdonega-The British Library, Verona-London 1990.

Angela Nuovo, *Il commercio librario nell'Italia del Rinascimento*, FrancoAngeli, Milano 1998.

Angela Nuovo, *Alberto Pio e Aldo Manuzio*, in Hans Semper, Ferdinand O. Schulze, Wilhelm Barth, *Carpi. Una sede principesca del rinascimento (Dresda, 1882)*, Ets, Pisa 1999, pp. 353-356.

Angela Nuovo, *Stampa e potere in Italia: sondaggi cinquecenteschi*, in «Bibliologia», I, 2006, pp. 53-85.

Angela Nuovo, *The End of the Manutius Dynasty, 1597*, in Jill Kraye, Paolo Sachet, *The Afterlife of Aldus. Posthumous Fame, Collector and the Book Trade*, The Warburg Institute, London 2018, pp. 45-78.

April Oettinger, *The* Hypnerotomachia Poliphili*: Art and Play in a Renaissance Romance*, in «Word&Image», 27, 2011, pp. 15-30.

Riccardo Olocco, De littera veneta. *Breve trattato sul carattere inciso per il* De Aetna *di Pietro Bembo a confronto con i revival storici del XX secolo*, Inside, Bolzano 2010.

Mattia Pacilli, *Aldo o il sogno di un piccolo libro*, Accademia di vicinato, Latina 2009.

Leandro Perini, *I libri a stampa*, in *Il Rinascimento italiano e l'Europa*, vol. IV, *Commercio e cultura mercantile*, a cura di Franco Franceschi, Richard A. Goldthwaite e Reinhold C. Mueller, Fondazione Cassamarca-Angelo Colla, Treviso-Costabissara 2007, pp. 191-226.

Tiziana Plebani, *Il sigillo ignorato: Aldo Manuzio, la sua impronta e l'attenzione strabica degli storici*, in «Engramma. La tradizione classica nella memoria occidentale», rivista online, n. 132, gennaio 2016.

Tiziana Plebani (a cura di), *Aldine marciane*, Biblioteca nazionale Marciana, Venezia 2015.

Tiziana Plebani (a cura di), *Aldo al lettore. Viaggio attorno al mondo del libro e della stampa in occasione del V Centenario della morte di Aldo Manuzio*, Unicopli/Biblioteca nazionale Marciana, Milano-Venezia 2016.

Antonio Polselli, *Aldo Manuzio. L'àncora e il delfino*, Herald, Roma 2010.

Philippe Pradel de Lamaze, *Invention et diffusion de l'humanisme: le contrefaçons lyonnaises des éditions d'Alde Manuce*, tesi di dottorato, Ecole nationale supérieure des sciences de l'information et des bibliothèques, Lyon 1995.

Carlo Pulsoni, *I classici italiani di Aldo Manuzio e le loro falsificazioni lionesi*, in «Critica del testo», V/2, 2002, pp. 477-487.

Emanuela Quaranta, *Osservazioni intorno ai caratteri greci di Aldo Manuzio*, in «La Bibliofilia», anno LV, disp. II, 1953, pp. 123-130.

Giovanni Ragone, *Classici dietro le quinte. Storie di libri e di editori. Da Dante a Pasolini*, Laterza, Roma-Bari 2009.

Antoine-Augustin Renouard, *Annales de l'imprimerie des Alde*, Jules Renouard, Paris 1825, 3 voll.

Roberto Ridolfi, *Del carattere italico aldino del secolo XV*, in «La Bibliofilia», anno LV, disp. II, 1953, pp. 118-122.

Manuela Rossi (a cura di), *L'immagine del principe. I ritratti di Alberto III nel palazzo dei Pio a Carpi*, Assessorato alla Cultura, Carpi 2008.

Manuela Rossi (a cura di), *Ugo. Ugo da Carpi, l'opera incisa*, Carpi 2009.

Manuela Rossi, Enzo Di Martino, *I libri belli. Aldo Manuzio, Carpi e la xilografia XVII Biennale di Xilografia contemporanea*, Apm, Carpi 2015.

Emilio Russo, *Manuzio, Aldo, il Giovane*, in *Dizionario biografico degli italiani*, vol. 69, Iei, Roma 2007.

Piero Scapecchi, *Legature 'alla greca' dal circolo di Aldo Manuzio*, in «Rara volumina», 2, 1994, pp. 5-12.

Alessandro Scarsella (a cura di), I*ntorno al Polifilo. Contributi sull'opera e l'epoca di Francesco Colonna e Aldo Manuzio*, Biblion, Venezia 2005.

Alessandro Scarsella, Marco Menato (a cura di), *Ancora per Aldo Manuzio. Ai margini del V Centenario. Contributi e ricerche interdisciplinari*, in «Studi goriziani», 2018.

Scritti sopra Aldo Manuzio, Leo S. Olschki, Firenze 1955.

Luigi Stefanini, *La tempesta di Giorgione e la Hypnerotomachia di Francesco Colonna*, in «Atti e Memorie della Regia Accademia di Scienze Lettere e Arti di Padova», LVIII, 1942, pp. 1-17.

Tiziana Sterza, *Manuzio, Paolo*, in *Dizionario biografico degli italiani*, vol. 69, Iei, Roma 2007.

Tiziana Sterza, *Paolo Manuzio editore a Venezia (1533-1561)*, in «Acme, Annali della Facoltà di Lettere e Filosofia dell'Università degli Studi di Milano», vol. LXI, fasc. II, maggio-agosto 2008, pp. 123-167.

Maria Gioia Tavoni, Gian Carlo Torre, *Le radici del libro. Omaggio a Aldo Manuzio*, Atti del convegno, Bassiano, 27 febbraio 2016.

Carlo Tinti, *Griffo, Francesco*, in *Dizionario biografico degli italiani*, vol. 59, Iei, Roma 2002, pp. 377-380.

Gian Carlo Torre (a cura di), *Aldo Manuzio dal folio al tascabile*, Il Levante, Latina 2015.

Natale Vacalebre (a cura di), *Five Centuries Later. Aldus Manutius: Culture, Typography and Philology*, Leo S. Olschki-Biblioteca Ambrosiana, Firenze-Milano 2018.

Carlo Vecce, *Aldo e l'invenzione dell'indice*, in *Aldus Manutius and Renaissance Culture, Essay of Franklin D. Murphy, Acts of an International Conference Venice and Florence, 14-17 June 1994*, Leo S. Olschki, Firenze 1998, pp. 109-141.

Klaus Wagner, *Aldo Manuzio e il prezzo dei suoi libri*, in «La Bibliofilìa», anno LXXVII, disp. I, 1975, pp. 77-82.

Edgar Wind, *Misteri pagani nel Rinascimento*, Adelphi, Milano 1971.

致 谢

在我的致谢名单中，首先需要感谢的是盖塔诺（Gaetano）和卡梅丽娜·萨尔瓦尼（Carmelina Salvagni），他们在自己家中热情地接待了我，并向我介绍了巴夏诺和如今的本地人，他们是阿尔多的巴夏诺的荣誉继承人。在卡尔皮，我受到了当地博物馆服务协调人曼努埃拉·罗西（Manuela Rossi）的热烈欢迎，她向我介绍了阿尔多一生中的卡尔皮时期。在威尼斯，古董商彼得罗（Pietro）和塔蒂亚娜·斯卡帕在他们美轮美奂的房子里接待了我，向我展示了阿尔多·马努齐奥的画像，这幅画可能是维托莱·卡尔帕乔画的。詹多梅尼科·罗马内利和安德烈亚·贝利埃尼让我追踪他。

在此感谢威尼斯大学教授马里奥·英费利塞和乌迪内大学教授尼尔·哈里斯（Neil Harris）、洛桑大学的语言学家洛伦佐·托马辛（Lorenzo Tomasin）、作为威尼斯圣马可图书馆馆长长期与阿尔多打交道的蒂齐亚娜·普莱巴尼，以及米凯莱·戈塔尔迪（Michele Gottardi）一直以来的宝贵帮助。

安东尼奥·卡斯特罗诺沃（Antonio Castronuovo）、马西莫·加塔（Massimo Gatta）、翁贝托·普莱利亚斯科（Umberto Pregliasco）和基亚拉·尼科利尼（Chiara Nicolini）为我提供了宝贵的书目信息。米凯拉·达尔·博尔戈（Michela Dal Borgo）和宝拉·贝努西（Paola Benussi）提供了档案方面的建议。帕多瓦大学的讲师埃莱娜·斯瓦尔杜兹（Elena Svalduz）提供了关于卡尔皮的进一步资讯。

特别感谢出版商和威尼斯本土学者弗朗科·菲利皮（Franco Filippi）。多年来，他一直致力于调研马努齐奥的生活，最近他又对阿尔多的葬礼进行了特别研究。我希望能尽快看到他关于阿尔多调查成果的发表。

米兰圣拉斐尔生命健康大学的哲学史教授安德烈亚·塔利亚皮耶特拉

（Andrea Tagliapietra）为我提供了哲学方面的支持，而米兰大学以及威尼斯大学的两位希腊研究学者、教师劳拉·佩佩（Laura Pepe）和奥尔加·特里布拉多（Olga Tribulato）使我对古希腊有了更加深入的了解。里卡多·奥洛克（Riccardo Olocco）让我发现格里弗的事业已经转向电子化。而桑德罗·贝拉（Sandro Berra），作为威尼斯附近特雷维索地区科尔努达（Cornuda）的轰动一时的"印刷工坊"（Tipoteca），即活字和排版设计博物馆（Museo del carattere e del design tipografico）的负责人，再次将我引向印刷字体的复杂世界。

澳大利亚弗林德斯大学（Flinders University）的古生物学家弗朗切斯科·M. 加拉西（Francesco M. Galassi）和埃莱娜·瓦罗托（Elena Varotto）非常友好地对我们收集到的各种真实抑或是假定的马努齐奥的肖像进行了比较。

安东尼奥·福斯卡里向我解释了他关于提香在安科纳的戈齐祭坛画和《寻爱绮梦》之间联系的理论。我不胜感激。

最后，我想提名以下几位"快速顾问"：皮耶拉维塞·佐尔齐（Pieralvise Zorzi）、尼科拉·贝尔加莫（Nicola Bergamo）、达维德·布萨托（Davide Busato）和马西莫·托马苏蒂（Massimo Tomasutti）。

向以上所有的人致以最衷心的感谢，并向所有我未能提及的人表示额外的谢意。

人名译名对照表

Abramo di Mosè　亚伯拉罕·迪·摩西

Acciaiuoli, Zanobi　扎诺比·阿恰约利

Adramitteno, Manuel　曼努埃尔·阿德拉米特诺

Agostini, banchieri　阿戈斯蒂尼家族，银行家

Agostini, Mafio　马菲奥·阿戈斯蒂尼

Agostino, santo　阿戈斯蒂诺，圣人

Aleandro, Girolamo　吉罗拉莫·阿莱安德罗

Alembert, Jean-Baptiste le Rond d'　让－巴普蒂斯特·勒朗·达朗贝尔

Alessandro VI (Rodrigo Borgia), papa　教宗亚历山德罗六世（罗德里戈·波吉亚）

Alexandros　亚历山德罗斯

Alfonso I d'Este　阿方索一世·德·埃斯特

Amaseo, Girolamo　吉罗拉莫·阿马塞奥

Ammonio　阿莫尼乌斯

Antiquari, Jacopo　雅各布·安蒂夸里

Antonello da Messina　安托内罗·达·梅西纳

Antonio da Canal　安东尼奥·达·卡纳尔

Apollonio　阿波罗尼乌斯

Apostolio, Aristobulo　阿里斯托布洛·阿波斯托利奥

Apostolio, Michele　米凯莱·阿波斯托利奥

Aprile, Andrea　安德烈亚·阿普里莱

Aretino, Pietro　彼得罗·阿雷蒂诺

Ariosto, Ludovico　卢多维科·阿里奥斯托

Aristofane　阿里斯托芬

Aristotele　亚里士多德

Azpeitia, Javier　哈维尔·阿兹佩提亚

Baïf, Lazare de　拉扎尔·德尔·贝夫

Bandello, Matteo　马泰奥·班戴洛

Bandello, Vincenzo　温琴佐·班戴洛

Barbari, Jacopo de'　雅各布·德·巴尔巴里

Barbarigo, famiglia　巴巴里戈家族

Barbarigo, Agostino　阿戈斯蒂诺·巴巴里戈

Barbarigo, Marco　马可·巴巴里戈

Barbarigo, Pierfrancesco　皮耶尔弗朗切斯科·巴巴里戈

Barbarigo, Santo　桑托·巴巴里戈

Barbaro, Ermolao　埃尔莫劳·巴尔巴罗

Bardellone, Giacomo　贾科莫·巴德隆

Bartolomeo d'Alviano　巴尔托洛梅奥·德·阿尔维亚诺

Basa, Domenico　多梅尼科·巴萨

Bastiano　巴斯蒂亚诺

Beato Renano　贝亚托·雷纳诺

Beccadelli, Lodovico　洛多维科·贝卡德利

Bellini, Giovanni　乔瓦尼·贝里尼

Bembo, famiglia　本博家族

Bembo, Bernardo　贝尔纳多·本博

Bembo, Carlo　卡洛·本博

Bembo, Pietro　彼得罗·本博

Benedetti, Alessandro　亚历山德罗·贝内代蒂

Bernardo, Nicolò　尼科洛·贝尔纳多

Berruguete, Pedro　佩德罗·贝鲁格特

Bessarione　贝萨里翁

Biagio, santo　圣徒比亚焦

Bissolo, Giovanni　乔瓦尼·比索洛

Blasto (o Vlastos), Nicolò　尼科洛·布拉斯托（或瓦拉斯托）

Dee, John　约翰·迪

De Gregori, Gregorio　格雷戈里奥·德·格雷戈里

De Luca, Tomaso　托马索·德·卢卡

De Michelis, Cesare　切萨雷·德·米歇尔斯

Demostene　德摩斯梯尼

Diderot, Denis　狄德罗

Didot, Firmin　菲尔明·迪多

Dinslaken, Jordan von　乔丹·冯·丁斯拉肯

Dionisotti, Carlo　卡洛·迪奥尼索蒂

Dioscoride　迪奥斯科里德

Dolcibelli (o Dolcibello), Benedetto　贝内代托·多尔奇贝利(或多尔奇贝洛)

Dolfin, Giovanni　乔瓦尼·多尔芬

Donà, Girolamo　吉罗拉莫·多纳

Donà, Tomaso　托马索·多纳

Ducas, Demetrio　德梅特里奥·杜卡斯

Dürer, Albrecht　阿尔布雷希特·丢勒

Egnazio, Giovanni Battista　乔瓦尼·巴蒂斯塔·埃格纳齐奥

Enrico II, re di Francia　亨利二世

Erasmo da Rotterdam　鹿特丹的伊拉斯谟

Ercole I d'Este　埃尔科莱一世·德·埃斯特

Erodoto　希罗多德

Esichio di Alessandria　亚历山大港的赫西基奥斯

Esopo　伊索

Este, famiglia　埃斯特家族

Euclide　欧几里得

Euripide　欧里庇得斯

Eusebio　尤西比乌斯

Facino, Galeazzo, *detto* il Pontico　加莱亚佐·法西诺(又称"波蒂科")

Faelli, Benedetto　贝内代托·法利

Falaride　法拉里斯

Farnese, Alessandro　亚历山德罗·法尔内塞

Federico da Ceresara　费代里科·达·塞雷萨拉

Federico da Montefeltro　费代里科·达·蒙泰费尔特罗

Federico il Saggio　"智者"腓特烈

Federico Guglielmo IV, re di Prussia　普鲁士国王腓特烈·威廉四世

Ficino, Marsilio　马尔西利奥·费奇诺

Filostrato　菲罗斯特拉托

Folengo, Teofilo　特奥菲洛·福伦戈

Forteguerri, Scipione, *detto* il Carteromaco　希皮奥内·福尔泰圭里, 又称卡尔泰罗马科

Foscari, Antonio　安东尼奥·福斯卡里

Foscari, Francesco　弗朗切斯科·福斯卡里

Foxe, Richard　理查德·福克斯

Francesca dell'Anguillara　弗兰切斯卡·德尔·安圭拉拉

Franceschi, Andrea　安德烈亚·弗兰斯基

Francesco I, re di Francia　法兰西皇帝弗朗索瓦一世

Francesco II, re di Francia　法兰西皇帝弗朗索瓦二世

Francesco II Gonzaga　贡扎加的弗兰切斯科二世

Forben, Johann　约翰·福本

Fruticeno, Giovanni　乔瓦尼·弗鲁蒂切诺

Gabiano, Baldassarre　巴尔达萨雷·加比亚诺

Gabiano, Giovanni Bartolomeo　乔瓦尼·巴尔托洛梅奥·加比亚诺

Gabriel, Angelo　安杰洛·加布里埃尔

Galassi, Francesco M.　弗朗切斯科·M.加拉西

Galeno　加莱诺

Galilei, Galileo　伽利略

Garamond, Claude　克劳德·加拉蒙

Gaspare da Verona　加斯帕雷·达·维罗纳

Gaza, Teodoro　西奥多·加萨

Gellio, Aulo　奥卢斯·格利乌斯

Giolito de' Ferrari, Gabriele　焦利托·德·法拉利

Giorgione (Giorgio da Castelfranco)　乔尔乔涅(乔治·达·卡斯泰尔弗兰科)

Giovanna, madre di Federico da Ceresara　乔瓦娜, 费代里科·达·塞雷萨拉的母亲

Giovanni, santo　圣约翰

Giovanni da Creta (Gregoropulo)　乔瓦尼·达·克雷塔(乔瓦尼·格雷戈罗普洛)

Navagero, Andrea　安德烈亚·纳瓦格罗

Neruda, Pablo　巴勃罗·聂鲁达

Nicolò da Lonigo (Leoniceno)　尼科洛·达·洛尼戈（莱奥尼切诺）

Njok, Gaspard　加斯帕德·恩约克

Nodier, Charles　查尔斯·诺迪埃

Notarà, Anna　安娜·诺塔拉

Odoni, Caterina　卡特琳娜·奥多尼

Omero　荷马

Ongaro, Paolo　保罗·翁加罗

Orazio Flacco　贺拉斯

Ottone Enrico del Palatinato　普法尔茨选侯奥托·海因里希

Ovidio　奥维德

Pacioli, Luca　卢卡·帕乔利

Paganini, Alessandro　亚历山德罗·帕格尼诺

Paganini, Paganino　帕格尼诺·帕格尼诺

Painter, George　乔治·佩因特

Palladio, Andrea　安德烈亚·帕拉弟奥

Pall Mall, Edward　爱德华斯·蓓尔美尔

Palma il Vecchio (Jacopo Negretti)　老帕尔马（雅各布·内格雷蒂）

Pannartz, Arnold　阿诺德·潘纳茨

Paola da Messina　宝拉·达·梅西那

Paolo, santo　圣保罗

Paolo di Manduzio　保罗·迪·曼杜齐奥

Parmigianino (Francesco Mazzola, detto)　帕尔米贾尼诺（又称弗朗切斯科·马佐拉）

Pellicier, Guillaume　纪尧姆·佩里西耶

Pelusio, Bartolomeo　巴尔托洛梅奥·佩鲁西奥

Pepe, Laura　劳拉·佩佩

Perotti, Niccolò　尼科洛·佩罗蒂

Perrenot de Granvelle, Antoine　安托万·佩雷诺·德·格兰维勒

Persio Flacco, Aulo　奥洛·佩尔西奥·弗拉科

Petrarca, Francesco　弗朗切斯科·彼特拉克

Petrucci, Ottaviano　奥塔维亚诺·佩特鲁奇

Pickering, William　威廉·皮克林

Pico della Mirandola, famiglia　皮科·德拉·米兰多拉家族

Pico della Mirandola, Caterina　卡特琳娜·皮科·德拉·米兰多拉

Pico della Mirandola, Giovanni　乔瓦尼·皮科·德拉·米兰多拉

Pindaro　品达

Pinelli, Gian Vincenzo　吉安·温琴佐·皮内利

Pio, famiglia　皮奥家族

Pio, Alberto III　阿尔贝托三世·皮奥

Pio, Lionello I　莱昂内洛一世·皮奥

Pio, Lionello II　莱昂内洛二世·皮奥

Pio, Rodolfo　鲁道夫·皮奥

Pio IV (Giovan Angelo Medici), papa　教宗庇护四世（焦万·安杰洛·美第奇）

Pio V (Antonio [Michele] Ghislieri), papa　教宗庇护五世（安东尼奥·[米凯莱]·吉斯莱里）

Pirckheimer, Willibald　威利巴尔德·皮克海默

Pisani, famiglia　皮萨尼家族

Plantin, Christophe　克里斯托夫·普兰坦

Platone　柏拉图

Plauto　普劳图斯

Plebani, Tiziana　蒂齐亚娜·普莱巴尼

Plinio　普林尼

Plutarco　普鲁塔克

Poliziano (Angelo Ambrogini, detto)　波利齐亚诺（又称安杰洛·安布罗吉尼）

Pompeo　庞培奥

Pomponazzi, Pietro　彼得罗·庞波纳齐

Pontano, Giovanni　乔瓦尼·蓬塔诺

Priuli, famiglia　普留利家族

Priuli, Girolamo　吉罗拉莫·普留利

Priuli, Nicolò　尼科洛·普留利

Properzio, Sesto　塞克斯图斯·普罗佩提乌斯

Proust, Marcel　马塞尔·普鲁斯特

Querini, Vincenzo (Pietro)　温琴佐（彼得罗）·奎里尼

Quinto Smirneo　昆图斯·斯米尔纳厄斯

Rabelais, François　弗朗索瓦·拉伯雷
Raffaello Sanzio　拉斐尔·桑齐奥
Ramusio, Giovanni Battista　乔瓦尼·巴蒂斯塔·拉穆西奥
Ramusio, Paolo　保罗·拉姆西奥
Ratdolt, Erhard　艾哈德·拉多特
Regio, Raffaele　拉法埃莱·雷吉奥
Remondini, famiglia　雷蒙迪尼家族
Renier, Daniele　丹尼尔·雷尼尔
Renouard, Antoine-Augustin　安托万－奥古斯丁·雷努瓦
Reuchlin, Johannes　约翰内斯·鲁赫林
Rusotas, Emanuele　埃马努埃莱·鲁索塔斯

Sabellico, Marcantonio　马坎托尼奥·萨贝利科
Sallustio　撒路斯提乌斯
Sannazzaro, Jacopo　雅各布·桑纳扎罗
Sansovino, Jacopo　雅各布·桑索维诺
Santa Sofia, famiglia　圣索菲亚家族
Sanudo, Marin　马林·萨努多
Savonarola, Girolamo　吉罗拉莫·萨伏那洛拉
Savorgnan, Maria　玛丽亚·萨沃尔尼安
Scarpa, Romano　罗马诺·斯卡帕
Scarpa, Tatiana　塔蒂亚娜·斯卡帕
Schedel, Hartmann　哈特曼·舍德尔
Schiller, Frederich　弗里德里希·席勒
Schopenhauer, Arthur　亚瑟·叔本华
Senofonte　色诺芬
Serafino de' Ciminelli (Serafino Aquilano)　塞拉菲诺·德·奇米内利（塞拉菲诺·阿奎拉诺）
Sesto Empirico　塞克斯特·恩皮里库斯
Sforza, famiglia　斯福尔扎家族
Sforza, Gian Galeazzo　吉安·加莱亚佐·斯福尔扎
Simplicio　辛普利西奥
Sisti, Alessandro　亚历山德罗·西斯蒂
Sisto IV (Francesco della Rovere), papa　教宗西克斯图斯四世（弗朗切斯科·德拉·罗韦雷）

Smith, Joseph　约瑟夫·史密斯
Sofocle　索福克勒斯
Soncino, Gershom (Gerolamo)　格肖姆·松奇诺（吉罗拉莫）
Soncino, Giosuè Salomone　约书亚·萨洛莫内·松奇诺
Spiegel, Jacob　雅各布·斯皮格尔
Spiesshaymer, Johannes, detto Cuspiniano　约翰内斯·斯皮海默，又称库斯皮尼亚诺
Stagnino, Bernardino　贝尔纳迪诺·斯塔尼诺
Stazio, Publio Papinio　斯塔提乌斯
Strassburg, Jakob von (Jacopo da Strasburgo)　雅各布·冯·斯特拉斯堡（雅各布·达·斯特拉斯堡）
Strozzi, Ercole　埃尔科莱·斯特罗齐
Summonte, Pietro　彼得罗·萨蒙特
Svetonio　苏埃托尼乌斯
Sweinheim, Conrad　康拉德·斯温海姆

Teocrito　忒奥克里托斯
Teofrasto　提奥弗拉斯特
Terenzio　特伦齐奥
Thomason, Dustin　达斯汀·托马森
Thurzó, Sigismund　西吉斯蒙德·瑟佐
Tibullo, Albio　提布鲁斯
Tiepolo, Bajamonte　巴亚蒙特·提耶波罗
Tiziano Vecellio　提香
Torresani, famiglia　托雷萨尼家族
Torresani, Andrea　安德烈亚·托雷萨尼
Torresani, Federico　费代里科·托雷萨尼
Torresani, Gian Francesco　吉安·弗朗切斯科·托雷萨尼
Torresani, Maria　玛丽亚·托雷萨尼
Torriano, Gioachino　吉奥奇诺·托里亚诺
Torti, Battista　巴蒂斯塔·托尔蒂
Trivulzio, Carlo　卡洛·特里武尔齐奥
Trotti, Bartolomeo　巴托洛梅奥·特罗蒂
Tucidide　修昔底德
Tullio d'Albisola　图利奥·达尔比索拉

Tuzi, Antonio 安东尼奥·图齐

Urbano, frate, *vedi* Dalle Fosse, Urbano 修士乌尔巴诺，见乌尔巴诺·达勒·福斯

Valeriano, Pietro 彼得罗·瓦莱里亚诺
Valerio Massimo 瓦莱里奥·马西莫
Valla, Giorgio 乔尔乔·瓦拉
Valla, Lorenzo 洛伦佐·瓦拉
Varotto, Elena 埃莱娜·瓦罗托
Vellutello, Alessandro 亚历山德罗·维鲁泰罗
Verga, Giovanni 乔瓦尼·维尔加
Vespasiano, imperatore 罗马皇帝维斯帕先
Vettori, Francesco 弗朗切斯科·韦托里
Vettori, Piero (Pier) 皮耶罗（皮埃尔）·韦托里

Vigevani, Alberto 阿尔贝托·维杰瓦尼
Vigevani, Paolo 保罗·维杰瓦尼
Villedieu, Alexandre 亚历山大·维勒迪厄
Vindelino da Spira 文德利诺·达·斯皮拉
Virgilio 维吉尔
Vittori, Francesco 弗朗切斯科·韦托里
Voltolina, Piero 皮耶罗·沃尔托利纳

Ximénez de Cisneros, Francisco, cardinale 枢机主教希梅内斯

Zanpietro 赞彼得罗
Zeno, Apostolo 阿波斯托洛·泽诺
Zorzi, famiglia 佐尔齐家族

图书在版编目（CIP）数据

书籍是怎样炼成的：现代出版之父的传奇一生 ／
（意）亚历山德罗·马尔佐·马尼奥著；王铭熠译.
上海：上海三联书店，2024.11. --ISBN 978-7-5426
-8660-2

I.K835.465.41

中国国家版本馆 CIP 数据核字第 2024K0R680 号

书籍是怎样炼成的：现代出版之父的传奇一生

著　　者 /	〔意大利〕亚历山德罗·马尔佐·马尼奥
译　　者 /	王铭熠
责任编辑 /	王　建　樊　钰
特约编辑 /	甘　露　徐　静
装帧设计 /	字里行间设计工作室
监　　制 /	姚　军
出版发行 /	上海三联书店
	（200041）中国上海市静安区威海路755号30楼
联系电话 /	编辑部：021-22895517
	发行部：021-22895559
印　　刷 /	北京天恒嘉业印刷有限公司
版　　次 /	2024 年 11 月第 1 版
印　　次 /	2024 年 11 月第 1 次印刷
开　　本 /	960×640　1/16
字　　数 /	145千字
印　　张 /	16.75

ISBN 978-7-5426-8660-2/K·804

定　价：49.80元

著作权合同登记号　图字：10-2022-109 号